枚方の歴史

瀬川 芳則　西田 敏秀　馬部 隆弘
常松 隆嗣　東 秀幸

松籟社

はじめに

枚方と聞いてみなさんはどのような風景・事柄を思い浮かべるだろうか。ひらかたパーク、菊人形、くずはモール、京街道枚方宿、百済寺あとなどなど。少し考えただけでもこれだけのものが思い浮かぶ。枚方は名所旧跡、商業施設、各種企業のいずれをとっても、多彩なまちなのだ。

本書はみなさんが枚方と聞いてイメージされる事柄のひとつひとつをトピックとして取り上げ、それを紡いでいくことでひとつの歴史物語となるように編集した。とくに、歴史は人々が織り成してきた様々な事象の積み重ねであることから、枚方という地域に住む人々にスポットを当て、これまであまり取り上げられることのなかった庶民の生活や、これまで枚方の歴史として通説となっていた事柄に再検討を加え、あらたな歴史像を提示することを試みた。通史として最初から読んでいただいても、面白そうなトピックだけをつまみ食い的に読んでいただいてもいいように工夫してある。

私事で恐縮だが、私が執筆の依頼を快諾したのは、私自身が枚方生まれの枚方育ちであることに加え、歴史を学ぶようになって「いつかは自分の育ったまちの歴史を書いてみたい」と思っていたからである。私の両親は他府県出身で、たまたま枚方に居を構えただけの「新住民・ニュータウン族」であったが、私にとって枚方はまぎれもない「ふるさと」である。

幼いころは、三越百貨店にあった大食堂でお子様ランチを食べながら、眼下を走る京阪特急を見るのが楽しみだった。ハンバーガーをはじめて食べたのも、三越の一階にあったマクドナルドだった。

中学生になると友人たちと、わざわざ自転車をこいで「蔦屋」にレコードを借りに行った。枚方のまちは、大阪万博の年に生まれた私の成長と歩調を合わせるかのように、枚方市駅の高架化工事やそれに伴う駅前開発が進み、大都市としての景観を整えていったが、私が住んでいた地域にはまだまだ田畑やため池がたくさんあり、村の景観を色濃く残していた。

こうした体験は私と同世代の人々にとっては共通の思い出である。本書は現在、枚方に住んでいる人だけでなく、私のように枚方にゆかりある人に是非とも読んでほしい。そして、「ふるさと」を思い出してもらえればと思う。

また、かつて日本の多くのまちが経験した農村から都市へという変化や、高度経済成長のもとで噴出した数々の問題を取り上げたが、それは単に枚方という一地方都市の問題ではなく、日本中の多くのまちが直面した共通の課題であったはずである。枚方がたどった軌跡は、日本の歴史と決して不可分ではない。その意味で、本書を単に枚方という一都市の歴史物語としてだけではなく、みなさんのふるさとの歴史と重ねあわせながら、また対比させながら読んでいただければとも思う。

いずれにしても、本書の読み方は読者のみなさん次第。たて・よこ・ななめ、好きな方向から読んでいただき、枚方の歴史を再発見するための入門書として、また地域から日本の歴史を見つめ直すための手引書として、末永く愛読していただけたらと思う。

執筆者を代表して

常松　隆嗣

枚方の歴史・目次

枚方の歴史

第1章　枚方のあけぼの

1　旧石器・縄文

土器以前の枚方～炉跡があった藤阪宮山遺跡

枚方のあけぼのは早い。猿人・原人・旧人・新人とつづく、約七〇〇万年にもおよぶというヒトの歴史のなかで、私たちと同じ「新人」と呼ばれる人達が残した石器が市内各所で見つかっている。日本列島における新人の出現は約三・五万年前とみられ、考古学ではおおむねその時代を「後期旧石器時代」と呼んでいる。この時代の人類はまだ土器を知らず、彼らの道具は石器や骨器などだった。旧石器時代は先土器時代などとも呼ばれ、土器の使用がはじまった縄文時代に先行する時代である。

日本列島には、広範囲に降り積った火山灰（広域火山灰）の存在が知られている。鹿児島県姶良《あいら》カルデラを噴出源とする姶良丹沢《あいらたんざわ》火山灰もそのうちの一つで、列島のほぼ全域に降り積ったものと考えられ、その噴出年代は最新のデータでは二万六〇〇〇～二万九〇〇〇年前頃と考えられている［町田・新井、二〇〇三年］。この火山灰は石器の実年代を考える上での重要な指標となっており、鍵層などとも称される。大阪市長原遺跡や八尾市八尾南遺跡などでは、この火山灰の下層から石器群が出土しており、それらは三万年近く前にさかのぼる可能性が考えられている。

市内では、後述するように楠葉東・藤阪宮山・船橋遺跡などで、比較的まとまった量の石器が見つかっているほか、他の時代の遺跡からも旧石器時代に属すると考えられる石器が出土する。それらは耕作などにより、かつて存在した旧石器時代の層が完全に破壊されてしまい、石器だけが残されたものであろう。

楠葉東遺跡では、剥片《はくへん》などを含めると約八〇〇点にも及ぶ石器が出土している。近畿地方で特徴的な国府《こう》型ナイフ形石器や削器《さっき》のほか、時期的に新しい木葉形尖頭器《もくようけいせんとうき》・有舌《ゆうぜつ》尖頭器なども含まれ、バリエーションに富む。ナイフ形石器の石材は大多数が二上山のサヌカイトだが、チャートや珍しい水晶のものもある。

次に、藤阪宮山遺跡では、ナイフ形石器・掻器《そうき》・石核《せっかく》など八四点の石器が出土したほか、長径三八センチ、短径二五センチ、深さ約五センチの楕円形の焼けたくぼみが検出され、その状況から炉と考えられている［桑原、一九八四年］。極めてめずらしい検出例として位置づけられる。

船橋遺跡は淀川に面した低位段丘上に立地する遺跡で、約一五メートル離れた二カ所で石器が集中する箇所が検出された。南側のものはかなり散在的であったが、北側のものは比較的まとまって見つかった。ナイフ形石器四点と楔形《くさびがた》石器一点のほか、約五〇点の剥片が出土した。石器の石材はすべてサヌカイトで、原石面が遺っているものが比較的多く認められることから、石器製作には小さな原石が用いられたものと考えられる。ナイフ形石器のうち三点は、小型の

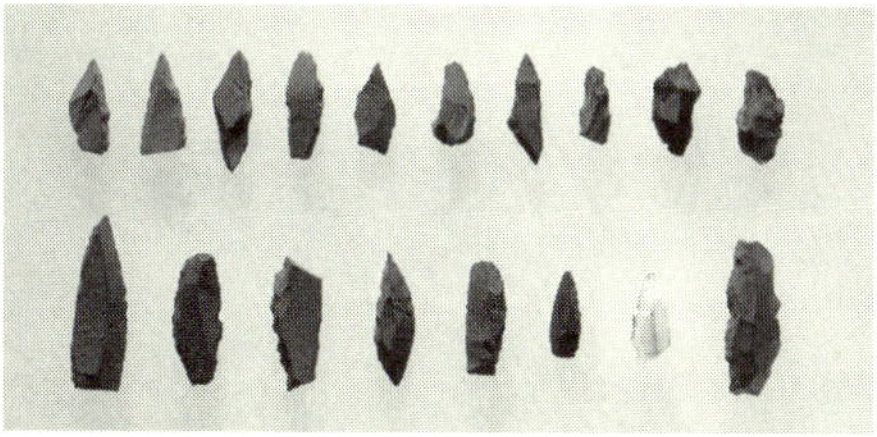

写真 1-1　ナイフ形石器

藤阪宮山遺跡（上段）と楠葉東遺跡（下段左７点）から出土。下段右端は小倉東遺跡から出土。

写真 1-2　尖頭器と有舌尖頭器

左から３点は楠葉東遺跡から出土。続いて左から藤阪南、津田城、藤田土井山の各遺跡から出土したもの。

切出し状を呈したもので、他の一点は翼状《よくじょう》剥片を素材とするものであった。

いずれの遺跡でも、残念ながら姶良丹沢火山灰などの広域火山灰の降灰層は検出されておらず、石器の明確な年代は明らかではない。船橋遺跡で実施したテフラ（火山灰）分析では、微量の姶良丹沢火山灰と鬼界《きかい》アカホヤ火山灰（約六三〇〇年前）の存在が確認されている。また、小倉東遺跡でおこなったテフラ分析によると、テフラ降灰層準こそ明確に把握できなかったが、遺構検出面が鬼界アカホヤ火山灰の降灰層準付近に対比されると考えられることや、それより下位に姶良丹沢火山灰の降灰層準がある可能性などが明らかとなった［矢作・辻、二〇〇六年］。この分析結果は、付近に後期旧石器の文化層が残されている可能性を示し、第一次調査で出土した舟底《ふなぞこ》形石器などの存在が注目される。と同時に、後世の削平を免れた他の台地地形縁辺部などにも共通するものと考えられ、今後、交野台地の他所でも旧石器時代の文化層が発見される可能性をも示唆するものと思われる。

山間の遺跡と海辺の遺跡

ここで山間の遺跡としたのは、河内と山城との国境付近の枚方市穂谷にある穂谷遺跡である。地元でそうめん作りの里と言われ、標高約一五〇メートルの三ノ宮神社の北側にあたる穂谷川右岸の遺跡の周囲には、豊かな里山の風景が残っている。昭和二十七年（一九五二）に考古学の先覚者片山長三らが発掘し、縄文早期～前期の土器等が出土している。この遺跡の早期土器に山形の押型文があるが、太平洋戦争前後の考古学界では縄文土器の祖形にともなう土器文様として注目されていた。そこには、山間に出現した縄文早期の人々の暮らしがあった。

穂谷遺跡の発掘から五年後に片山長三が率いる交野考古学会は、のちに近畿最古の土器「神宮寺式土器」で知られることになり全国的な注目を集めた、交野市神宮寺の神宮寺遺跡を発見・発掘した。それは土器の底の形態が、尖底となる押型文土器であった。穂谷遺跡はその西約二キロメートルに位置しており、両遺跡の中間に標高三四一メートルの交野山がある。穂谷遺跡からも、微量の神宮寺式土器の破片が見つかっている。

縄文土器の起源に関する論争・研究は今日まだその決着をみてはいないが、我々が抱いていた考古学上の年代観を大きく揺るがせたのは、日本海軍の要塞があった横須賀市夏島貝塚出土の尖底の土器の科学的年代であった。敗戦にともないその一帯は米海軍横須賀基地となっていたが、米軍将校団の希望に応じて明治大学考古学研究室の後藤守一・杉原荘介らが「日本民族」の研究会を指導した。その際の杉原の貝塚調査要請に、基地司令官の了解が得られたことにより実現した発掘であった〔杉原・芹沢、一九五七年〕。アメリカのミシガン大学で測定した同一層出土のカキ貝殻の放射性炭素C14によると、土器の年代は紀元前七五〇〇+-四〇〇年であった。当時の日本の考古学界の常識よりも、四〇〇〇年も古い年代であったため、日本の考古学会は大きなショックを受け、その年代に不信感を抱く者もあった。しかし、昭和四十年

（一九六五）頃には、放射性炭素C14による年代測定結果は、縄文土器編年表に採用されるようになり、関東の夏島式土器よりも数百年程度後出する近畿最古の縄文早期土器として神宮寺式土器が紹介されるようになる。

その後、縄文土器のはじまりは、早期をさかのぼる草創期が知られるようになってきたが、大阪府内ではまだ不明確である。神宮寺式土器は昭和五十四年（一九七九）以降、四條畷市田原・東大阪市神並・枚方市磯島で見つかっているが、その頃の海岸線は大阪駅地下で現地表下約二七メートル付近にせまっており、現標高でマイナス約二五メートルにクヌギの林が茂っていた。その後二〜三〇〇〇年の間に海面が急速に上昇（縄文海進）し現在の水準よりも数メートル高くなった結果、縄文前期前半（約七〜六〇〇〇年前）には淀川の枚方大橋付近までが海水面となった。天野川の河口付近にあたる磯島遺跡の当時は、間近に海岸があ

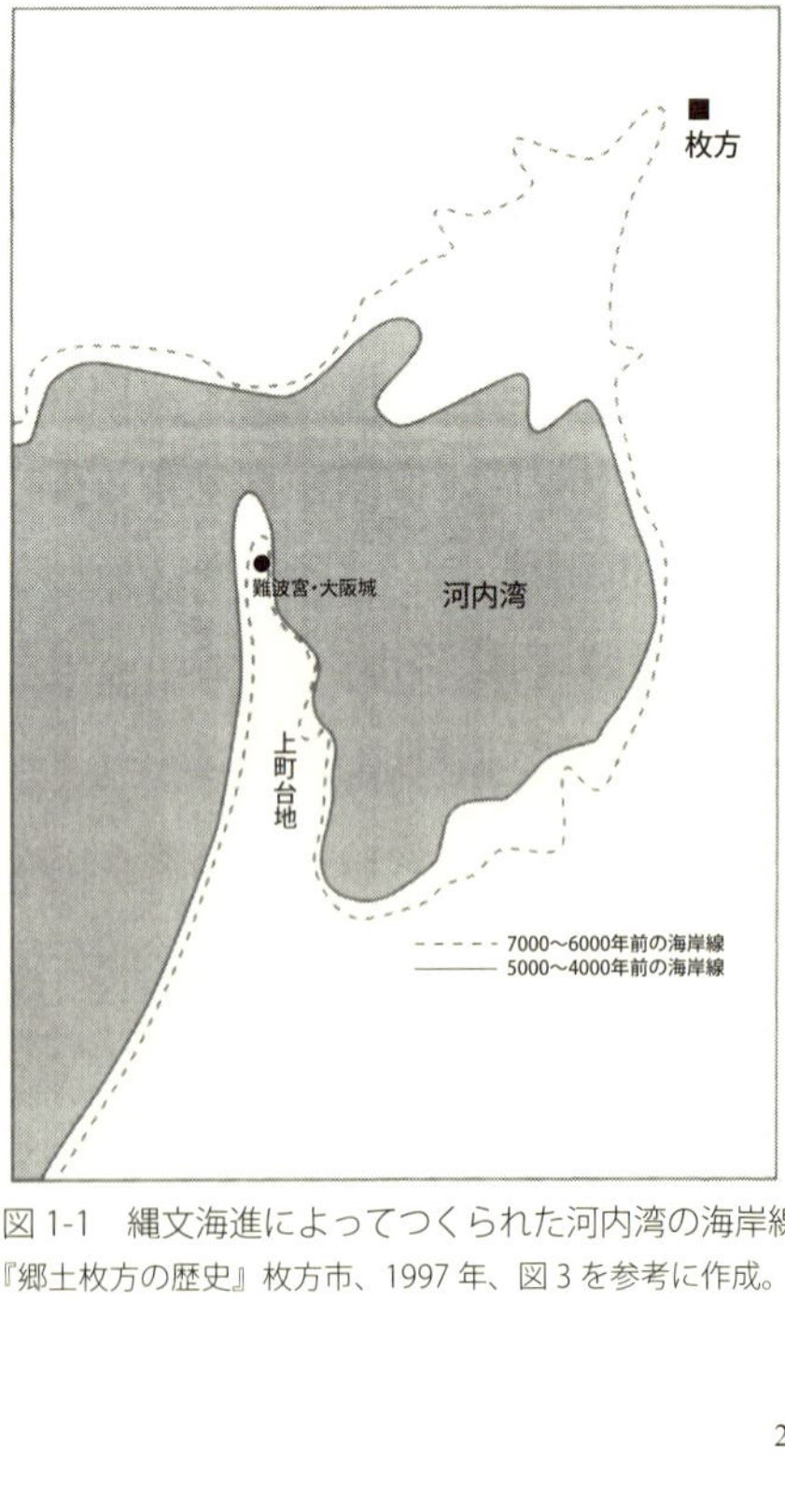

図 1-1　縄文海進によってつくられた河内湾の海岸線
『郷土枚方の歴史』枚方市、1997 年、図 3 を参考に作成。

り、人々はまさしく海辺の暮らしを営んでいたのである。生駒山地西麓の神並遺跡付近の水田下約六メートルからは、Ｃ14年代測定で紀元前三〇九〇+−一三〇年とされる体長一一〜一四メートルの浅瀬にのりあげて死んだマッコウクジラ化石骨が発見されている。地球環境の温暖化にともない、上町台地の東の生駒山地の麓まで迫った縄文時代の河内湾は、やがて沖積化されて縮小し、約四〇〇〇年後の縄文晩期になるとほぼ淡水域化して、水域の北東岸は寝屋川市南部〜四條畷市北部付近まで後退していた。

２　弥生

弥生のムラの景観と稲作民の暮らし

弥生時代は稲作農耕がはじまった時代であり、稲作農耕が日本文化の基調であるとみると、日本語をはじめとする日本文化の多くの要素がこの時代に成立したことになる。弥生時代を象徴する青銅器の銅鐸・銅剣・多鈕細文鏡《たちゅうさいもんきょう》などは、いずれもその源流をたどると朝鮮半島に至ってしまう。また木材の伐採や加工に用いる石斧類、石鏃・石剣、稲の穂摘み用具の石包丁などの磨製石器は、水田稲作とともに朝鮮半島南部から新しくもたらされたものである。

ジャポニカ種（日本型）の稲は、中国長江（揚子江）中流で八〇〇〇年以上をさかのぼる遺跡で栽培されており、ジャポニカ種の起源地と栽培の始まりの地は長江の中・下流域とみられる〔厳、一九九六年〕。長江下流域から海を渡って朝鮮半島に稲作が伝わったのは無文土器時代で、韓国では漢江上流域の京畿道欣岩里と忠清南道松菊里の集落遺跡から、紀元前五世紀頃（韓国国立中央博物館古蹟調査報告第十一冊『松菊里』一九七九年）～紀元前八世紀頃（ソウル大学校考古人類学叢刊第八冊『欣岩里住居址４』一九七八年）の炭化米が多く出土している。欣岩里の炭化米の中には、Ｃ14年代測定の結果が紀元前十世紀以前となる例もある。北朝鮮では平壌市の南京遺跡から、更にさかのぼると思われる炭化米が見つかっているが、海路ではなく陸路華北方面からのルートによるものであろうか。

朝鮮半島南部の無文土器時代中頃の稲作農耕民たちによって、北部九州に日本で最初の稲作のムラが出現する。玄界灘を漕ぎ渡ってきた人々は、環濠をめぐらせた集落と水田をひらいた。集落をめぐる環濠は、無文土器時代のはじめに出現した。弥生文化開始を示す夜臼一式の年代を通説より五〇〇年さかのぼらせ、紀元前一〇〇〇年頃とする国立歴史民俗博物館研究グループの説が、平成十五年（二〇〇三）にマスコミを通じて大々的に報じられたが、日韓の考古学上の整合性を欠くように思われるので、本章では通説に従い紀元前五世紀頃としておきたい。

紀伊水道に面し三重の環濠をめぐらせていた弥生前期の堅田遺跡は、弥生前期古段階土器・

縄文晩期末土器とともに無文土器と今のところ国内最古の青銅器工房と鎔笵《ようはん》（鋳型）、韓国松菊里型の竪穴式住居が発見されていて〔久貝、一九九九年〕、近畿における稲作開始の頃の様相をしのばせている。なお平面円形に造った竪穴式住居の床面の中央に楕円形の土壙《どこう》を掘り、この土壙の両端に主柱穴を配した松菊里型住居は、弥生的な円形平面の竪穴式住居の祖形とみられるものである。枚方市域よりも低地に営まれた環濠集落の場合は、環濠内から夥しい各種の木製品が出土して弥生時代の新しい特徴を示すが、朝鮮半島南部で成立した木工用の磨製石器とともに鉄製工具がもたらされた結果である。瀬戸内・大阪湾と一連の水域をなす河内潟周縁や淀川流域には、いち早く枚方市磯島先・寝屋川市高宮八丁・四條畷市雁屋などで、弥生のムラが出現している。人々は竪穴式住居で暮らし、床の中央部に設けた炉から炊事の煙を出していた。稲倉は高床式であった。

環濠の外には、灌慨用の水路がめぐらされ水田が区画され、また集落の共同墓地が丘に営まれた。弥生前期の大阪湾沿岸地域が初現らしい方形周溝墓《ほうけいしゅうこうぼ》は、共同墓地内に反映した階層の分化をしめしている。数十基の方形周溝墓群とその数倍もの土壙墓群が検出された例もある。枚方市交北城《こうほくじょう》の山《やま》遺跡では中学校建設用地内から四二基もの方形周溝墓が検出された。一辺約四〜一三メートルの周溝で区画された台状部内に、数基の木棺墓・土壙墓・土器棺墓を埋葬した家族墓群で、一基単独のものと二〜六基が周溝の一辺を共有し合っているものがあり、周溝内には供献土器の破片等が見られた。やがて弥生時代が終焉を迎える頃になると、特定の家族の墓が共同墓地から分離しかつ大型化して、墳丘墓と呼ばれるようになるのである。

ムラにはそれぞれの立地環境によって、得意とする生業があったらしい。近くに山林のあるムラでは木材加工品、貝類の豊富な沿岸のムラでは獲った貝を加工して保存食品とするなどして、互いに交易をしていた。

高地性集落

昭和五十六年（一九八一）に、枚方市立山田中学校の建設用地で発見された数時代にまたがる複合遺跡が、交北城の山遺跡である。この中学校の周囲を含め約三ヘクタール、穂谷川下流域左岸の標高約二〇メートル付近の水田地下には、中期はじめに出現する大規模な弥生ムラの住居や墓地が営まれていた。ところがこの遺跡からは中期後半以降の弥生土器が出土せず、なぜかどこかに移住してしまうのである。移住先は穂谷川を隔てて東方へ約二キロメートル、標高約六〇メートルの丘陵上であったらしい。枚方市立田口山小学校用地はその一部で、小学校建設に先立つ昭和四十九～五十年（一九七四～一九七五）の発掘により弥生中・後期の二十数棟の竪穴式住居跡、V字溝、炭化米等が発見された。この田口山遺跡は非常に早くから知られていた遺跡で、特に東京国立博物館所蔵の鉄剣形磨製石剣は明治の頃の発見である。昭和十八年（一九四三）には大阪府史跡の指定を受けていたが、昭和四十三年（一九六八）には樹木の茂っていた丘陵の開発が進行した結果、竪穴式住居跡の真上に削平工事中のブルドーザーがあるのに気づいて、有志が集まり手弁当で発掘調査をしたこともある。枚方の遺跡保護運動の先駆けであった。

中期の田口山のムラは、長さ二・五センチ以上・重さ三グラム以上の射撃効果の大きい打製石鏃が多数出土しているほかに、磨製石鏃や鉄鏃など、のどかなコメ作りのイメージにほど遠い、武器類を備えて武装する弥生のムラ、さらにいえば政情不安に備えた軍事的な防禦集落であったらしい。

枚方市津田の国見山（標高約二八〇メートル）山頂には中世の津田城跡があり、その山麓支丘に本丸山・城坂砦・古城などの小字名があるが、標高約九〇メートルの古城の最高所から、火災で消失した竪穴式住居跡六棟が見つかっている。河内潟北縁の高宮八丁の弥生ムラは、淀川左岸では最も早い中期はじめに、高宮八丁より四〇メートル高い近くの寝屋川市太秦の丘陵上に移住して、多くの武器石器を今日に残している。同じ中期初めに、太秦の北約一〇キロメートルの淀川対岸の丘陵上にも集落遺跡がある。こうした丘陵上や山腹に営まれた弥生時代のムラを、弥生系高地性集落とよぶが［小野、一九八四年］、淀川水系に高地性集落を営まねばならない共通した事情が生じていたのであろう。

この頃には、河内潟西縁の雁屋遺跡や大阪湾北岸付近の豊中市勝部遺跡では、複数の石鏃や石槍によって死亡した戦士を木棺墓に葬っていた。中国の『史書』（後漢書・魏書）にみる倭人社会の統合に向けての争乱は一～二世紀のことであるが、弥生中期前半（紀元前一世紀～）にさかのぼる長期間にわたって居住した本格的な高地性集落の出現は、北部九州に見あたらず西部瀬戸内→東部瀬戸内→大阪湾沿岸→紀伊水道東岸に認められるので、西方から迫り来る軍事的緊張に対応するものであったと思われる。

淀川水系や生駒山地西麓には、弥生後期にも集落や狼煙《のろし》場などの高地性遺跡があらたに営まれている。そのうち枚方市鷹塚山遺跡は、眼下に江戸時代の鍵屋浦を望む淀川左岸の標高約六三メートルの竪穴式住居跡付近から、直径七・二センチの小さな重圏文鏡・銅鏃や鉄器などが出土したほか、中国・四国地方特に瀬戸内の吉備では一つの集落遺跡から三〇点以上の出土例もあるが〔山陽町教育委員会、一九七七年〕、弥生中期中葉以降の山陽・山陰・四国の瀬戸内側・播磨西部、次いで摂津・北河内で集落遺跡内から発見されている分銅形土製品が出土している。分銅形の板状の土製品で、一〇センチを超える大きいものは少なく、垂下に用いる小孔を穿ち、目や口や鼻をつけて人面を表す例もあり、またほとんどが壊された状況であることから、ムラ人の暮らしの中で呪術的土俗的な用途を持つと思われる。その多くが中期に属し後期前半にも用いているが後期後半には稀で、鷹塚山の例はこの土製品を用いた吉備的な土俗信仰の終焉を示しているようである。他の地方との交流をよくものがたるものに土器があるが、鷹塚山や渚や雁屋などの後期遺構からは、近江系の土器が出土している。

鷹塚山遺跡の淀川側の斜面が急傾斜であるのに対し、東側は淀川に注ぐ天野川下流左岸に向かって緩やかな丘陵斜面となっている。鷹塚山の住居跡から東南に約五〇〇メートル（天野川氾濫原からの比高約一〇メートル）の標高約二五メートルの山之上天堂遺跡は、鷹塚山遺跡と強く関わっていたものと思われるが、ここでは六角形の珍しい平面形をなし、壁面にそって幅約一メートルで高さ約一五センチのベッド状段遺構を六角形にめぐらせた一辺約四～五メートルの竪穴式住居跡があった。弥生後期の竪穴式住居内にベッド状の設備を設ける例は、兵庫県加古郡播磨町の播磨大中遺跡（史跡）に顕著に認められる。播磨大中遺跡は弥生前期にはじまる遺跡で、弥生後期のベッド状の高床部をもつ集落遺跡として知られるが、その中で最も注目されたのが一辺約四～五メートルで平面六角形の最も大きい第四号住居跡で、山之上天堂のものと類似しており、両地域が淀川水系と瀬戸内海を経て強く結ばれていたことがうかがえる。

群をなす方形周溝墓と王の墓の出現

弥生時代を代表する墓のひとつに方形周溝墓がある。文字どおり、周囲に溝を巡らした墓で、内部に若干の盛土を施し、木棺や土壙あるいは土器棺などを安置する。畿内で発生・発達し、列島各地に派生した。西は九州地方、東は東北南部にまで及んでいる。

枚方市では、約一〇〇基もの方形周溝墓がすでに検出されているが、そのほとんどは中期に属するもので、前期のものはなく、後期のものはごく僅かである。このような傾向はほぼ普遍的で、方形周溝墓は中期に最も発展した墓制として位置づけられる。市内で見つかっている方形周溝墓のほとんどは、後世の削平のため木棺などの埋葬主体は検出されないものが多いが、星丘西遺跡などでは、一基の方形周溝墓に複数の木棺が安置されていたものもある。各地で検出されている方形周溝墓も、残りの良いものでは複数の埋葬施設が設けられている例が多く、家族墓的な性格を有するものだと考えられている。

方形周溝墓が見つかった主な遺跡としては、楠葉野田西・招提中町・交北城の山・星丘西遺跡などがある。このうち、招提中町遺跡と交北城の山遺跡は穂谷川を挟んで指呼の位置に立地し、両遺跡ですでに七〇基以上（招提中町遺跡で約三〇基、交北城の山遺跡で四二基を数える）もの方形周溝墓が検出されており、その有様は「累々とつづく方形周溝墓群」と呼ぶにふさわしく、大規模な墓域が復元される。両遺跡で検出された方形周溝墓は、単独で営まれたものもあるものの、多くは二基以上が周溝を共有しており、それは血縁によるものかは定かではないが、ある種のグループを形成していたものと考えられている。また、星丘西遺跡などでは方形周溝墓に隣接して、木棺墓や土器棺墓が検出されており、方形周溝墓に葬られた人々とそれ以外の人々との間に、なんらかの規制が働いていたことが判る。

弥生時代も終わり頃になると、各地で墳丘墓《ふんきゅうぼ》と呼ばれる、大きさなどの点において、他とは隔絶した墓が出現する。墳丘墓は方形周溝墓や方形台状墓《ほうけいだいじょうぼ》（山陰地方などでみられる墓制）などとの区別が難しく、後の古墳との関係にも複雑なものがあり、簡潔な言葉での定義は難しい。墳丘規模は方形周溝墓などをはるかに凌駕するものが多く、一墳丘一埋葬主体を基本とする。また、築造される場所も従来の集団墓地から隔絶し、豊富な副葬品をもつものがあることなどから、地域の首長（王）の墓として認識されている。

市内では、中宮ドンバ遺跡で二基の存在が明らかとなっている。中宮ドンバ遺跡は天野川が淀川に注ぐ、標高約三八メートルの交野台地西端部に立地する。ここからの眺望はすばらしく、天野川水系はもちろんのこと、淀川下流域からはるか西摂山地まで望むことができる。一号墓は南北約二二メートル、東西約一八メートルを測る長方形の北側に突出部が付くと推定され、周囲には幅約三メートル以上の周溝がめぐらされていた。埋葬主体は組合せ式の箱形木棺で、棺内に鉄剣と鉇《やりがんな》が副葬されていたほか、朱の撒布も認められている。また、棺上には二本の大型鉄鏃も副葬されていた。二号墓は墳形などは詳らかではないが、弥生時代最終末頃の土器が出土している。少なくとも天野川水系一帯を掌握した首長（王）の墓とみられる。

余談となるが、近年の調査・研究を総合すれば、邪馬台国の所在地については奈良盆地東南部のいわゆる狭義のヤマト

写真 1-3　方形周溝墓群（交北城の山遺跡）

に決した観がある。では、枚方市は邪馬台国の一部であったのか否か、極めて興味深い問題となる。

この点について、白石太一郎は興味深い見解を提示している［白石、一九九八年］。白石は畿内における出現期の有力古墳が、北の淀川水系の山城相楽・乙訓地域や摂津三島地域、および北河内交野地域にみられるのに対し、大和川水系では、奈良盆地東南部に集中してみられる以外

写真1-4　鉄鉇と大型鉄鏃、二重口縁壺片（中宮ドンバ遺跡）

写真 1-5　棺内に副葬されていた鉄剣（中宮ドンバ遺跡）

は、後に巨大古墳が数多く築造される奈良盆地西南部の葛城地域や河内南部に顕著なものはみられないことに注目し、大和川流域で奈良盆地東南部以外に有力な出現期の古墳がみられないのは、大和川流域が邪馬台国以来のヤマト王権の原領域で同一の政治的領域であったために、奈良盆地東南部以外の地域では古墳が築造できなかった結果にほかならないと結論づけた。そして、出現期の有力古墳が築造されている先の地域は、邪馬台国とそれにつながる初期ヤマト王権の領域には含まれていなかったと考えざるを得ないとした。

枚方市は淀川水系の交野地域に属する。この地域の弥生土器の特徴は、陸続きの河内中・南部よりも淀川流域のものに近く、その傾向は弥生時代最終末から古墳時代初頭にまで継続する。土器からみても、河内中・南部とほぼ同一となるのは、古墳時代前期の布留《ふる》式《しき》と呼ばれる段階以降であり、先の指摘とあいまって興味深い。枚方市は邪馬台国および初期ヤマト王権の領域外であった公算が高いものと考えられる。『魏志倭人伝』には邪馬台国以外に多くの国々が記載されているが、枚方市がいずれの国に属していたかは、残念ながら明らかにし難い。

コラム
考古学の先覚者三浦蘭阪

大正年間に『摂河泉金石文《きんせきぶん》』や『大日本金石史』を刊行して、日本の金石学史に不朽の業績をうち立てた木崎愛吉が、その生涯の多くを金石文研究に傾けることになったのは、枚方市牧野阪の旧家三浦成明宅を訪ねて、蘭阪《らんばん》の著作などの遺品に接したことによる。明治末期の一九一〇年、杏の花咲く早春、数年後に枚方町長になる友人の三松俊雄と二人で三浦家を訪ねている。蘭阪は三代前の三浦家当主であった。玄関には、「玄順堂」の額と本草学の師小野蘭山の七一歳の書があるなど、蘭阪往時の様子が偲ばれた。

木崎はこの訪問で、『川内摭古小識《かわちせっこしょうしき》』・『名物摭古小識』・『金石古文摸勒《もろく》帳』・『雄花草子』・『仮初草』など、一二種の蘭阪の著作を見つけている。『名物摭古小識』は、蘭阪古稀記念の天保五年（一八三四）に刊行したもので、『古事記』・『日本書紀』・『万葉集』・『新撰字鏡』・『本草名名勅号記』・『延喜式』・『古本節用集』などの古書を検討して、古書に記された草木・鳥獣の古名称を考証したものであるが、貝原益軒《かいばらえきけん》の『大和本草』が古書の検討を欠くことから、学究の本間遊清は本草の古学をする人は座右に必携の書と絶賛したほどである。

蘭阪は明和二年（一七六五）に、山城国の大山崎で生まれている。母は坂村の医師三浦春道の長女で、医業は末娘に医師の義方を婿養子に迎え継いでいたが、子どもが早世したため生後間もなくこの叔父夫婦の養子となって、春道の時に渚村から移ってきた三浦家に来たらしい。名は義徳、蘭阪は号であるが、季行・子行・士行・宣登古などの名や南郊・出雲行者・雲行・郊庵・芒庵・存庵・括嚢館・酔古堂などの号も用いて、多彩な文人医師ぶりを伝えている。蘭阪の父となった義方は、優れた医師であると同時に、当地方における寛政期の文人グループの中心的な人物で、義方が五四歳の寛政元年（一七八九）に三浦家の蔵書を整理して作成された『家蔵書録』は数千巻に達したが、この年蘭阪二五歳、文人医師としての義方の影響は大であったことであろう。医師としての蘭阪は京都に出て、医術・本草学を大家から本格的に学んでいる。蘭阪七三歳にしてなお医書を執筆・刊行するなど、医師・医学者として彼は自信に満ちている。医学関係の著作として、『衍《えん》義《ぎ》傷寒論』・『傷寒論逸』・『治痘新書』・『治痘小識』・『近古医史』が知られていた。

蘭阪に影響を与えた近在の文人としては、二八歳年長の船橋村二宮神社の井上金橋、坂村では片埜《かたの》神社の岡田鶴鳴・小磯逸子（岡田逸）夫妻がある。一五歳年長の鶴鳴は旗本水野監物の家老であったが、のち河内・大和・近江に散在する水野領の代官と神職を兼務していた。妻の小磯逸子は名紀行『於くの荒海』の著者である。

考古学関連の著作としては、『川内摭古小識』がよく知られている。文化三年（一八〇六）、蘭阪四一歳、京町壹丁目の京南伏水書賈城州屋正二郎の発行である。蘭阪はこの冊子を除く出版物には、わざわざ「不待買人」と加印しているから、彼にとっては唯一の買う人を待つ出版物であったのであろうか。表紙の見返しに当るところには、続編刊行の意欲をみなぎらせた文言がある。当時は金石学全盛期であり、藤貞幹・狩谷棭斎・穂井田忠友など著名な学者を排出していた。『川内摭古小識』には、尊延寺村石佛・打上村明光寺石佛・野崎村慈顔寺石塔・玉手村安福寺廃石棺・西浦村寶壽寺《ほうじゅじ》廃瓦・古市村西琳寺玉盌・西琳寺船氏銅墓誌・駒谷村金剛輪寺廃瓦などを列記している。

　蘭阪の考古学研究を物語るものの中に、『金石古文摸勒帳』がある。出向いたさきで拓本をとり、メモを書き込んだりなどしたものであるが、友人から贈られたものも収録している。なかには、遠く四国の土佐の寒村に足を運び採拓したものもあるが、次にその一部を紹介して、蘭阪の調査活動を偲びたい。①法隆寺立像釈迦像背銘、②和州五條山中出土白銅鏡、③中西氏蔵漢爵銘、④和州文忌寸禰麻呂《ねまろ》墓誌、⑤河内船氏墓誌、⑥豊前国宇佐宮鐘銘、⑦河内丹南郡野々上村廃法泉寺瓦、⑧河内茨田郡中振邨龍光寺古瓦、⑨南都東大寺洪鐘銘、⑩寧楽西京招提寺講堂鴟尾銘、⑪城州宇治橋断碑銘。

　①は友人の穂井田忠友が奈良奉行に出仕しており同道したものかもしれない。④は京都以文会のメンバーから届けられた。「只今京都にて大評判、皆々渇望の品なり」と書いた書状があり、穂井田の考証が土器の図と共に記された書簡を添えていたが、六七歳になっていた蘭阪は

書簡の余白に私見を書き添えている。考古学者としての蘭阪の評価は、なかなかのものであったようだ。

蘭阪の住んだそして木崎愛吉が訪れた旧家は、ながく空家にしてあったところ、何度となく何者かが侵入し、屋内の道具類は徐々に失われ、遂にはタバコの吸い殻をたびたび見かけるに至り、涙をのんで家屋を取り壊した。蘭阪の墓は坂の墓地に、ひそやかに立っている。

第2章　いにしえの風景

1　古墳時代

九州・山陽・東海にも同笵鏡もつ万年寺山古墳

香里丘陵の北端に式内意賀美《おがみ》神社が鎮座する。昭和四十三年（一九六八）六月から九月中旬まで、鷹塚山遺跡の発掘調査団はこの神社の社務所を現地事務所として提供してもらっていた。その社務所付近から、明治三十七年（一九〇四）一月二十二日に古墳が発見された。有名な通称万年山古墳である。ここには明治三年（一八七〇）まで長松山萬年寺という晩鐘で知られた真言宗醍醐寺系の名刹があったが、廃寺跡に枚方小学校の運動場を造成中に、木棺・銅鏡・鉄刀などが乱雑に取り上げられたらしい。東京大学理学部人類学教室にある万年寺山出土の銅鏡は八面あり、そのいずれもが三角縁神獣鏡《さんかくぶちしんじゅうきょう》であり、中国で製造し舶載《はくさい》されたといわれる魏の鏡とする有力な説がある。『魏書』によると、景初三年（二三九）に邪馬台国の女王卑弥呼の朝貢の使者が魏都洛陽に至り、魏の明帝は卑弥呼を親魏倭王に任じ金印紫綬すると共に、倭王に銅鏡などの好物を与えている。三世紀頃に中国製の鏡を大量に入手できた唯一の方法である。この魏鏡こそ三角縁神獣鏡である。これは富岡謙蔵ら銅鏡研究の先学が導き出した興味深い仮説であった。平成十年（一九九八）に天理市の黒塚古墳で三三面の三角縁神獣鏡が発見されるまでは、昭和二十七年（一九五二）に鉄道の工事中に出土した京都府木津川市椿井《つばい》大塚山古墳の三二面の三角縁神獣鏡が最も多く、椿井大塚山で出土した三六面以上のすべてが中国製であった。そして椿井大塚山の三角縁神獣鏡三二面の内の二二面は、九州から関東までの古墳から同笵鏡《どうはんきょう》が見つかっていた。

同笵鏡とは、同じ鋳型から鋳造された兄弟の鏡である。この同范関係は、初期の大和政権が地方の支配者を傘下に治めるために三角縁神獣鏡を配布したことをものがたっていると考えたのは、小林行雄である。前期古墳の副葬品に見られる銅鏡重視は、その時代の支配者の姿を伝えるものであるが、副葬された鏡が①舶載の鏡（中国鏡）ばかり、②舶載鏡と日本で模倣して鋳造した仿製《ぼうせい》鏡が混在、③仿製鏡ばかり、のいずれであるかによって、①はもっとも古い古墳であり、③はもっとも新しく、②は両者の中間となる。舶載の三角縁神獣鏡ばかりが八面副葬

写真 2-1　万年寺山古墳出土の吾作銘四神四獣鏡
東京大学総合研究博物館所蔵。

されていた万年寺山古墳は、岡山の備前車塚古墳（船載一三面の内、一一面）・福岡の石塚山古墳（伝で一四面、現存七面）と共に重視されることになった。これらの三古墳は、いずれも椿井大塚山古墳と黒塚古墳に同笵鏡がある。

前期古墳は埋葬施設によっても、古式は竪穴式石室内に割竹形木棺を置き、新しくなると石室を造らず割竹形木棺を粘土槨《かく》で包むようになるが、万年寺山に運動場を造るに際し鏡類は木の船と共に発見したことになっており、竪穴式石室の存在を示す石材は無かったらしいのである。このようにみると、この古墳は前期でも新しくなる。

三角縁神獣鏡が魏鏡だということになると、邪馬台国の所在地論争に大きく関係する。ところが、製造元といわれる中国で、この鏡は今のところ未発見だという問題がある。いったい何処で誰が鋳造したのか、中国人考古学者も交えて魏鏡説に対する反論も出ている。万年寺山古墳出土の一面は椿井大塚山古墳に二面、福岡県苅田町石塚山古墳・広島市中小田古墳に各一面の同笵鏡があり、奈良県河合町佐味田宝塚古墳と静岡県磐田市経塚古墳にも各別々の同笵鏡があって、このような畿内・九州北部・山陽・東海に及ぶ同笵鏡の分有関係は、古墳時代前期の大和政権と各地の地方政権との関係をものがたる重要な現象である。

牧野車塚古墳とその周辺

牧野車塚古墳は、交野台地の北縁、眼下に穂谷川の下流域と淀川低地を望む台地地形上に営まれた前方後円墳である。東に前方部、西に後円部を配し、全長約一〇七・五メートル、後円部径五八メートル、前方部幅四五メートルを測り、周囲に幅約一〇メートルの溝底が一定しない周溝を巡らすほか、南から西側には外堤が残る。墳丘の高さは、溝底が一定しないため、後円部で六・五〜八・五メートル、前方部で五〜五・五メートルを測る。外堤を含めた規模は北河内最大を誇り、墳丘も原形をよく留めており、今日でも整美で雄大な姿を私たちは目にすることができる。

前方後円墳の学習には絶好な古墳で、墳丘に立ち入ることができる古墳の中では大阪府下でも屈指のものと言える。早くも大正十一年（一九二二）に、国史跡として指定された。

写真 2-2　牧野車塚古墳

国史跡指定が早かったこともあり、墳丘測量調査や後円部外堤西側隣接地で実施された第一次調査を除けば、ほとんど調査は実施されておらず、その様相は明らかでなかった。築造時期については古墳時代中期、五世紀初頭〜前半との見方が多かったが、決定的な根拠に基づくものではなかった。ようやく、平成十六年度（二〇〇四）に前方部と前方部周溝などを対象とした第二次調査が実施された。牧野車塚古墳に対する初の本格調査の実施である。

第二次調査の成果としてまず挙げられるのが、前方部のテラスで検出された板石組みの特異な葺石《ふきいし》である。通常、古墳の葺石には川原石などの円礫が用いられるが、牧野車塚古墳では板石が用いられていることが明らかとなった。そして、その石材は徳島県吉野川流域産と推定される緑泥石片岩《りょくでいせきへんがん》・紅簾石《こうれんせき》片岩・石墨石《せきぼくせき》片岩・点紋石《てんもんせき》片岩、兵庫県猪名《いな》川流域産の石英斑岩《せきえいはんがん》、大阪府羽曳野市春日山産の輝石安山岩《きせきあんざんがん》という多地域・多石種のものであった［西田、二〇〇五年］。遠隔地の石材がなぜ用いられたのか、そこには遠隔地の首長間の連携があるのかなど、興味は尽きない。

また、周溝は鍵穴形で、周溝底は当初から一定ではなかったことが明らかとなった。なお、第一次調査で牧野車塚古墳は二重周溝との見解［三宅、一九八〇年］が示されたが、第二次調査ではその存在は確認できず、ほぼ併行して実施された小倉東遺跡第三二次の確認調査で、外堤外側に相当する位置で浅い溝（外堤外周溝）が検出されていることなどから、牧野車塚古墳は二重周溝ではなく、第一次調査で二重周溝とされたものは、外堤外周溝であることが明らかとなった［西田、二〇

写真 2-3　板石組みの葺石

〇六年〕。埴輪は調査面積に比べて少なく、テラス部では原位置を保ったものはなかった。おそらく、墳頂部にのみ樹立されていたものとみられる。築造時期については、鰭付円筒埴輪《ひれつきえんとうはにわ》の存在が確認されたことなどから、四世紀後半にまで確実に遡ることが明らかとなった〔西田、二〇〇五年〕。

平成十九年（二〇〇七）、墳丘などにさらにさかのぼるいくつかの特徴がみられることから、牧野車塚古墳研究調査団（関西大学・京都橘大学・京都府立大学など）が結成され、その実態究明に取り組む体制が確立された。そして、約四〇年ぶりとなる墳丘測量調査が実施された。既存の墳丘測量図としては、昭和四十一年（一九六六）に刊行された『埋蔵文化財発掘調査の手びき』〔文化庁文化財保護部、一九六六年〕に挿図として掲載されているものと『枚方市史』所収図〔枚方市史編纂委員会、一九六七年〕があるが、いずれも一メートル間隔の等高線のものであることから、より精度の高い二〇センチ間隔の等高線による墳丘測量図が作成された。また、併せて三次元表示や断面作成など、活用の幅が広いデジタル測量図も作成された〔一瀬・菱田・米田・西田、二〇〇八年〕。

後円部径に対し前方部幅が狭いことや、くびれ部高が低く、周溝に渡り土手の存在も看取されることなどが測量調査の成果として掲げられ、それらは葺石の形状などと同様に、築造が四世紀中葉もしくはそれ以前にさかのぼることを示しているとされた。また、後円部北側と前方部前面に幅狭いテラスが読み取れることから、後円部南側以外は二段築成であったことや、南側外堤上には古墳状隆起が多く存在していることも明らかにされた。加えて、平成二十年（二〇〇八）以降も測量の補足調査とレーダー探査などが継続して実施された。

牧野車塚古墳の周辺部に展開する小倉東遺跡では、度重なる調査が実施され様々な成果が得られている。第三二次調査では、四世紀末頃～五世紀後半にかけて築造された、箱式石棺《はこしきせっかん》や方墳群などの墳墓群が検出された。小倉東遺跡では、第三・五次調査などですでに六世紀後半～七世紀初頭頃の小型墳（低墳丘墓）の存在が明らかとなっており、これらの成果を総合すると、牧野車塚古墳の築造を契機として、周辺部には七世紀初頭頃まで連綿と墳墓の築造がなされてきたという実態が明らかとなった。牧野車塚古墳という大型前方後円墳の周辺部の有様を如実に示すものとして評価される。もちろん、それらは牧野車塚古墳の被葬者と血縁関係を有するというものではなく、おそらく牧野車塚古墳を精神的な支柱として、その周辺部に築造されたものとみられる。

牧野車塚古墳の周辺部には、子供塚・権現塚・赤塚・ショーガ塚などの塚名小字が知られ、牧野車塚古墳群として認識されているものの、実態については赤塚を除き全く不明である。塚名小字が遺っていることや、赤塚（山）にかかわる「小倉村赤塚山ヨリ陶器、銅器、刀、鏡等数枚ヲ出ス、其木棺化シテ石ト為レバ、未ダ何人ノ墓ナルヤ詳ラカナラズ」という江戸時代の記録（三浦蘭阪『川内摭古小識』文化三年（一八〇六）刊）から、これらはある程度の墳丘規模を有するものであったものと推定される。これらの古墳についても、その築造時期や位置など、内容把握が望まれることは言うまでもない。このように、牧野車塚古墳とその周辺部についての調査・研究は、まさに緒についたばかりであり、多方面からの継続した検討が望まれる。

渡来人の足跡を求めて

日本の原始~古代社会の発展に関して、渡来人と呼ばれる人々の果たした役割には実に大きなものがあった。文献史料にも彼らのことが記されているが、具体的な活動を考えるには、考古資料の検討が有効である。例えば、大壁住居やオンドル状遺構が渡来人の存在を示す遺構として位置づけられるが、それらは日本にはなじまなかったようで、検出例は少ない。逆にそれらが検出されれば、渡来人第一世代の存在を示すものだと考えられている。

渡来人の活動を示すものには様々な遺構・遺物があるが、その背景は実に多様である。枚方市内では大壁住居やオンドル状遺構などの検出例こそないが、韓式系土器と呼ばれる土器が、茄子作《なすづくり》遺跡や交北城の山遺跡などから出土している。韓式系土器には、やわらかい軟質系とかたい硬質系の二種がある。かたい硬質系のもののなかで、確実に朝鮮半島で製作されたと考えられる土器を陶質土器と呼ぶ場合があるが、近年の発掘調査の成果で陶質土器と初源期の須恵器との区別が難しくなっていることも事実である。

茄子作遺跡の一棟の竪穴住居（第一次調査第六号住居、古墳時代中期）から、図にあるような土

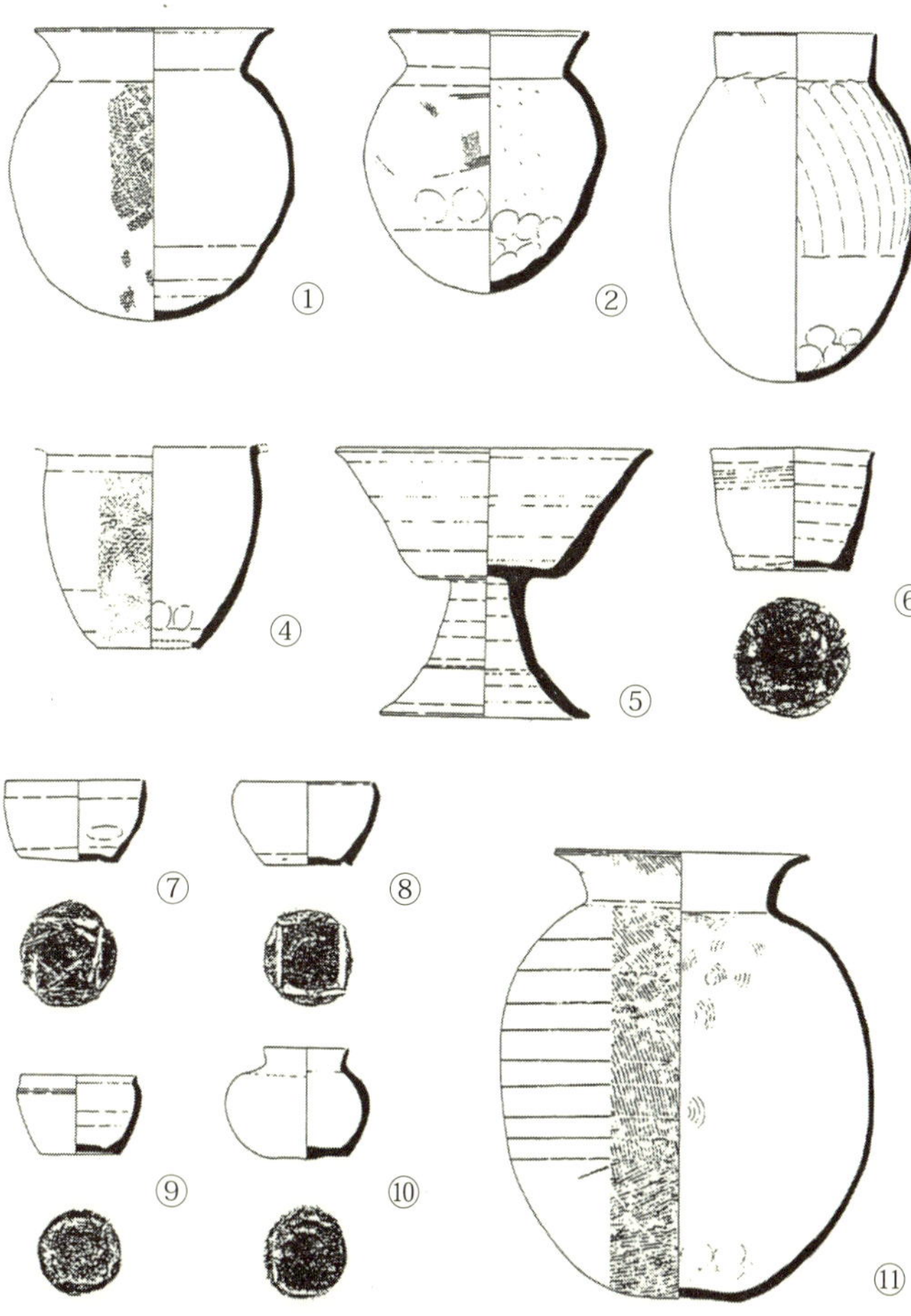

図 2-1　茄子作遺跡出土土器

①甕（斜格子）　②甕（在地系）　③甕（長胴）　④平底鉢　⑤高杯　⑥～⑨平底鉢
⑩小型壺　⑪壺（螺旋沈線）

森浩一・上田正昭編『継体大王と渡来人』大巧社、1998 年、169 頁より転載。

器が一括で出土した（①〜⑩）。①〜④が軟質系で、他はすべて硬質系の韓式系土器である。特に⑤の硬質系の高杯は百済系統と指摘されており［定森、一九九七年］、注目される（③は在地系、⑪は第一四号竪穴住居出土の軟質系）。それらは当時の日本の土器組成とは明らかに異なるもので、出土当時から渡来人との関連が想定されてきた。しかしながら、同時期の遺構の検出例は少なく、その位置づけは明確ではなかった。

平成十六〜十七年（二〇〇四〜二〇〇五）に実施された財団法人大阪府文化財センターによる調査で、第一次調査の南方に位置する流路から、融着資料を含む多量の初期須恵器などが出土するという新たな展開があった［黒須・南・松岡 他、二〇〇八年］。加えて、流路の下流域にあたる上の山遺跡からも、初期須恵器と窯体《ようたい》の一部が出土したことから、窯本体こそ検出されなかったが、茄子作遺跡内に初期須恵器を生産した窯（茄子作窯）の存在が充分に想定されるところとなった。そして、第一次調査第六号住居については、茄子作窯の開窯と、その操業に携わった渡来系の工人の住居である可能性が高まった。永年の謎が解けた感がある。なお、茄子作窯の操業は短期間で終わったようで、工人の数も少なかったものとみられる。

交北城の山遺跡からは韓国慶尚南道馬山《マサン》方面との関係が指摘［定森、一九九七年］されている硬質系の高杯のほか、やけ歪んだ壺、軟質系平底鉢《ひらぞこはち》などが出土している。やけ歪んだ壺の存在は、茄子作遺跡と同様に初期須恵器窯の存在を想定できるものであり、同じく付近に小規模な窯が開かれていた可能性がある。

また、交北城の山遺跡から多く出土している軟質系平底鉢は、茄子作遺跡でも見られるが(4)、渡来人やその子孫の存在を端的に示す遺物として位置づけられている。韓式系土器のうち、硬質系のものはいわば貴重品であり、現代的にいえば贈答品などである可能性が考えられ、その存在が直接的に渡来人の存在を示すとは言いにくい。

一方、軟質系のものは、渡来人が日常的に使用したもので、渡来人の存在を検討する上で有効と言える。特に、平底鉢はその後の日本の器種には受け継がれなかったという特徴があり、渡来人やその子孫の存在を考える上での指標ともなっている。今後も、軟質系平底鉢などを手がかりに、このような「渡来人の住所録作り」が進めば、その果たした役割などが自ずから明らかとなろう。

2　飛鳥から奈良時代

古墳づくりから寺づくりへ

日本中にどれほどの数の古墳があるのだろうか、多い府県では五〇〇〇基とか一万基になりそうであるから、一〇万基をかるくオーバーする。そして、畿内では七世紀頃にはまだ古墳を造っていた。

『日本書紀』は、推古天皇二年（五九四）に仏教興隆の詔をだすと、豪族達が競って仏舎を造りだしたとあり、推古三十二年（六二四）に調査したところ、寺四六カ所・僧八一六人・尼五六九人であったという。この頃飛鳥時代の瓦が出土している寺院跡は、河内では、渡来の人によって百済の烏含寺《おがんじ》になぞらえられたといわれる富田林市の新堂廃寺、羽曳野市の西琳寺跡、藤井寺市の土師寺跡・衣縫《いぬい》廃寺、枚方市の楠葉東遺跡内の廃寺・楠葉弥勒寺（後出。コラム「幻の寺跡」）である。日本で初めての本格的寺院である飛鳥寺は蘇我馬子により造営されたが、推古天皇三十四年（六二六）に馬子が死ぬと、桃原墓《ももはらのはか》に葬ったと日本書紀が伝えている。桃原墓とは、飛鳥の石舞台古墳であろうと言われている。巨石の巨大な横穴式石室で有名なこの古墳は、馬子の古墳であるという確証はないものの、考古学の編年上では時期的に妥当である。聖徳太子は、『日本書紀』によると推古二十九年（六二一）に薨去《こうきょ》し、河内飛鳥の磯長谷に大阪府屈指の大円墳（南河内郡太子町叡福寺境内聖徳太子墓）に葬られた。権力者や豪族達がおそらくは古墳以上にその造営や維持が大変ではなかったかと思われる寺院経営を広げていったのである。この時期の古墳には、家形石棺に蓮華の文様をつけたものや、古墳と寺が隣接して造られたりしていることがある。

『日本書紀』によると大化二年（六四六）三月二十二日に、孝徳朝難波宮で大化の薄葬令がだされた。これにより、以後は古墳が消滅に向かうと説明されることがあるが、畿内に限って言うならば、薄葬令が出された七世紀半ばには、ほとんどの横穴式石室を持つ古墳の築造が終わっていくるらしいのである。そしてこの頃以後の白鳳期になると氏寺は急増し、鳥取や広島などにも造営がはじまり、そのピークは奈良時代前期頃となる。そして畿内では古墳を新たに築くことは無くなる。

白鳳期について枚方付近を見渡してみると、八幡市の西山廃寺（元楠葉領）と美濃山廃寺と志水廃寺、枚方市の楠葉東遺跡内の廃寺、二宮神社周辺の船橋廃寺、九頭神廃寺、特別史跡百済寺跡の南に隣接する百済寺遺跡内の廃寺（中宮廃寺？）、香里団地内の中山観音寺跡、蹉跎《さだ》の龍光寺跡（蹉跎廃寺）、寝屋川市の高宮廃寺、交野市郡津の長宝寺跡（交野廃寺）、四條畷市の正法寺跡と讃良寺跡などがあって、交通上の要地であったこの地域の古代有力者の間にいち早く瓦葺きの伽藍の甍が陽光に輝く異国風の仏教文化の受容があったことを知ることができる。

瓦博士と四天王寺の瓦窯

昭和五十三年（一九七八）の二月初旬、時おりは雪が舞い、淀川を渡る冷たい風の吹く中、京都府八幡市と枚方市との境界付近をなす北楠葉の丘陵斜面で、斜面の壁面に約五メートルおきに四カ所が見えていた瓦窯の焚き口の焼土と、足下の枚方側に広がり焼き損じの瓦や崩れた登り窯の窯壁などが堆積した灰原《はいばら》の発掘調査があった。注目された出土品に素弁八葉蓮華文《そべんはちようれんげもん》の軒丸瓦がある。昭和九年（一九三四）の室戸台風で倒壊した大阪四天王寺の五重塔・中門と、傾いてしまった金堂を五年がかりで再建した出口常順らは、再建に先立ち調査をおこない出土古瓦の立派な報告書を刊行しているが、出口が執筆し藤澤一夫が実測図をひいた飛鳥時代の軒丸瓦（鐙瓦）と同じ文様をもつものであった。そしてそれは昭和二十年（一九四五）の戦災で四天王寺が主要伽藍の全てを失うと、昭和三十年（一九五五）から三年間に五回の発掘調査をおこない、その報告書で遺物を執筆した藤澤が、法隆寺若草伽藍出土の創建軒丸瓦と四天王寺のそれとは同笵（型）であると分析したものでもあった。

古代寺院の瓦窯は、飛鳥寺がそうであるように寺の近くに築くものと思われていたが、大阪の上町台地から数十キロもへだてる淀川べりに姿を見せた。八十歳近くになっていた四天王寺管長の出口常順は、屈強そうな若い僧に支えられながら僧衣で丘に登って「こんな処に！」と、藤澤一夫四天王寺女子大教授に語りかけた。斜面の地層の断面に四基並んで見えていた瓦窯の焚き口は、六基になって大瓦窯群の様相を表していた。日本最古の瓦葺きの寺である飛鳥寺で、瓦窯は二基であった。飛鳥寺は時の実力者蘇我馬子が、一族のために建立した壮大な僧寺である。四天王寺創建軒丸瓦は、斑鳩の法隆寺にも供給されたわけであるが、四天王寺も法隆寺も共に聖徳太子ゆかりの寺である。素弁の蓮華文の花弁の数や形に少しの相違はあるが、共に韓国扶余の寺跡から出土する瓦の蓮華文に通じる百済系の軒丸瓦を使用して、瓦葺き創建伽藍の軒先を飾っていた。

『日本書紀』崇峻天皇元年（五八八）条に、百済から寺工・鑪盤《ろばん》博士・瓦博士・画工らが派遣されて来たことが述べられている。飛鳥や難波の人々が、はじめて見ることになる本格的な寺院伽藍を建設する専門家集団の来日である。瓦博士は堅い木材を削って蓮華文軒丸瓦の瓦当《がとう》の笵（型）を作り、総数では万単位になる各種の瓦類の製作方法を倭王権傘下の陶人達に技術指導するなどしたのであろう。楠葉のこの瓦窯にも、百済の瓦博士が来ていたのであろうか。

この瓦窯群の発見の前段となる発掘が、同じ楠葉の隣接地にあった。北楠葉の丘陵に京阪が分譲住宅地を造成するのに先立ち、財団法人枚方市文化財研究調査会が、昭和四十九年（一九七四）から一年間にわたり約四ヘクタールの全域を調査したところ、そこが飛鳥時代から室町時代に及ぶ寺跡を含める大複合遺跡であることが判明した。この遺跡を、楠葉東遺跡という［枚方市教育委員会、一九八六年］。この四天王寺瓦窯というイメージの遺構は、楠葉東遺跡の隣接地であったため枚方市では楠葉東遺跡に含めて楠葉東遺跡内瓦窯群としていた。昭和六十年（一九八五）以降に隣接する京都府八幡市橋本平野山が発掘された結果、楠葉側と合計して八基からなる瓦窯群が営まれていたことが判り、楠葉平野山瓦窯跡と命名された。

なお、四天王寺創建期の瓦は、三基の瓦窯で焼成され、ややおくれて一基又は二基の瓦窯で百済様式の素弁八葉蓮華文の文様が定型化し、花弁端が剣菱状となり奥山久米寺式の軒丸瓦を焼成している。奥山久米寺式は四天王寺には供給していない。そして瓦窯操業の最終段階で山田寺式とよぶ単弁八葉の蓮華文軒丸瓦と重弧文軒平瓦を焼成した。最終段階の焼成は、孝徳朝難波宮造京にともなう四天王寺移転のためのものであろうか。四天王寺第二期の瓦である。楠葉のこの瓦窯は、四天王寺第二期の工事終了と共に操業を終えることになった。

ベールをぬぐ九頭神廃寺

九頭神遺跡は穂谷川を眼下に望む交野台地の南傾斜面に立地する遺跡で、縄文時代中期～室町時代にかけての、先人達のさまざまな営みが明らかとなっている一大複合遺跡である。その範囲は東西約七〇〇メートル、南北約五〇〇メートルにも及ぶ。加えて、南東部では夥しい古瓦がみられたことや、「金堂」・「ドンドン山」など寺院の存在を示す小字名もあることから、古代寺院の存在が想定されてきた。明治二十年代には、「ドンドン山」付近の耕作中に銅造誕生釈迦仏立像《どうづくりたんじょうしゃかぶつりゅうぞう》（市指定文化財）が発見されたほか、昭和八年（一九三三）には大阪史蹟会によって「ドンドン山」の一部で発掘調査が実施され、焼けた土（基）壇とともに鉄釘や青銅製品などが出土し、寺院の存在が確認されるに至った。出土瓦についても研究が進められ、北河内地方で最も古い寺院として、また高句麗系の軒丸瓦が出土する寺院として注目を集めた。しかしながら、基壇《きだん》の存在は確認されたものの、それがいずれの堂塔のものか、あるいはその他の基壇の配置状態（伽藍配置《がらんはいち》）などが一切不明なまま、付近一帯は開発の波にのまれ、住宅が建ち並ぶ景観となってしまい、まぼろしの古代寺院などと呼称されることもあった。このような状況の下、九頭神廃寺および九頭神遺跡に対しては、昭和五十八年（一九八三）以降、精力的な発掘調査が実施され多くの成果が蓄積されている。

九頭神廃寺に関しては、一辺長約一一～一二メートルの方形基壇や、その下層に豪族居館か前身寺院と目される回廊状遺構を伴った大型掘立柱建物などが検出されたほか、塑像《そぞう》の螺髪《らほつ》方形三尊塼仏《せんぶつ》などの遺物が出土し、古代寺院跡としての確実な成果の蓄積がみられる。方形基壇は昭和八年（一九三三）に発見されたものと同一とみられ、外装に瓦積を施すもの（瓦積基壇《かわらづみ》）で、平面形などから塔と推定されている［竹原、一九九七年］。七世紀末～八世紀初頭の建立とみられている。

九頭神廃寺以外でも縄文時代中期にさかのぼる土器が出土したり、弥生時代後期初頭頃の竪穴住居・鎌倉～室町時代の集落や墓などが検出されるなど、多岐にわたる成果がある。とりわけ、飛鳥～奈良時代にかけての遺構は広範囲で検出されており、それらは九頭神廃寺との関連が大いに想定されるものである。九頭神廃寺の北西約二〇〇メートルでおこなわれた第五八次調査などでは、真北に主軸をもつ道路遺構（幅員一二メートル）が検出されているほか、九頭神廃寺の西方約一二〇メートルで実施された第一六八次調査では、同じく真北に主軸をもつ一五棟以上からなる大型掘立柱建物群が検出されている。いずれも奈良時代に造営されたもので、後者は規模や位置関係などからして、九頭神廃寺を建立・維持した豪族の居館にあたるものと考えられている。なお、九頭神廃寺の南西部には隣接して延喜式内社《えんぎしきないしゃ》久須々《くすす》（ケ）美《み》神社が、明治四十二年（一九〇九）に北西五〇〇メートルに位置する片埜《かたの》神社に合祀されるまで、鎮座していた。

平成十七年～十九年（二〇〇五～二〇〇七）にかけて寺院地北西部で実施された第二〇六次調査は、古代寺院のイメージを一新する画期的な調査となった［西田、二〇〇七年］。西面大垣《せいめんおおがき》・西門や北区画溝などの外郭施設が良好な状態で検出され、それまでの調査成果を含めると、寺院地が約一四〇メートル四方となることが明白となった。寺院地北西部外側で検出された宝幢《ほうどう》遺構の存在も特筆すべきものである。また、西門から東方に一直線に伸びる道路側溝や、南北・東西方向に整然と掘削された基幹排水溝・区画溝などが検出され、道路側溝の北側に二つの付属院地が造営されていることが判明した。両付属院地間や道路側溝と東西方向の基幹排水溝間には、東西方向の基幹排水溝の一部で瓦組の排水暗渠《あんきょ》が検出されたことから、築地《ついじ》（または土塀）が営まれていたものと考えられる。また、道路側溝には途切れる箇所があり、寺院地内道路から、各付属院地への出入口にあたるものとみられる。

付属院地の一つは、五棟以上の総柱建物（倉庫）からなるもので、寺の什器などの財産を納めた倉垣院《そうえんいん》（正倉院）に相当するものと考えられる。別の付属院地では、南端部分で二間×五間の大型掘立柱建物（床面積約五八平方メートル）が検出された。この建物の北側柱列の東、倉垣院との間には、築地に門（穴門）が設けられていることから、この建物は少なくとも、倉垣院を管理する機能を有していたものと判断される。西門から入ってすぐ北側に位置していること

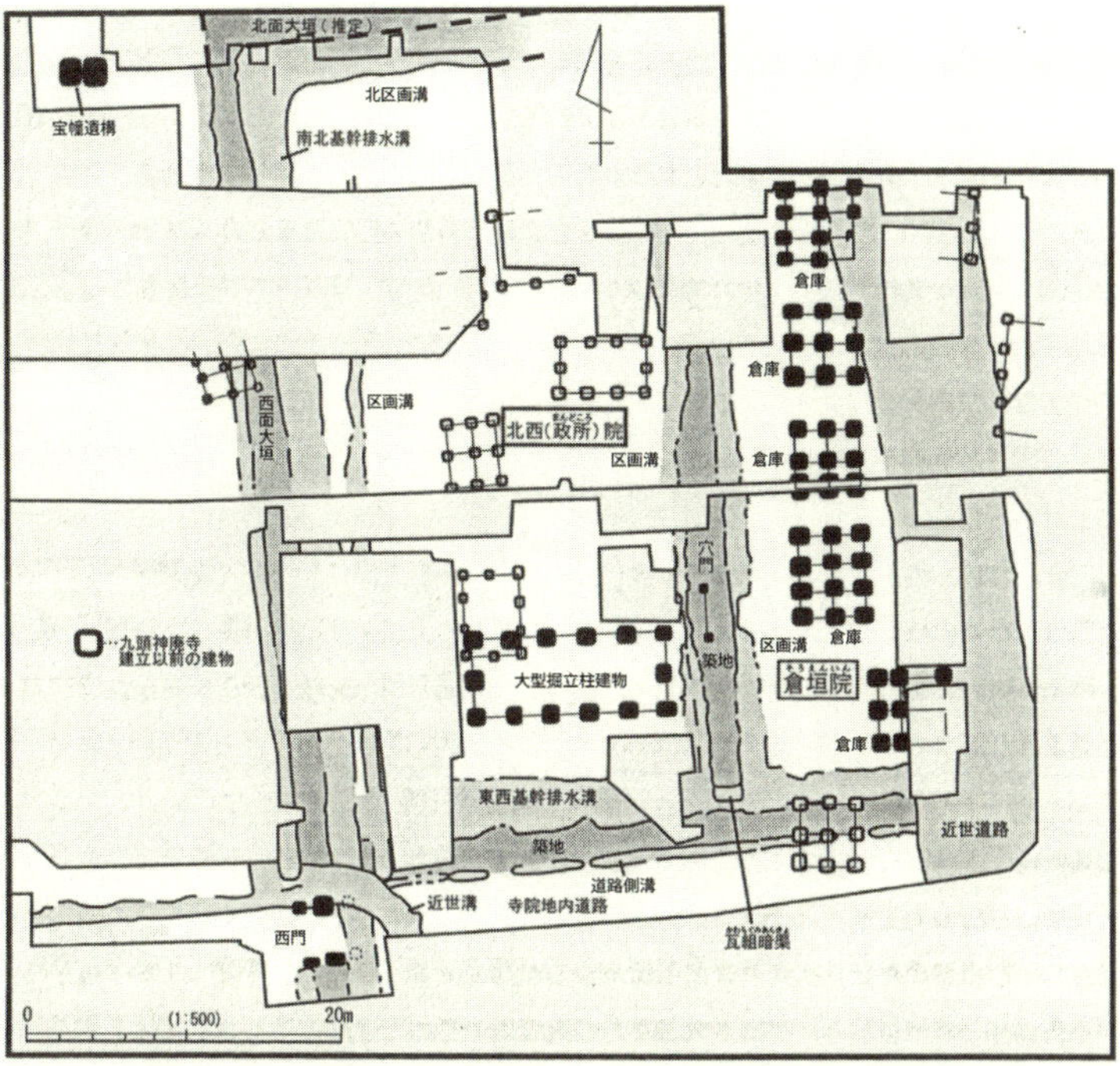

図 2-2　九頭神廃寺寺院地北西域遺構配置図
『枚方市文化財調査報告 第 61 集　九頭神遺跡Ⅲ（本文編）』図 8 を一部改めた。

などを考慮すれば、政所院《まんどころいん》である蓋然性が高い。

このように、九頭神廃寺寺院地北西域には、築地によって整然と区画された二つの付属院地が造営されていたことが明らかとなった。これら寺院経営にかかわる付属院地の検出は、地方寺院では初のことで、古代寺院研究に新たな視点を提示するものとしても高く評価される。

現在までの九頭神廃寺とその周辺部の調査成果などを総合すると、寺院・神社・豪族居館や集落の有機的な位置関係がほぼ把握できる。その様相は、寺院地やその周辺部を描いた絵図として著名な「額田寺伽藍並条里図《ぬかたでらがらんならびじょうりず》」（国宝）の景観をも、ある意味凌駕する内容であり、今後、さらに調査が進めば、古代寺院とその周辺部の有様を具体的に復元することが可能であり、極めて重要な地域として位置づけられる。

九頭神廃寺に関連して、近年、重要な事柄が判明したので簡単に紹介しておこう。平成十七年（二〇〇五）、京都府大山崎町で平安宮朝堂院をはじめ嵯峨院や河陽離宮《かやりきゅう》に屋瓦を供給した大山崎瓦窯の存在が明らかとなり話題を集めたが、その後、九頭神遺跡に東隣する招提中町遺跡にも大山崎瓦窯産の屋瓦が数多く供給されていることが明らかとなった〔網、二〇〇七年〕。大山崎瓦窯はその供給先からみて、嵯峨天皇（七八六〜八四二）と密接な関係があることに疑念の余地はなく、一躍、招提中町遺跡の性格づけが極めて重要な問題となる。嵯峨天皇は桓武天皇（七三七〜八〇六）と同様に、度重なる交野行幸・遊猟をおこなっており、招提中町遺跡は、それらに関係する施設であるものとみられよう。招提中町遺跡と九頭神遺跡は隣接することもさることながら、その消長が連動する可能性が高く、一体のものとみられ、必然的に九頭神遺跡（廃寺）の位置づけについても熟考を促すものと考える。九頭神廃寺に隣接して所在した延喜式内社久須々美神社のほか、北西約五〇〇メートルには平安京西寺に屋瓦を供給した牧野阪瓦窯の存在が知られており、九頭神遺跡周辺部は特に奈良時代末～平安時代にかけて交野郡はもちろんのこと、長岡京・平安京からみても極めて重要な地域であったと考えられる。今後、多方面からのさらなる検討が必要となろう。

なお、倉垣院を中心とする箇所と、宝幢遺構を含む寺院地北西角部の二カ所が、史跡公園として整備された。

特別史跡百済寺跡と百済王氏の繁栄

百済寺《くだらでら》跡は天野川右岸の交野台地上に立地している寺院跡で、百済王《くだらのこにきし》氏の氏寺として建立されたものである。百済王氏は、百済国が滅亡した折に日本に派遣されていた百済国王義慈王《ぎじおう》（ウィジャワン）の王子の禅広（善光）をその祖とする氏族であり、持統朝に「百済王」という氏族名（号）を賜った。百済王氏はその名が示すように、日本古代氏族のなかで朝廷から王族の礼遇をうけた特異な氏族であり、その当初においては百済の亡命政権的な要素を指摘する見解もある［利光、一九六七年］。『日本書紀』天智天皇三年（六六四）三月条には、「以百済王善光王等居于難波」とあり、善光は難波にその居住地を賜った。

百済王氏と枚方との関わりは、善光の曾孫にあたる敬福《きょうふく》の頃からと一般的に考えられている。敬福は、陸奥守であった天平感宝元年（七四九）に東大寺の盧舎那仏《るしゃなぶつ》建立にあたり陸奥国小田郡（現在、宮城県遠田郡涌谷町）から産出した黄金九〇〇両を献上したことで著名であり、この功により従五位上から七階級特進し、従三位に叙せられ宮内卿《くないきょう》に任じられている。『続日本紀《しょくにほんぎ》』は敬福の死（七六六）にあたり詳細な薨伝《こうでん》を載せ（天平神護二年六月二十八日条）、宮内卿に任じられてすぐに河内守にも任じられたことが判る。この敬福の河内守任官時に百済王氏がその本拠地を難波から枚方市の百済寺周辺部に移したとし、加えて百済寺の創建も敬福の手によるものとする考え方が多数を占める。文献における百済寺の初見は『続日本紀』延暦二年（七八三）十月十六日条の桓武天皇の交野郡行幸に関して「施百済寺近江播磨二国正税各五千束。」である。この後『類聚国史《るいじゅうこくし》』に記載されているだけでも百済寺には、延暦十二年（七九三）五月十一日に銭三〇万と長門・阿波国稲各一〇〇〇束が施入されたほか、弘仁八年（八一七）二月二十日に綿一〇〇斤の施入を最後にして、計五回の施入があり、百済王氏の氏寺でありながら宮寺的な扱いを受けている。

百済王氏は、敬福以後も数多くの上級官人を輩出し、奥羽の経営や専門的な学問が必要な官職などにその手腕を発揮している。また百済王氏の女性の活躍もめざましく、敬福の孫の明信《みょうしん》が桓武天皇の後宮《こうきゅう》に尚侍《ないしのかみ》として入って天皇の信任を集めたのを筆頭として、多くの女性が女御《にょうご》などとして後宮に入った。すなわち、桓武天皇の後宮には教仁《きょうにん》・貞香《ていか》・教法《きょうほう》の三人が、嵯峨天皇の後宮には貴命《きみょう》・慶命《きょうみょう》が、仁明天皇の後宮には永慶《えいきょう》・豊俊の娘（名不詳）らがそれぞれ入り、彼女らの多くが皇子・皇女を儲けた。このように長岡京期～平安時代初期にかけての百済王氏の活躍には目ざましいものがあり、それは桓武天皇との関係にその端を発するものである。

桓武天皇は、生母が百済系の高野新笠《たかののにいがさ》である関係から、帰化人系の氏族を重用したことが広く知られている。事実、桓武天皇は生母の甥にあたる和朝臣《やまとのあそん》家麻呂を帰化人としてはじめて参議に任命したが、その評価として、『日本後紀《にほんこうき》』延暦二十三年（八〇四）四月二十七日条に載る家麻呂薨伝に「蕃人入相府。自此始焉」と記された程である。帰化氏族中第一の名家とも評される百済王氏は桓武天皇とのこの特別な関係を、先に見たように女性をその後宮に入れるなどの方法で、より積極的に推進していった。そしてそれは、桓武天皇の「詔日。百済王等者朕之外戚也。」（『続日本紀』延暦九年二月二十九日条）という言葉に端的に表われる。

桓武天皇と百済王氏及び交野郡との結び付きをより堅固なものとしたのは藤原継縄《つぐただ》の存在である。継縄は藤原南家の祖、武智麻呂《むちまろ》の長子豊成の次男で、桓武天皇のブレーンの一人とも評されるが、その妻は先の明信であり、夫婦そろって桓武天皇の信任が厚かったことは想像に難くない。継縄は百済王氏との関係からか交野郡に別業（荘）を有しており、時にはそこが桓武天皇の行宮《あんぐう》となった。『続日本紀』延暦六年（七八七）十月の桓武天皇の交野行幸に際し、十七日に「以大納言従二位藤原朝臣継縄別業為行宮矣。」とあり、二十日には「主人率百済王等奏種々之楽。」と記される。ここにいう主人とは継縄であり、継縄が百済王（氏）等を率いるという関係がこの時すでに成り立っていると奥田尚は指摘する［奥田、一九七二年］。百済王氏は、明信をして継縄と結び、ひいては桓武天皇と密接に結びついていた。以上のような関係があってこそ、すでに指摘されているように桓武天皇の交野郡への数多い行幸・遊猟が理解でき、また、後に記すように、郊祀《こうし》の地として交野郡の地が選ばれ、継縄が延暦六年の祭祀に遣わされたものと推量される。

百済寺跡については、昭和七年（一九三二）に実施された大阪史談会による調査で、東西両塔をもつ薬師寺《やくしじ》式の伽藍配置であることが確認され、昭和十六年（一九四一）には史蹟指定を受けた。昭和二十七年（一九五二）三月二十九日には、主要堂塔を良好に残すこと及び、百済王氏の氏寺であり古代日朝文化交流を示すものであることから、文化財保護法の規定により、ワンランク上の特別史跡に指定された。しかしながら、寺院地は潅木が生い茂り、立ち入る人もなく、熊笹の合間に礎石が見られる状態であったという。当時の枚方市長寺島宗一郎はこの状態を憂い、大阪府教育委員会に諮《はか》ったところ、史跡公園整備計画が立案をみることとなった。これを受け、昭和四十年（一九六五）に奈良国立文化財研究所（当時）の協力を得、史跡公園計画の資料を得るための発掘調査が実施され、中門からのびる回廊が金堂にとりつくわが国では特異なものであることなどが判明した。統一新羅時代の感恩寺《かんのんじ》（カムンサ）に類似する渡来系氏族の氏寺にふさわしい伽藍配置であることが指摘されている。

昭和四十年～四十二年（一九六五～一九六七）の三カ年をかけて、史跡環境整備（史跡公園化）が実施された。整備面積は二万平方メートルを超える壮大なものとなった。以後、昭和五十九年（一九八四）に市民が選んだ枚方八景「百済寺の松風」に指定されるなど、百済寺跡史跡公園は市民の憩いの場として定着し、特に春には、桜の名所として大勢の花見客で賑わいをみせる。ところが、整備後四十年を経過した現在、経年変化などによる損壊などが各所で目立ち、抜本的な対策が急がれる状況となり、再整備事業が着手されることとなった。平成十七年（二〇〇五）度から、再整備基本計画策定に向けての発掘調査が実施されている。

約四十年ぶりとなる今回の調査でも、新たに西塔が凝灰岩《ぎょうかいがん》切石を用いた壇上積《だんじょうづみ》基壇であることや、中心伽藍の周囲に九頭神廃寺と同様、修理《すり》院などの付属院地が計画的に造営されている状況などが明らかとなったほか、百済寺創建以前にさかのぼる掘立柱建物などの遺構も各所で確認されている。また、古墳時代後期から鎌倉時代にかけての土器や金属製品などの多岐にわたる遺物が出土したが、なかでも大型多尊塼仏《たそんせんぶつ》の出土が注目される。

大型多尊塼仏は三重県夏見廃寺・奈良県二光寺廃寺などから数例が出土しているだけであり、奈良時代創建の寺院からの出土は初めてのことである。夏見廃寺などのものと比べると、分割して製作されている点など異なっており、東京国立博物館蔵の押出仏《おしだしぶつ》に類似するという［大竹 他、二〇〇八年］。百済寺跡からはすでに方形三尊塼仏《ほうけいさんぞん》・小型塼仏などの塼仏が出土しており、実にバラエティに富む。塼仏は一般的に飛鳥時代後期に盛行したと考えられており、奈良時代中頃に創建された百済寺跡からなぜこれほどの塼仏群が出土するのか、慎重に検討することが必要と思われる。ともかく、渡来系氏族随一の名家であり、古代有力氏族としても著名な百済王氏の氏寺にふさわしい事柄が、次々と明らかになってきている。

軒丸瓦は十二形式、軒平瓦は九形式あることが明らかにされている。十二形式の軒丸瓦の中には、飛鳥時代後期に属すると考えられる二種が含まれるが、出土瓦の多くのものは奈良時代後期～平安時代前期にかけてのものである。文献からみても平安時代中期以降の百済王氏には、往時のような勢力はなく、そこには氏寺としての限界が感じられる。なお、飛鳥時代後期に属すると考えられる二種（複弁六葉蓮華文軒丸瓦《ふくべんろくようれんげもんのきまるがわら》と複弁八葉蓮華文軒丸瓦）は、百済寺に先行する寺院の存在を示すものと考えられている。

禁野本町遺跡は百済寺跡の北方にひろがる遺跡で、これまでの調査により、弥生時代末～中世にかけてのさまざまな遺構が検出されている。とりわけ、奈良～平安時代前期にかけての遺構群は広範囲で検出され、大型掘立柱建物を含む掘立柱建物・井戸・道路などで構成されるもので、当遺跡の主たる時期として位置づけられる。当該期の出土遺物には、二彩《にさい》陶器・緑釉《りょくゆう》陶器・墨書《ぼくしょ》土器のほか、多量の削屑を含む木簡《もっかん》や平城京式軒丸瓦などがあり、一般集落遺跡とは隔絶した内容を誇る。百済寺跡との位置関係からして、百済王氏と密接な関係が想定されることに疑念の余地はない。

百済寺跡の北方約五〇〇メートルで実施された第六九次・一〇三次調査などで、百済寺の伽藍中軸線に続く南北道路とそれに交わる東西道路が検出され、その十字街（十字路）を中心に、北東・南東・北西・南西街区それぞれに掘立柱建物などが営まれている状況が明らかとなった。

北東街区では、桁行五間、梁行三間の身舎《もや》に、二間の南廂《ひさし》が付随する廂付大型掘立柱建物を含む掘立柱建物群や井戸・道路などの遺構が検出され、二基の井戸から「大領《たいりょう》」・「米一石」などと記された木簡一二点・多量の削屑や、「少家」・「小家」などと記した墨書土器が出土した。多量の木簡削屑の出土は確かにこの地での木簡作成を証左するものとして重要であり、加えて、木簡や墨書土器などの文字資料は断片的ながら、当地にすくなくとも郡衙《ぐんが》の関連施設ないし、郡司《ぐんじ》級氏族の居宅などが存在していたことを示すものとして位置づけられ、高く評価できる。

南西街区でも数多くの掘立柱建物が検出されたが、小規模なものが多く、大型掘立柱建物や廂付建物などは検出されていない。一方、椀形鍛冶滓《わんがたかじさい》や鋳造甑炉用羽口《ちゅうぞうこしきろようはぐち》および炉壁などの金属加工関係遺物が出土しており、少なくとも奈良時代後半の一時期には金属加工がおこなわれていたことは確実である。北東街区の状況と比較すると、掘立柱建物規模などの点において明らかに異なっており、金属加工がおこなわれていたことも含めれば、街区エリア毎に機能分化されていた可能性が指摘できる。

この様相は北東街区の状況をみれば一層明瞭である。北東街区では、二重の区画溝に囲まれた大小の方形区画と、その中心部に掘立柱建物が検出されている。明確な位置づけはなされていないが、他に遺構があまり検出されていないことなどを考慮すると、何らかの祭祀にかかわる施設と考えるのが穏当であろう。なお、南東街区は小面積なため、その様相は明確でないが、南西街区と同様、小規模な掘立柱建物が検出されている。

平成十五（二〇〇三）年以降、大規模な再開発事業に伴う調査が禁野本町遺跡の西部、枚方市民病院周辺で大阪府教育委員会・大阪府文化財センターなどにより断続的に実施され、多大な成果が新たに蓄積されている。特に市民病院建替えに伴って平成二十二年度より実施された第一七二次調査や隣接して実施された大阪府文化財センターによる調査では、掘立柱建物群や井戸などが広範囲で検出されており、それらの成果の公表に期待が寄せられる。

なお、北東街区の一部、廂付大型掘立柱建物・多量の木簡削屑や墨書土器が出土した井戸・東西道路部など約五〇〇〇平方メートルが平成十九年（二〇〇七）四月、市指定史跡に指定され、史跡公園として整備された。

船橋遺跡と片野津

船橋遺跡は淀川に面した海抜十数メートルの低位段丘上に立地する遺跡で、奈良時代前半の大形の柱穴からなる掘立柱建物群と奈良時代末～平安時代初頭頃の大溝や中世遺構などが検出されている。掘立柱建物群は、真北に主軸を持ち整然と配置された四棟の建物で構成されており、一棟は四間×四間（＋α）の主屋と考えられる建物であり、他の三棟は倉庫と考えられ、二間×三間の一棟と二間×二間の建物二棟である。また、これら四棟の建物よりやや遅れる二間×三間の掘立柱建物がある。大溝は掘立柱建物群の北約一二〇メートルで検出され、幅約四・七メートル、深さ約一・七メートルを計測し、中間部分の約八五メートルは未調査のものの総延長約二〇〇メートルにも及ぶ大規模なもので、運河と呼んで差し支えないものと言える。

この大溝の西端は低位段丘崖まで延び、西側の淀川低地部に至っている。大溝の西側部分では、下層で長岡京期頃の土器とともに多量の平瓦・丸瓦が出土した。平瓦には、奈良時代に属すると考えられる縄蓆文《じょうせきもん》の叩きを持つもののほか、飛鳥時代に属すると考えられる叩きを丁寧に擦り消したものや斜格子の叩きを持つものが含まれていた。それらの出土状況及び出土量から、大溝付近におそらく飛鳥時代と奈良時代の屋瓦類を合わせて使用した瓦葺《かわらぶき》建物が存在していたも

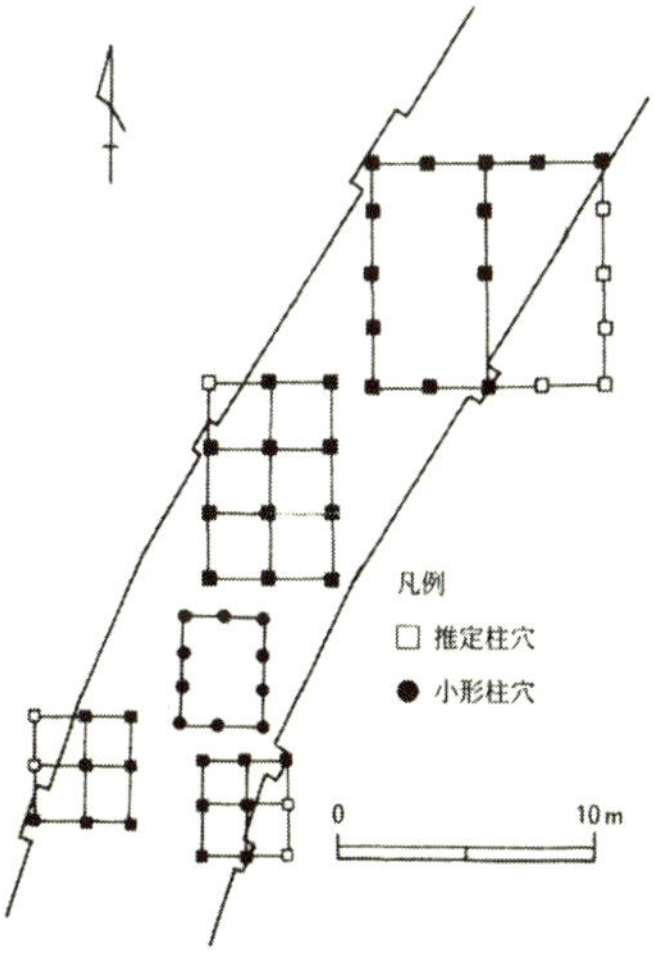

図 2-3　船橋遺跡第63次調査建物配置図

のと推測される。船橋遺跡の出土遺物の中には長岡京期頃の墨書土器や時期的には判然としないが石帯《せきたい》の巡方《じゅんぽう》などがあり、遺跡の性格として自ずから官衙《かんが》的なものが考えられる。また、淀川の低湿地帯に直面した立地を考慮すれば、淀川左岸に設置された「川津《かわづ》」的な機能を推定することも可能であろう。

昭和六三年（一九八八）から平成元年（一九八九）にかけて、長屋王邸《ながやおう》跡から二点の木簡が出土した。その年代は他の木簡の年紀から和銅三年（七一〇）～霊亀三年（七一七）の間とされている［奈良国立文化財研究所、一九九五年］。二点の木簡により、八世紀初頭の交（肩）野郡に「肩（片）野津」と呼ばれる川津が存在し、そこから船で長屋王邸に米を運んでいたことが判る。また木簡②には一般的に官司が関連すると言われている「符」の文字が記されていることが注目される。

「肩野津《かたのつ》」の場所について考えてみたい。当時の人々に「肩野津」と呼称されるような施設として認識されていたのは、官営的な性格を有したものに限られよう。つまり、古代におけるいわゆる「山川藪沢《さんせんそうたく》」の所有については、基本的には公（国家）に属するものであり、「津」は公に属し、官衙を併設するものとして位置づけられる。この意味において、交野郡で河川に面した官衙的な性格を指摘できる当該期の遺跡としては、船橋・招提中町・郡津《こおづ》（交野市）の三遺跡が挙げられる。このうち、長屋王家木簡の時期を考慮すれば、まず招提中町遺跡の可能性は低く、船橋・郡津の二遺跡が残る。この二遺跡を比較すれば、交野郡衙《ぐんが》跡として位置づけられている郡津遺跡とするのが妥当な見解であろう。しかし、天野川を使った水運は当該期以降においても明らかでなく、疑問符を付けざるを得ない。また、現在「郡津」の文字をあてているが、江戸時代には「郡門」と書き「こおづ」と読んでいたと指摘〔平尾、一九三一年〕されているように、「郡津」の「津」の文字をそのまま過大に評価するのには危惧を感じる。平城京への舟運は淀川・木津川を引き上がり泉津に至ったことを考慮すれば、淀川に面した船橋遺跡の方が魅力的に見える。したがって現時点での「肩野津」の候補地としては、郡津遺跡よりむしろ船橋遺跡を掲げたい。

コラム
幻の寺跡

楠葉東遺跡は、京阪くずはローズタウン第七工区造成地の発掘によって発見された。緩やかな傾斜地の末端付近の標高約一五メートルから、たくさんの瓦が出土した。蓮華文から巴文まで、古代から近世初めまでの長期間にわたって営まれた寺がそこにあったと、誰もが思いはじめた頃、四天王寺創建時の素弁蓮華文軒丸瓦と同笵の瓦当が出土した。四天王寺や法隆寺の造営があった頃、淀川べりの楠葉に飛鳥時代寺院があった。礎石や基壇や礎石の抜き跡が見つかるに違いないと、調査は精緻をきわめたが期待に反し寺院伽藍の遺構は既に失われてしまっていた。大伽藍であったかどうかは分からないが日本の初期寺院の一つである。出土の瓦の示す年代幅は一〇〇〇年間もある。まったく寺名の伝承がないから、〇〇廃寺とするべきものである。

石清水八幡宮文書（石清水文書）には楠葉彌勒寺に関する、応長元年（一三一一）から延文五年（一三六〇）までの間の八通の記録がある。また『河内名所図会』に彌勒寺跡は「楠葉村にあり。一名足立寺」とあり、和気清麻呂が建立した河内神願寺の跡地に建ったらしい法名寺に対して、彌勒寺側が横領を訴えたことが、石清水文書（八通中の七通）から分かる。楠葉の交野天神社（府史跡継体天皇樟葉宮跡伝承地）の北東北約二〇〇メートルに、八幡市西山和気の和気神社の丘に西山廃寺がありこれが足立寺跡と言われている〔八幡市誌編纂委員協議会、一九八六年〕。そして楠葉東遺跡の寺跡推定地付近は、交野天神社の西北西約六〇〇メートルにあり、この寺跡推定地の西北西約八〇〇メートルに足立寺跡が位置する。

ところで楠葉東遺跡の寺跡推定地から出土した素弁八葉蓮華文軒丸瓦を、どのように考えればよいのであろうか。この軒丸瓦は楠葉平野山瓦窯群で最初に焼成したものであるが、百済から来た瓦博士たちが、この地にささやかな仏堂を建てて仏を礼拝していたのではないかと思えるのである。古代百済の益山（全羅北道益山郡）には、彌勒寺という壮大な寺跡がある。百済三十代武王（在位六〇〇～六四一年）の創建と伝える、弥勒信仰を思わせる伝説があるが（『三国遺事』）、百済の故地を偲んで彌勒寺と呼んだのではなかったと想像すると、楠葉東遺跡内の幻の寺こそが楠葉彌勒寺ではなかったかと思いたくなるのである。

第3章　記紀などに見る枚方

1　古代の伝承地

王仁博士

王仁《わに》博士といえば、以前は歴史の教科書に出ていた人物である。出典は『古事記』・『日本書紀』である。『日本書紀』によると応神朝には、朝鮮半島から次々に新しい文物を伝えた渡来人が海を渡ってくるのであるが、皇太子の学問の指導をしていた百済渡来の阿直岐《あちき》の推挙で、百済第一の学者がやって来て皇太子の指導に当たることになり、これが書首の祖の王仁博士であるとする。『古事記』では、論語十巻と千字文《せんじもん》一巻を和邇吉師《わにきし》がもたらせたとする。王仁博士のことは、朝鮮側の文献にはでてこない。また漢字学習の手本である千字文については、王仁博士がいたとされる五世紀代にはまだ存在していない。生没についても記事が無く、その後裔と称す西文氏《かわちのふみうじ》らの祖先説話であり、朝鮮渡来の人々（史部《ふひと》集団）によって漢字による文書行政が倭にもたらされた事実に基づくものであろう。

江戸時代には、儒学が盛んであった。中国の宋代に朱子学・陽明学が有力な学派として誕生すると、朱子学は鎌倉時代末に、陽明学は戦国時代頃に、いずれも禅宗の僧が日本にもたらせた。この頃の日本の儒学は、禅寺で禅僧たちによって広められたのである。近世儒学の祖と言われる藤原惺窩《せいか》も、その弟子で朱子学を受けつぎ、子孫が代々幕府の大学頭《だいがくのかみ》となった林羅山も僧と同様に頭を丸めていた。松平定信の寛政異学の禁の「異学」とは、朱子学の他の儒学の学派をさすのである。幕府の昌平坂学問所には孔子を祀る聖堂が建てられていた。

藤阪の大阪府史跡伝王仁墓は、こうした時代背景のもとに、事実はその生没すら伝わらない伝説上の碩学王仁の塚としてよみがえってきたものである。享保十六年（一七三一）、『五畿内志』編集のため畿内各地をめぐっていた京都の並河《なみかわ》（なびか）誠所《せいしょ》（一六六八〜一七三八）が、禁野の和田寺に立ちより、王仁の子孫と称す住職西村道俊が元和二年（一六一六）正月に書いたという『王仁墳廟来朝記』なるものを見たところ、そこには王仁が没したので、河内国交野《かたの》郡藤阪村の御墓谷に墓を造ったこと、今土地の者は誤り訛って於爾之墓《おにのはか》と言っていると述べていた。並河がそこを訪ねてみると、扁平な楕円形の自然石が立っていた。高名な並河の申し出により領主の久貝因幡守正順が、「博士王仁之墓」と刻む石碑を自然石の奥に立てた。こうして枚方は、日本に儒学と文字を伝えた王仁の墓の地の名乗りをあげた。なお享和元年（一八〇一）に刊行された『河内名所図会』（秋里籬島編）には「河内文首始祖博士王仁墓、藤坂村の東北、御墓谷にあり。石標王仁之墓。」としてある。

それから一〇〇年ちかく経って文政年中、京都の四親王家のひとつである有栖川宮家の宮侍をしていた招提に住む家村孫右衛門が、『王仁旧記』なるものを所持していた。そして有栖川宮家の儒官等との間に、王仁墓碑建設の計画をしたのである。熾仁《たるひと》親王にも支持を得、碑文の御染筆や寄附を受けると共に寄付金集めに努めた結果、熾仁親王染筆になる「博士王仁墳」の大きな石碑を建立した。王仁の墓域が拡張されたのは、明治二十五年（一八九二）のことである。寺嶋彦三郎ら地元有力者を中心に大阪府知事の許可のもと、王仁塚拡張の募金活動の結果、周辺一五〇〇坪余を買収し整備をすすめたが、明治二十七年（一八九四）の日清戦争勃発により事業は一時中止することになる。

　しかし明治三十二年（一八九九）に、仁徳天皇一五〇〇年祭が大阪の高津神社でおこなわれるのに際し、その附祭をこの王仁墓できわめて盛大におこない、王仁塚拡張計画は復活された。全国に資金を求め、氷室村出身の衆議院議員深尾龍三らが東

図 3-1　藤阪王仁墳（河内名所図会）

京で活動するなどの結果、山県有朋・伊藤博文・大隈重信ら明治のそうそうたる元勲たちも賛同者名簿に名前を連ねた。資金集めが再度ストップしたのは、大日本帝国が大韓帝国の植民地化を進めることにもなる明治三十七年（一九〇四）の日露戦争の勃発である。そこで熾仁親王の染筆になるあの「博士王仁墳」の大きな石碑を、方形の盛り土の上に移し周囲を堀状にめぐらせ、碑の正面に階段を設けた。

それから数年後の明治四十三年（一九一〇）、日韓併合に至り朝鮮民族の独立は失われたのである。昭和十三年（一九三八）には、府史跡『伝王仁墓』に指定され、昭和四十九年（一九七四）には付近に王仁の名前を付けた広い「王仁公園」が誕生、王仁塚付近にも住宅団地が建設されると、新設の小学校校歌に文教の大恩人としての王仁の名が歌われるようになった。昭和五十三年（一九七八）には、王仁墓を訪れた東大教授が王仁墓の管理の悪さと、そこが何であるのかすら分かっていない市民に対して、「忘恩の徒になるな~荒れ果てた王仁の墓に思う」と全国紙に檄をとばせた。その影響は小さくなかった。以来大阪日韓親善協会は、毎年文化の日に「博士王仁祭り」をここで内外の人びとを集めて実施し、日韓交流の実をあげている。そして付近の団地の住民を主とする「王仁塚の環境を守る会」も活動している。伝王仁墓敷地内には、大阪府が休憩施設を建て、また在韓国の有志等は李朝様式の百済門を寄進して今日に至っている。

継体天皇樟葉宮跡伝承地

いま不思議といえば不思議な歴史ブームがある。それは歴史・文化を地域から発信しようという町おこし・地域おこし、つまりは地域の活性化・地域間交流をねらったものでもある。そういう意味ではこの府史跡も、『日本書紀』にでてくるだけである。『河内名所図会』には、「樟葉宮、むかし楠葉野にありしなり」とする。

史跡地は楠葉中学校に隣接する交野天神社の境内の小径の奥に、貴船神社の小さな社がある即位の地と称す小丘があり、この小丘に登るための自然石を積み並べた古びた階段の登り口に、大阪府が「此附近継體天皇楠葉宮址」と刻んだ顕彰の石柱が立つ。貴船神社は穂掛神社とも称し、もとは当地の氏神であったが、交野天神社を氏神にするに際して末社とし継体天皇を祭るに至った。樟葉宮が交野天神社の地に推定されたことは、『大阪府史跡名勝天然記念物第三冊』（一九三一）にある。大阪府による史跡指定は昭和四十六年（一九七一）で、名称は府指定史跡『継体天皇樟葉宮跡伝承地』である。楠葉はローズタウンをはじめ大規模な宅地造成工事が進行し、その景観を日々に変えつつあった頃である。

この大王の即位の様子を『日本書紀』に従って述べると、ほぼ次のようである。悪逆非道の限りを尽くした前代の武烈に後継者がなく、大連大伴金村は応神五世孫の男大迹《おおど》王を越前の三国から迎えた。いわば越の大王の擁立である。大王が崩御すると、河内の王陵の中に葬らず淀川の対岸の摂津の三島郡藍野に陵を造営しているのは、この大王が前代の王朝の系譜に属さないことをものがたる。父の彦主人王《ひこうし》は近江の高島郡に、母の振媛は越前の坂井郡にゆかりが深かった。男大迹王の決断に際して、河内の馬飼首荒籠《うまかいのおびとあらこ》が重要な役割を持っているのは、四條畷市など河内湖畔や生駒山地西麓などに顕著に発見されているような、河内の馬に象徴される軍事勢力の支持を得たことを示すものであろう。継体天皇一年（五〇七）に樟葉宮、継体五年（五一一）に筒城宮、継体十二年（五一八）に弟国宮へと移っているのは、木津川・宇治川・桂川の三水流が集まり巨大な巨椋の湖をなし、それがさらに淀川となって河内湖・難波の海へと結ぶ要衝の地の確保のために即位後約二〇年を要したこと、継体二十年（五二六）に大和三山のある磐余《いわれ》玉穂宮と遷しているのは、この不安定な二〇年を経てようやく、畿内に乗り込んだ越の大王を擁する政権が、新しい覇者となったことを思わせるのである。

大和に遷した翌年、筑紫の君磐井が大王政権最強の物部大連麁鹿火《あらかい》と戦い、ようやく鎮圧された。この時大王の命により、大和から六万の軍勢を率いて朝鮮南部に渡ろうとしていた近江の毛野臣《けぬのおみ》は、磐井によって身動きができない状況であった。この乱が、乱などというようなものでなければ、大和の大王と九州の大王との覇権をめぐる戦争であった。筑紫の君磐井の墓と考えられている八女市岩戸山古墳は、六世紀の九州で最大の古墳である。

六世紀の日本で最大の古墳は、橿原市の見瀬丸山古墳である。前方後円墳で墳丘の全長約三二〇メートル、六世紀全国第二位は高槻市今城塚古墳で墳丘全長約一九〇メートルの前方後円墳である。六世紀における見瀬丸山古墳の規模は、同時代の他の古墳と比べると、圧倒的に巨大である。継体は、陵墓の地が先述のように摂津の三島郡藍野とされ、『延喜式』では所在地を嶋上郡とする。継体陵治定地は茨木市の太田茶臼山古墳であるが、この古墳は考古学的に見ると五世紀の古墳であり、また所在地は嶋下郡で『延喜式』の記載に合わない。考古学と古代史のファンが、継体大王のイメージで眺めているのは、今城塚古墳の発掘である。このように古墳の被葬者の謎解きをするのは興味ぶかい。事実は、あの八世紀築造らしい高松塚古墳ですら、新聞で連日のように専門家たちが被葬者探しに躍起になったが、まだまだ謎の中である。それを承知の上で、六世紀最大の古墳の被葬者はと問えば、やはり継体大王の嫡子欽明かなと考古ファンは答えるだろう。

蝦夷王阿弖流為

延暦二十一年（八〇二）秋八月十三日に、蝦夷の王阿弖流為《あてるい》と母礼《もれ》の二人が河内国で斬られた。彼らは故郷の山河を守るために、攻めてくる朝廷軍と必死で戦った。守ろうとして遂に破れることになった彼らの国は、「東国の夷の中に日高見国あり、人は勇悍で蝦夷という。土地沃壌で広い。撃ちて取るべし」（『日本書紀』景行紀二十七年春）と侵略目標にされていた。七世紀には大和朝廷の東北進出の拠点は菊多・白河・渟足《ぬたり》・磐舟に置かれ、八世紀には多くの関や柵の中心として、神亀元年（七二四）に多賀城が築城されている（多賀城碑）。多賀城市の西隣りは仙台市、東方の仙台湾が奥まった石巻湾には南流してきた北上川の河口がある。

延暦八年（七八九）、『続日本紀』は蝦夷たちの抗戦ぶりを、おおよそ次のように伝えている。「征東大将軍紀古佐美ら河を渡り阿弖流為の軍に大敗。胆沢《いざわ》（奥州市）に居る賊は、すべて河（北上川）の東に集まっている。」。延暦二十年（八〇一）には、征夷大将軍坂上田村麻呂に節刀が授けられ、翌年夏には蝦夷の首長の阿弖流為と母礼が一族五百余を率い降伏。秋には両人を従え田村麻呂が平安京に入った（以下『日本紀略』）。

京の百官たちは蝦夷平定を祝い、朝廷は両人を「賊首」として処刑を決めた。田村麻呂は助命嘆願したが聞き入れられず、公卿たちは「野性獣心、反覆定まりなし。」「朝威により梟師《きょうすい》を得たり。放還することは、虎を養い禍いを遺す。」として河内国で両人を斬った。（『日本紀略』）

その場所については、『日本紀略』の写本によって、植山・杜山《もりやま》・椙山《すぎやま》の三種があり、その中では植山→上山村→宇山村と村名が変わったとする旧『枚方市史』の説などが知られているが、厳密には植山説が杜山説・椙山説よりも正しいと証明できているわけではない。

寛文四年（一六六四）、常陸の鹿島神宮に悪路王首像として、古代蝦夷地の王阿弖流為の首像が奉納されている。そして昭和五十七年（一九八二）秋、仙台の河北新報社の新社屋の講堂に、蝦夷王大墓公《たものきみ》阿弖流為の首像（レプリカ）が安置され、祭主となった一力一夫社主の祭文《さいもん》が読み上げられていた。「公の無念さ、東国の人々の怒りは如何ばかりであったか。公の首が遥か千里を飛んで、楽土を潤す北上河畔に帰った、という言い伝えが、やり場のない往時の人々の心情を物語っております。〔中略〕有史以来、侵す側の論理は東国を蝦夷と呼び、楽土なるが故に侵されるという歴史は、繰り返されてきました」。

それより三年前の昭和五十四年（一九七九）春、河北新報に『蝦夷の統領ここに眠る？』とする大きな記事が出ている。「阿弖流為処刑地と埋葬場所見つかる」、「地元の人々が保存」、「大阪枚方――古くから首塚の伝承」などの文字がおどっていた。首塚は式内片埜《かたの》神社の古くからの氏子が発見し、その後追跡調査した先先代の宮司さんは、宇山町の竹藪内で処刑地と古老たちが伝えていた小さい塚山を見つけたという内容であった。

この記事から九年後に、枚方市文化財研究調査会が数カ月をかけて宇山遺跡の一帯の発掘調査をしたところ、その一画に小さな円墳があった。直径約一五メートル、高さ約二メートルあり、正直なところよく壊されることなく残ったものである。この古墳は、六世紀後半の大変めずらしい構造の横穴式木室墳で、宇山一号墳と命名されたが、地元では阿弖流為の胴塚と呼んでいたという確証のない話が伝えられたりもした。

平成十二年（二〇〇〇）の吉川英治文学賞に、盛岡出身の高橋克彦の『火怨～北の燿星アテルイ』が選ばれ、平成十四年（二〇〇二）に水沢市（当時）でおこなわれた阿弖流為没後一二〇〇年祭では、秋田に本拠を置く劇団わらび座が高橋作品をミュージカルにして公演した。翌春、劇団わらび座はミュージカル京都公演をおこなうのに先立って、坂上田村麻呂建立と伝える清水寺の阿弖流為・母礼碑の前で鎮魂の奉納公演をおこなうと、以後は全国公演に取り組んだ。清水寺に両人の鎮魂の碑があるのは、牧野附近に碑をという岩手県人会などの希望を、枚方市役所が杓子定規に断ったためだと聞いている。

わらび座大阪公演は、主催がアテルイを成功させる会（岩手県、関西岩手県人会、関西アテルイ・モレの会など）、後援が大阪府・市及び府・市教育委員会などで実施、その後関係者たちのやはり最後の公演は枚方でという呼びかけが牧野附近の人々に通じ、その結果平成十六年（二〇〇四）に枚方公演が盛況の内に終わった。史跡ではないが、人々の寄付金によって阿弖流為・母礼の石碑が立てられたが、披露の式典に参加された奥州市の幹部職員が、涙しながら祝辞を述べておられたのが印象的で、あらためていまどきの地域間歴史交流を思ったことである。

2　要衝の地、枚方

楠葉の渡と楠葉の駅

『古事記』・『日本書紀』などには、「くずは」が記されている。「くずは」の初見は、『古事記』崇神天皇段の将軍派遣説話の中にある。山代（城）の建波邇安王《たけはにやす》（武埴安彦）が謀反を起こし、和訶羅《わから》河（木津川）を挟んで天皇が派遣した軍と対峙したが、王は日子國夫玖《ひこくにぶく》命（和珂《わに》氏の祖）によって射殺されてしまう。王の残軍は敗走し、追い詰められて「久須婆《くすば》の度《わたり》」に到ったといい、そして「皆被迫窘而。屎出懸於褌。故号其地謂屎褌。今者謂久須婆。」と、「久須婆」の地名起源説話が紹介される。『日本書紀』崇神天皇十年九月条にもいわゆる四道将軍派遣説話として一層整えられた形で、「褌屎処曰屎褌。今謂樟葉訛也。」とある。このように、『古事記』・『日本書紀』ともに「くそばかま」が訛ったという地名譚として登場するが、『古事記』に記された「久須婆の度」という「渡し」の存在が注目される。『古事記』安康天皇段には「玖須婆之河」が記載される。安康が暗殺された後の物語のなかで、後に顕宗《けんぞう》・仁賢《にんけん》となる袁祁《をけ》王と意祁《おけ》王とが難を避けるために「山代の苅羽井《かりばい》（樺井）」から針間（播磨）国に逃れる途中に「玖須婆之河」を渡ったと記される。ここにも「渡し」の存在と、山城南部から播磨国に通じる交通路の存在が想起される。

『続日本紀』和銅四年（七一一）正月二日条には、相楽郡岡田駅《うまや》・綴喜郡山本駅などと共に「楠葉駅」が新設されたことが記されている。駅とは、古代の幹線道路に設けられた施設で、人馬などの継ぎたてや駅使《えきし》（駅を利用する官吏）の休息・宿泊にあてられ、原則三〇里（後世の約四里、一六キロメートル）毎に置かれた。これらの駅の設置は、前年の平城京遷都に関連する平城京と西国とを結ぶ山陽道などの整備に伴うものであったことが明らかである。なお、都が長岡京そして平安京へと遷ると楠葉駅は、南海道の駅へと推移したことが『延喜式《えんぎしき》』巻二八兵部省諸国駅伝馬の記載により判明する。

駅には、駅使の休息・宿泊施設や駅馬の厩舎のほか、駅長や駅子のための建物、駅使に提供するための稲・酒・塩などを納める倉庫などがあったものと考えられており、一定の規模を有する施設と考えられる。また、駅を維持・運営するための駅田なども配されていた。なお、『延喜式』には全国で、四〇二カ所の駅が記載され、楠葉駅には以南の槻本・津積駅と同様に、七疋《ひき》の駅馬が常備されていた。

楠葉駅の場所については、残念ながら明らかでない。また、和銅四年（七一一）の山陽道のものと南海道のものとが同一場所であったのかも厳密には定かではない。古代楠葉の領域は、現在のそれよりも広範囲であったものと思われ、少なくとも船橋川以北の地であったものと考えられる。各地で、木簡や墨書土器の発見により、駅跡が確定されているように、楠葉駅の究明は船橋川以北での考古学的な調査・検討が有効な手段となろう。いずれにしても、古代楠葉の地は交通の要衝として広く認識されていたことは確実である。余談であるが、六世紀初頭に継体天皇が楠葉の地を倭国の首都として定めたのも、この楠葉の立地によるところが大きかったものと思われる。

行基と枚方

菩薩と呼ばれ、社会的信望の厚かったという行基《ぎょうき》（六六八〜七四九）の活動も見逃せない。『行基年譜《ねんぷ》』によると行基は、楠葉に久修園院《くずおいん》・楠葉布施屋《くずはのふせや》・報恩院を建てたとされている。久修園院はいわゆる行基建立の四九院のひとつで、神亀二年（七二五）条に見え、現在でもその名を継承する寺院が現存する。現在の久修園院《くしゅうおんいん》が当初の位置を保っているか定かではないが、『行基年譜』には「在、河内国交野郡一条内」とあり、その位置確定は交野郡条里を復元する上でも重要である。

天平十一年（七三九）の条には、久修園院で安居《あんご》の集会がおこなわれ一八四人が得度した事が記されており、一定規模を有した寺院であったと思われる。なお、『続日本紀』宝亀四年（七七三）十一月二十日条に、行基が建てた諸院のなかで、水田が施入されていなかったために荒廃が著しい六院のひとつとして、「河内山崎院」があげられている。『行基年譜』には、山崎院は山背国乙訓郡にみられるだけで、河内国にはみえない。ただし、久修園院の注に山崎と付されていることから、久修園院と「河内山崎院」は同一であった可能性が考えられている。行基はまた、久修園院建立と同時に山崎川（淀川）に山崎橋を架橋しており、淀川を挟んだ河内と山背とに、山崎院が建立されていたこととなる。

楠葉布施屋は、『行基年譜』天平十三年（七四一）の条に「楠葉布施屋　在交野郡楠葉里」と見えるが設立年次に関わる記録がなく、天平十三年以前に設置されたものと一般的に考えられている。古代の人民は、租税や労役などを課せられていたが、その運搬や出向はすべて自己負担であり、旅の食料も自前であった。旅の途中で飢えや病いにより行き倒れてしまうこともあったといい、このために設けられたのが布施屋で、宿泊の便や食料を施した。行基は畿内に九カ所の布施屋を設けたが、そのひとつが楠葉布施屋である。

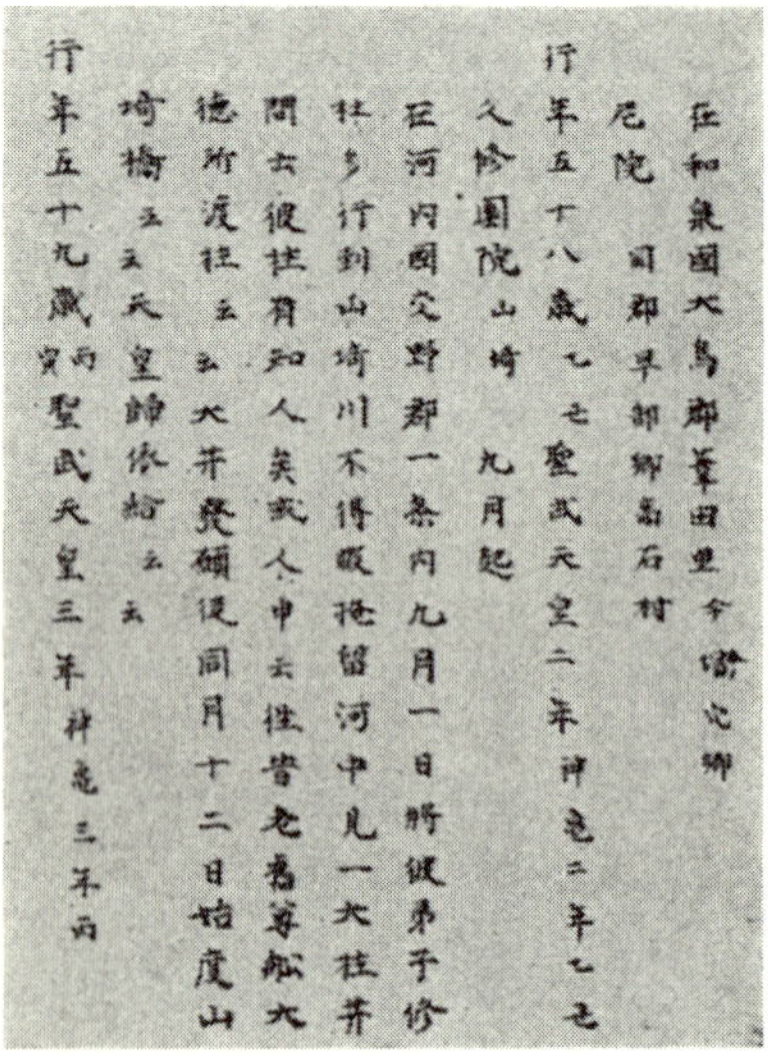
在和泉国大鳥郡蜂田里今憐心郷
尼院　同郡早部郷高石村
行年五十八歳　乙丑　聖武天皇二年　神亀二年乙丑
久修園院　山崎　九月起
在河内国交野郡一条内　九月一日將從弟子修
杜多行到山埼川不得渡抱留河中見一大柱并
問云彼柱有知人矣　或人申云往昔老翁為尊船大
徳所渡柱云云　大井發願從同月十二日始度山
埼橋云云　天皇師依給云云
行年五十九歳　丙寅　聖武天皇三年　神亀三年丙

図 3-2　『行基年譜』五八歳条
久修園院に「山崎」の注がみえる
東京大学史料編纂所所蔵。

報恩院は、「在、河内国交野郡楠葉郷」と天平二十一年（七四九）条に載るが、「四十九院之外也、不記年号云云」と記され、厳密には行基の手による建立か否かも定かではないが、天平二十一年には存在していたことは事実であろう。古代の久修園院をはじめ、楠葉布施屋・報恩院については、残念ながら考古学的な情報は皆無であり、その実態は不明と言わざるを得ない。しかしながら、楠葉には官（政府）が設置した楠葉駅と、行基による諸施設が存在していたことは否めない事実であり、楠葉の地は西国の諸国と平城京、後には南海道沿いの諸国と長岡京・平安京とを結ぶ最重要地点の一つであったものと容易に指摘できる。

なお、行基は天平五年（七三三）に救方院と薦田《こもだ》院を茨田郡伊香（伊加賀）に建てている。いずれも行基建立の四九院に数えられているが、救方院が『行基年譜』に天平五年十月十五日に建てられたと記されている以外は、考古学的な情報も含め、詳細は不明である。淀川に面するというその立地から、久修園院などと同様に、交通の要衝に建てられたものとみられる。なお、救方院は枚方院の誤写だと一般に考えられている。

交野郊祀壇

桓武天皇は、長岡京遷都後の間もない延暦四年（七八五）と延暦六年（七八七）の二度、中国の例にならい、長岡京の南郊にあたる交野（郡）の地で冬至の日に「郊祀《こうし》」と言われる祭祀をおこなっている。中国の歴代皇帝は、毎年冬至に都城の南郊に天壇を築き、天帝（昊天《こうてん》上帝）を祀るという儀式をおこなった。最近では、北京五輪のマラソン中継の折、世界遺産として登録されている明代の天壇がしばしば映し出されていたことは記憶に新しい。

一度目は、『続日本紀』延暦四年十一月十日条に「祀天神於交野柏原。賽宿禱」とあるだけで詳細は伝わらないが、二度目は『続日本紀』延暦六年十一月条五日条に祭文が残されている。それによると、中国では天帝とともにその王朝の初代皇帝を配祀するのが通例であったが、桓武天皇は父光仁天皇（七〇九～七八二）を配祀している。中国の例に従うならば、当然、神武天皇などを配祀すべきであるが、これは桓武天皇が光仁天皇を新しい王朝の創始者になぞらえた証だと、すでに多くの指摘がある。光仁天皇の即位は、皇位が長く続いた天武系から天智系に移ったことを強烈に印象づけるものであった。ともかく、交野でおこなわれた郊祀はこれまでの日本的な祭祀とは全く異質なもので、中国型皇帝を強く意識したという桓武天皇らしいイベントであった。

郊祀に際し桓武天皇自身の行幸はなかったが、遣わされたのは藤原継縄であった。桓武天皇と百済王氏及び藤原継縄の関係などについては、すでに百済寺の項で記したが、交野が郊祀の場として選ばれたのは都の南郊という立地もさることながら、百済王氏の本貫地であり、藤原継縄の別荘があったことなどがその遠因として挙げられる。なお、長岡京遷都前に交野での郊祀の場所が決定していて、その立地から逆に、長岡の地が選ばれたとする見解〔林、一九七二年〕もある。

では郊祀がおこなわれた場所は具体的にはどこなのであろうか。延暦四年には「祀天神於交野柏原」とあり、延暦六年には「祀天神於交野」とある。また、文徳天皇も斉衡三年（八五六）に「河内交野郡柏原野」で「昊天祭」を執りおこなっており、（『日本文徳天皇実録』斉衡三年十一月二十五日条）。いずれもほぼ同一場所で郊祀がおこなわれたものとみられる。その場所としては、すでに楠葉丘の交野天神社、阪の片埜神社、片鉾の杉ケ本神社の南方などの地が挙げられているが、根拠は乏しい。これらの中で、あえてその場所を求めるとすれば、平尾兵吾が指摘

〔平尾、一九三一年〕した「四坪ばかりの墳墓の様な形をして居る小丘」の存在した杉ケ本神社の南方付近が、近接する小倉の小字名に「柏原」・「元柏原」・「柏原北」・「柏原南」などが散見されることから、有力と考えられるが、確証はない。

渚院と惟喬親王

桓武天皇の度重なる行幸・遊猟以降、交野の地には「交野《かたの》御鷹飼《おんたかがい》」が置かれる一方、平安文学において歌枕「交野ケ原」が定着し、惟喬《これたか》親王（八四四〜八九七）の「渚院」に代表されるような天皇や貴族の狩猟地・遊楽地となった。清少納言は『枕草子』（九九五年頃成立）に「野は交野」などと記し、その風光をめでた。

惟喬親王は文徳《もんとく》天皇（八二七〜八五八）の第一皇子であり、天皇の寵愛も深く当然、皇太子となるはずであった。しかし、天皇の即位のわずか四日後に当時の最大の権力者であった藤原良房の娘、明子《あきらけいこ》が惟仁《これひと》親王（後の清和天皇）を産むと、事態は一変した。良房は強引に惟仁親王の立太子を進め、生後僅か八カ月という異例の速さで、惟仁親王が皇太子となった。かくして、良房は将来の天皇の外祖父としての地位を獲得し、人臣最初の太政大臣・摂政となり、藤原氏栄華の礎とした。

一方の惟喬親王は皇位継承の機会を逸し、天安元年（八五七）に元服後、大宰帥《だざいのそち》や常陸太守《ひたちのかみ》・

上野太守《こうづけのかみ》などを歴任したが、貞観十四年（八七二）、病いのために二九歳の若さで、出家し小野（京都市左京区修学院・高野から八瀬・大原一帯）に幽居した。惟喬親王の母は紀名虎《きのなとら》の娘静子《しずこ》であり、当時、惟仁親王の外戚藤原氏とは力の差は歴然としていた。外戚の力の差によって不遇な生涯をおくったとされる皇子、惟喬親王が交野に設けた別荘が渚院である。

惟喬親王は詩歌に通じ、美男の歌人として知られる在原業平《ありわらのなりひら》（八二五〜八八〇）や紀有常などと親交があった。在原業平の妻は紀名虎の孫であり、紀有常は伯父にあたるという関係もあり、彼らは渚院や水無瀬《みなせ》にあった惟喬親王の別荘で、歌を詠み、遊猟などを盛んにおこなったという。そして、惟喬親王と在原業平らの渚院での有様が『伊勢物語』に収録される。『伊勢物語』八二段には、

　いま狩する交野の渚の家、その院の桜ことにおもしろし。その木のもとにおりゐて、枝を折りてかざしにさして、上中下みな歌よみけり。馬の頭なりける人のよめる、
　　世の中にたえて桜のなかりせば春の心はのどけからまし

と在原業平の歌が記される。

この歌は『古今和歌集』（九〇五年）や『和漢朗詠集』（一〇一八年頃成立）などにも採録され、広く世に知られるところとなった。いうまでもなく、日本を代表する桜を詠んだ歌として、現

在でもゆるぎない地位を保っている。この歌は渚院に同行した業平が惟喬親王の心境を詠んだとも言われる。

場面は天の河（天野川）のほとりに移り、在原業平「狩り暮らしたなばたつめに宿からむ天の河原に我は来にけり」と紀有常の歌「一年《ひととせ》にひとたび来ます君まてば宿かす人もあらじとぞ思う」が収録される。

紀貫之は、淀川をさかのぼり京に向かう途中、渚院のかつての有様をしのんで『土佐日記』承平五年（九三五）二月九日条に「かくてふねひきのぼるに、なぎさの院といふところをみつゝゆく。その院むかしをおもひやりてみればおもしろかりけるところなり。しりへなるをかには、まつのきどもあり。なかのにはには、むめ（梅）のはなさけり」と記し、往時を偲んでいる。

渚院跡にはいつの頃か不明だが、観音寺と呼ばれる寺院が建立された。『河内名所図会』にはその姿が描かれているが、残念ながら明治初年の神仏分離で廃寺となり、現在その跡地には鐘楼と梵鐘が残されているだけである。梵鐘は河内《かわち》惣官鋳物師《そうかんいもじ》をつとめた田中家（枚方上之町）が寛政八年（一七九六）に鋳造したもので、「波瀲邑《なぎさむら》渚院　観音寺」などと陽刻されている。鐘楼も棟札から梵鐘と同時に建てられたものであることが明らかで、ともに枚方市指定文化財に指定されている。なお、この梵鐘は田中家が鋳造した梵鐘のうちで、市内に現存する唯一のものである。

渚院跡には、傷みが著しい石碑が建てられている。これは、寛文年間（一六六一～七三）、当地を領した永井伊賀守尚庸《なおつね》の家臣杉井吉道が、主君の功績を世に残すために建てた顕彰碑である。碑文には、渚院の事績を確認すると同時に、尚庸が荒廃した渚院跡に桜を植えるなどその復興に尽力したこと、尚庸が林羅山の三男、林鵞峯《がほう》（向陽林子《こうようりんし》）に碑の撰文を託したことなどが、格調高い漢文で刻まれている。なお、碑文は風化著しく、読み取ることができない状態となってしまったため、平成十四年（二〇〇二）、新しい石碑が併設された。また、これより先の平成十一年には在原業平の歌碑も建てられている。

付近で実施した発掘調査では、弥生時代後期〜古墳時代前期の溝などが検出されているが、平安時代の遺構はみられず、遺物も一切出土していない。一方、後背段丘上に立地する御殿山遺跡では、弥生時代後期〜古墳時代前期の竪穴住居のほか、古墳時代後期や平安時代の遺構などが検出されている。特に平安時代の掘立柱建物群の存在が注目される。

なお、『明月記』に「今日御幸渚院」（元久二年（一二〇五）四月二十七日条）、「今朝御狩御片野了、即可御宿渚院」（同年五月二十七日条）とあり、下って十三世紀初頭に後鳥羽上皇が渚院を行宮としていることが記されている。惟喬親王の没後、三百有余年の時を隔てており、同一場所で継続して維持されていたものとは考えにくい。再建されたものであろうか。別の場所に造営されたとすれば、現在の渚院跡はこの渚院を指している可能性が脳裏をかすめる。徹底した考古学的な調査が必要なことは言うまでもない。なお、枚方市は平成十九年（二〇〇七）、菊につづいて桜を市の花に制定した。

仁明天皇外祖母田口氏の墓

田口に「仁明天皇外祖母贈正一位田口氏之墓」と刻まれた墓石がある。これは『延喜式』（諸陵寮）に、「小山墓贈正一位田口氏。同天皇（仁明）外祖母。在河内国交野郡。兆域東西三町。南北五町。守戸二烟。」とある小山墓に関係するものだと考えられている。確証はないが、小字名が「小山」であることが知られている。東西三町・南北五町という小山墓の兆域を考えると、現在の墓石の場所はあまりにも狭い。小山墓の一画がかろうじて残されたとみるのが穏当だろうか。小山墓の一部とするにはやはり何らかの証左が必要となろう。

仁明天皇の外祖母にあたる田口氏の女の名は、残念ながら伝わっていないが、その夫は橘奈良麻呂《たちばなのならまろ》の第二子の清友で、ふたりの間に橘嘉智子が生まれた。嘉智子は嵯峨天皇の皇后（壇林皇后《だんりん》）となり、誕生したのが仁明《にんみょう》天皇（八一〇～八五〇）である。このように仁明天皇からみれば、田口氏の女は外祖母にあたる。なお、清友と田口氏の女との接点について、いわゆる橘奈良麻呂の乱の後、奈良麻呂と清友は糾問に加わった百済王氏の本貫地に流罪となったといい、それが二人の出会いとなったともいわれるが、定かではない。

『続日本後紀《しょくにほんこうき》』天長十年（八三三）三月二十八日条には、橘清友と田口氏の女に正一位を追贈し、「勅。山城国相楽郡挊山墓。河内国交野郡小山墓。並宜置守冢一烟。」とあり、仁明天皇がその即位を機に、外祖父清友と外祖母田口姫に追善供養をおこなったことが記されている。これにより、少なくとも天長十年には小山墓が田口に存在していたとみて誤りない。そして小山墓は、当時の田口氏の本貫地、現在の田口を中心とする付近に営まれたものと考えるのが自然であろう。

田口の女以前の田口氏については、『万葉集』に二首の歌が載る田口益人《たぐちのますひと》などの存在が知られており、田口氏は八世紀〜九世紀の中頃にかけて現在の田口周辺部に本貫地を置いていたものと考えられる。なお、田口の南側隣接地の田口中島《たのくちなかじま》遺跡で、平安時代前〜中期頃の掘立柱建物や溝などが検出されており、田口氏の居住域である可能性がある。今後の調査の進展に期待したい。

小山墓については微証として小字名があるだけだが、江戸時代の坂村の医者であり優れた文人でもあった三浦蘭阪《みうららんぱん》（一七六五〜一八四三）が興味深い資料を残している。蘭阪は『川内摭古小識《かわちせっこしょうしき》』（一八〇六年刊）に「田口村小山石器或曰承和帝外戚田口氏墓地」と記している。田口にある小山墓から何か石器が出たことは判るが、従来、その詳細は不明であった。

平成十八年（二〇〇六）、蘭阪のご子孫の方から、家蔵されていた蘭阪の残した資料などが一括して枚方市に寄贈された（枚方市指定文化財）。そのなかに、小山墓に関係するとみられる図（実測図）が含まれていたので紹介しておこう。図には、「河州交野郡田口郁田口氏墓□□出石器」と記されており、『川内摭古小識』に記載されている「石器」と同一とみて誤りない。図からは、外形が六角形の筒状を呈し、内部がすり鉢状に円形に刳り貫かれていることや、六角形の段をもつ蓋が付随していたことが判る。そして、要所の計測値が書き込まれており、蓋を含めた全高が七寸九分（一尺三〇センチ換算で、二三・七センチ）、身の高さが五寸半（同、一六・五センチ）、円形の刳り貫きの径が一尺三寸半（同、四〇・五センチ）を測ることなどが記されている。この「石器」は、内部が丁寧に刳り貫かれていることや、蓋に装飾が施されていることなどを考慮すれば、内部に納めたものを保護するための外容器とみるのが穏当であろう。古代の墳墓では、火葬骨を納めた金銅製などの骨蔵器《こつぞうき》をさらに石櫃《いしびつ》にいれて埋葬している例があり、この外容器は石櫃の可能性が考えられる。しかしながら、このような形態のものが他にあるのかなど、徹底した調査が必要であることも事実である。ともかく、蘭阪が残した図はほとんど情報がない小山墓から出土したものの記録として、貴重である。

楠葉御牧の土器つくり

平安時代後期以降に成立した短編物語集『堤中納言物語』には、讃岐・大和・近江産の鍋とともに、「楠葉の御牧につくるなる河内鍋」と記されており、楠葉牧が当時、有名な土器の産地であったことが判る。また、平安時代終わりに編纂された今様《いまよう》（当世風の流行歌謡）の集成である『梁塵秘抄《りょうじんひしょう》』（一一七九年頃成立、後白河院編）には「楠葉の御牧の土器作り、土器は造れど娘の貌ぞよき、あな美しやな、あれを三車の四車の、愛行輦《あいぎょうてぐるま》に打ち載せて、受領の北の方と言わせばや」という歌謡が載せられている。この歌から、楠葉御牧の土器造りの家は、その家から国司の正室が出てもおかしくないような身分と富をもっていると見られていたことが知られる。

楠葉東遺跡や楠葉野田遺跡では十二〜十四世紀頃に属する多量の瓦器椀《がき》・瓦質土釜《がしつどがま》や土鍋などが出土している。生焼けの瓦器椀や窯体の一部とみられる焼土塊などが出土しているほか、粘土を採ったとみられる土坑も検出されており、土器生産がおこなわれていたことは確実である。楠葉御牧の土器つくりにかかわるものだとみられる。

楠葉の地は、七世紀前半に四天王寺の創建瓦を生産した楠葉平野山瓦窯群（瓦陶《がとう》兼業窯）や奈良時代末〜平安時代前期と推定されている楠葉瓦窯などがあることから明らかなように、土が良質なものであったことは容易に推測できる。また、『類聚国史』大同三年（八〇八）正月二十八日条には「禁葬埋於河内国交野雄徳山。以採造供御器之土也。」という禁令があり、供御器を造るための土を採るので河内国交野雄徳山に埋葬することを禁じている。雄徳山は男山のことであり、河内国交野とあるので男山丘陵の南麓あたり、すなわち楠葉の地を指すものと考えられる。宮中で用いる供御器用の神聖な土を採る所として楠葉が認識されていたことを示している。このように、楠葉付近では、古代から中世にかけて、断続的に瓦や土器生産、及び土器生産用の採土がおこなわれていたことが判る。

瓦や土器の生産に良い土が必要なことは当然のことだが、その他に、瓦や土器を焼くための燃料、製品を輸送する手段が必要となる。燃料となる木材は土と同じく男山で採取できるので問題なく、製品を輸送する手段としては淀川が大きな役割を果たしたものと考えられる。例えば、楠葉・平野山瓦窯で生産された瓦は、直線距離にして約二九キロメートル離れた四天王寺に供給されており、その輸送にあたって淀川の水運が利用されたことは想像に難くない。楠葉御牧で生産された土器の主な供給・消費先は京であったが、その運搬にも淀川の水運が利用されたものと考えられる。遣明貿易で後に名を馳せた楠葉《くずは》西忍《さいにん》の活躍が示すように、中世楠葉は川津を擁した都市であった。

コラム　枚方の漢人

「枚方の里の漢人《あやひと》」は、『播磨国風土記』の揖保郡の枚方の里にでてくる。なぜ播磨の国の揖保郡に枚方と名付けたのかというと、河内の国茨田郡の枚方の漢人がやって来て、この地を開いて住みついたからであるという。

付近に神尾山という山があって、出雲の女神が居り、出雲の国の人たちがそこを通過すると、一〇人の内五人、五人の内三人を殺してしまうのであった。そこで出雲の国の人々は鋤（佐比）などを作ってこの丘に祀ったけれども、女神（比売神）は鎮まることはなかった。

こうなったゆえんは、はじめに男神（比古神）がやって来て、あとから女神が来た。しかし男神はここに鎮まらず去ってしまった。出雲の二大勢力が侵入したが、うまくこの新天地の開発ができなかったのであろうか。

その後、河内の国茨田郡の枚方の里の漢人たちがやって来て、出雲の女神の居ます山の麓に住んで女神を祀ったところ、女神は鎮まった。この神が居たので神尾山と言い、また佐比を作って祀ったところを佐比岡と名付けたとある。いま平方の地名がある。

ここでいう河内の国とは、後の摂津・河内・和泉の三分割以前であり、茨田郡もまた後の交野郡・茨田郡・讃良郡を包括する北河内をさすと思えばよいであろう。この地域に五～六世紀頃に、朝鮮からの渡来人の居住を思わせる遺跡が多数発見されているが、淀川べりの枚方も同様である。漢人とは、のちに安耶・多羅と呼んだ朝鮮半島南部の伽耶《かや》地方を故地とする人々である。飛鳥の檜隈《ひのくま》は、漢氏の拠点である。

『三国遺事』によると伽耶には、六カ国があった。伽耶諸国の全盛期には洛東江のほぼ全流域にまで勢力圏を広げていた。この地域は、鉄生産によりあまりに有名であった（『三国志東夷伝』）。釜山市の福泉洞や高霊郡の池山洞などの伽耶の古墳からは、鉄製の武器・武具などが大量に出土するが、稲や五穀を栽培し牛馬を飼育し、絹織物生産も活発におこなわれている。韓国金海の貨泉や方格規矩鏡をともなう遺跡からの、鉄製農耕具の出土も顕著である。鉄製農耕具の発達はクニ造りに拍車を掛けた。風土記にある河内国茨田郡枚方里の漢人とは、このような鉄製の農耕具を作る人であり、播磨の瀬戸内海北岸の揖保の地の農耕開発にあたって貢献したことになるのであろう。ともあれ淀川・瀬戸内のルートによって、河内の枚方と播磨の西部の平方は結びつけられている。

第4章　戦乱の枚方

1　津田城・氷室・椿井文書

津田城の構造

地域の歴史を解明するうえで主要な素材となるのは、古文書などの文献史料と、発掘調査によって得られる遺物や遺構の情報である。しかし、われわれが当たり前のように紙屑を捨て、あるいは古紙として再利用するように、それなりの目的がなければ紙きれは残らない。江戸時代になると、各村に置かれた庄屋たちが業務をする上で先例をテキストとするため、全国的にまんべんなく古文書が残されるが、それ以前ともなると中世以来続く大寺社や公家などにしか古文書はまず残されない。また、発掘調査にも限界はある。そもそも地下に眠るものを掘り当てるには運・不運があるし、通常、開発の事前調査など必要に迫られなければなされないため、必ずしも任意の場所を掘ることができるわけではない。

だが、戦国時代には、こうした限界を乗り越えるための第三の素材、山城がある。戦乱の時代だけあって、山城は大小あわせると全国に数万も築かれたといわれる。また山上にあることから、開発の手を免れ当時のままに地形を残していることが多い。こうした無数に残る山城の平面プラン（縄張《なわばり》）を図化し、そのサンプルを分類し系統立てることによって、築城者や築城の時期・目的などについて様々な議論が可能となる。こうした方法が確立したのは、比較的近年になってからのことである。

枚方市域の戦国時代を語る際、東部の国見山山頂に築かれた津田城が、まず間違いなく引き合いに出される〔枚方市史編纂委員会、一九七二年、五三七頁〕。そこで、近年の城郭研究を踏まえたうえで、この城の構造を他の山城と比較するといったいどのようなことがいえるのか、その点から市域の戦国史に切り込んでみたい。

写真 4-1　国見山

津田城は、旧来の領主中原氏を駆逐した津田《つだ》周防守《すおうのかみ》正信《まさのぶ》によって、延徳二年（一四九〇）に築かれたとされる。その孫にあたる正明《まさあき》の代には、三好《みよし》長慶《ながよし》に仕えることによって茨田《まった》郡の友《とも》呂岐《ろぎ》六郷（現在、寝屋川市北部）と交野《かたの》郡の牧《まき》八郷（現在、枚方市中部）を安堵され、市域の大部分を治めたという。これが事実だとすると、北河内最大の領主である。

では、津田城の構造を縄張図に従ってみてみよう。城下の北側から谷筋を登り切ったところに中心となる人工的な削平地（曲輪《くるわ》）がある。今は何も残されていないが、建物の敷地として造成されたものであろう。現在、歩道が中央を走っているため曲輪Ⅰ・Ⅱは分断されているが、平坦面の高さが一致するため、かつては方形に整えられた区画であったと推察される。国見山の山頂は、そこから西側の尾根筋に伸びる土塁《どるい》Cを登りきった北端となる。

いくつか山城を歩いたことのある者ならば、津田城は通常の山城ではありえない極めて特異な構造を持っていることに気付くであろう。なぜなら、本丸ともいうべき中心となる曲輪は、まさに最後の砦になるため、基本的には山頂に設けられるはずだからである。しかし曲輪Ⅰ・Ⅱは谷の最奥部にあり、仮に攻城兵が国見山山頂に陣取ってしまえば、上部から矢の雨に晒されてしまう。防御ラインにも不可解な点が多

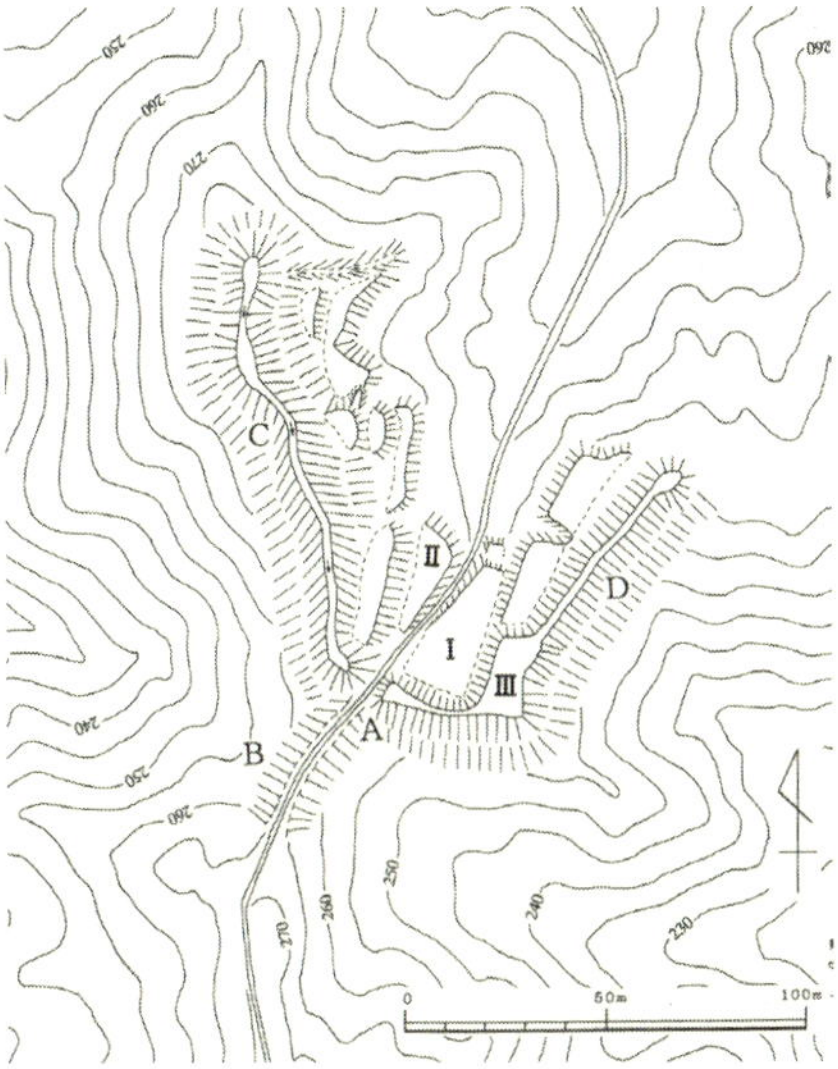

図 4-1　津田城縄張図

い。たしかに曲輪Ⅰ・Ⅱの南側には強固な土塁で挟まれた立派な入口Aがあり、さらにその先には土橋Bがあって容易に入ることのできない構造となっている。だが、ここは城下とは逆方向である。肝心の城下となる北側には、防御施設が一切ない。

ここから津田氏は戦術に疎かったという結論を導き出すことも不可能ではなかろうが、それよりも、そもそもこれは本当に城なのかという疑問を持つほうが自然である。

津田山山論

津田城が津田氏の居城であることを記した史料を探してみると、意外な事実が判明する。「三之宮旧記」「当郷旧跡名勝誌」「国見城主歴代略縁」など、そのほとんどは津田村民が編纂した史料で、いずれも十七世紀末以降のものなのである。また、津田村外部に目を向けてみると、『五畿内志』などの地誌（今でいうガイドブックのようなもの）にしばしばみえるが、十八世紀以降にしか確認できない。このように、戦国期の史料には津田氏の姿が見あたらず、津田氏の実像を追いかけていくと、十七世紀末という大きな壁に阻まれる。

折りしもその頃、国見山西側の津田村と東側の穂谷村との間で、津田山（国見山をピークとした周辺の山地一帯）の支配権をめぐる争い（山論《さんろん》）が始まっていた。この山論は、近隣諸村をも巻き込みながら、波はあるものの明治時代まで二〇〇年近く続けられる。容易に解決しなかった要因は、単純に境界を巡る争いではなかったことにある。

　津田山を中心とする周辺一帯は、鎌倉時代以来津田郷と呼ばれていた。津田郷の氏神は三之宮神社で、津田山はこの神社に帰属する宮山であった。その後、山間部の開発が進むと、津田郷内には藤坂村・杉村・尊延寺《そえんじ》村・穂谷村など、新たな集落が次々に誕生した。しかし、これら後発の村々は、三之宮神社の祭祀にあたって奉加《ほうが》という協力者の立場にしかありつくことができず、主催者である願主《がんしゅ》はあくまで津田郷の本村である津田村のみであった。戦国末期にその関係は解消され、三之宮神社は津田村以下五カ村の惣社《そうじゃ》となるものの、歴史的経緯から津田山の支配権は津田村に限定されていた。

　ところが厄介なことに、津田郷内に次々と集落が形成されていった結果、三之宮神社は穂谷村の中に立地することになってしまった。十七世紀末の山論は、穂谷村がこの矛盾を利用し、自村にも津田山の支配権があることを主張したことに端を発する。

　この争いは、元禄七年（一六九四）に京都町奉行所での裁判に持ち込まれるが、歴史的にみても津田村の支配に正当性があり、翌年津田村の勝訴に終わった。この争いの渦中、先に挙げた「三之宮旧記」などの津田村の歴史をまとめた書物が次々と編纂される。これは、津田村による津田山支配の正当性を主張するためであろう。その中ではじめて津田氏の存在が生み出されるのである。

　裁判にあたって津田村が提出した津田山絵図には、その中央に津田氏の城が描かれ、周辺

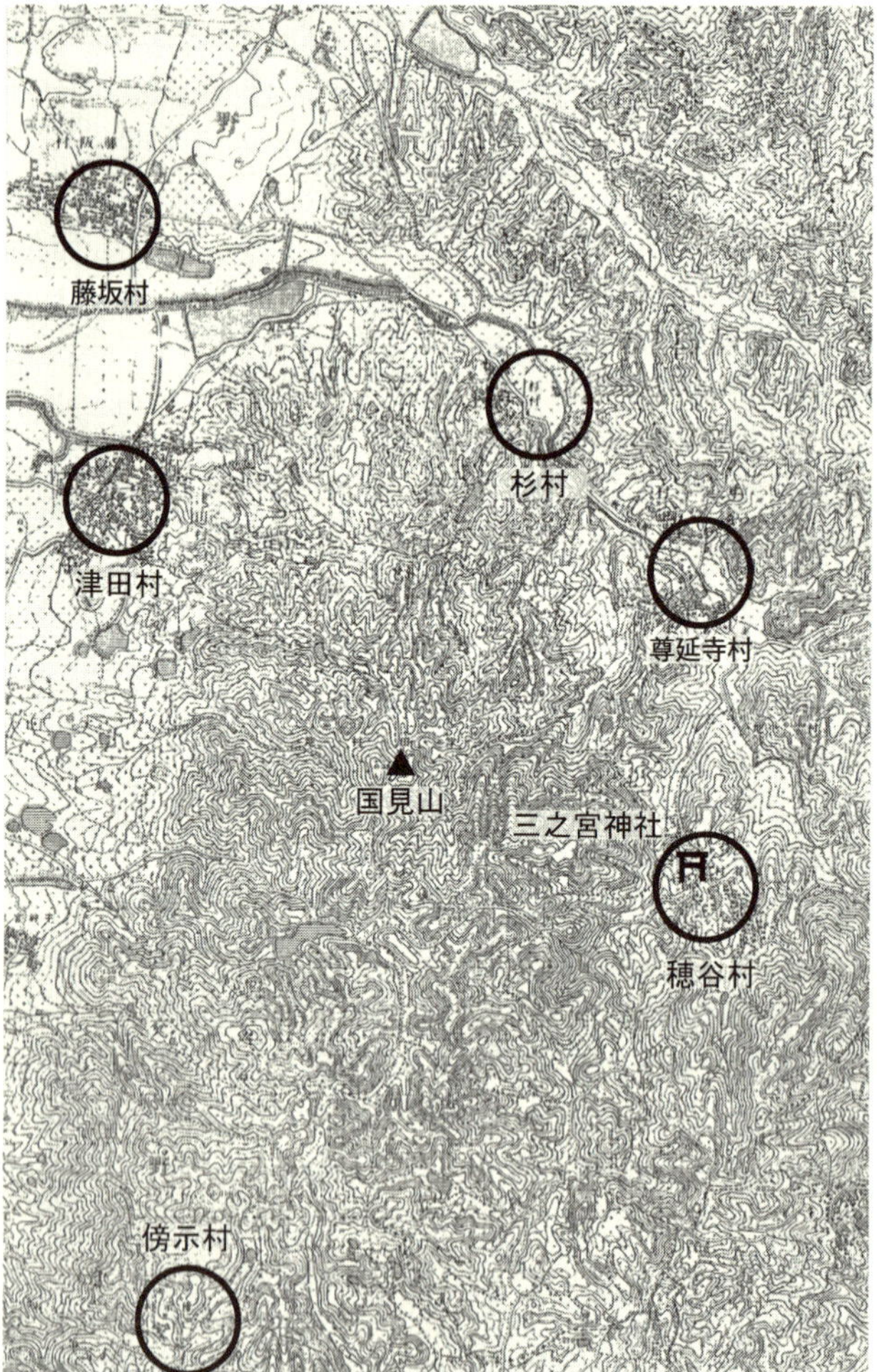

図 4-2　津田周辺図

2 万分の 1 仮製地形図をもとに作成。

には計九カ所にわたり「津田村山内」と記されている。いうまでもなく、これは津田村の津田氏の城があったので、津田山は自村のものなのだということを視覚に訴えたものである。このように、津田氏の存在は山論をより優位に進めるようとする津田村によって生み出された。結果、津田村の主張が公的な裁判で認められたことによって、津田城の名は巷間に知られることとなる。

津田城の実像

津田氏と津田城の存在が疑われなかったのは、現実に遺構があったからであろう。しかし、どうもこれは城ではなさそうである。そこで、城郭とは別の視点で国見山の歴史を遡ってみてみると、国見山を含む生駒山系が、かつて山岳修験の修行の場であったことを知ることができる。鎌倉時代の「諸山縁起」という史料には、南北に伸びる生駒山系に一定間隔で置かれた宿坊《しゅくぼう》が列挙されるが、そのうち交野山《こうの》と尊延寺の間の宿坊として「高峯《たかみね》」の存在が確認できる。事実、かつて国見山は地元でもそう呼ばれていたことから、津田城といわれる遺構は、実は山岳寺院である可能性が極めて高い。山頂部分には手を加えず、そこから若干下った谷地形の最奥部に中心となる坊舎を置くのが山岳寺院の一般的な構造であることを踏まえると、そう考えるのが自然である。

ただし、山岳寺院と限定的にみるのも厳密には誤りかと思われる。永禄七年（一五六四）に畿内の覇者三好長慶が没すると、配下の松永久秀と三好三人衆（三好長逸《ながやす》・三好宗渭《そうい》・石成《いわなり》友通《ともみち》）の間で対立が激化する。その渦中、大和の松永久秀が河内方面へ進出するときには津田を足がかりとし、逆に三好勢が大和を攻撃する際も同じく津田を足がかりとしているように、津田城が軍事的に利用された形跡を文献で確認できる。おそらくは山岳寺院跡を駐屯地として利用したのであろう。曲輪Ⅰ・Ⅱ以外にこまごまと残る削平地は、その時のものではなかろうか。

そしてこの事例からは、津田郷が特定の武将の配下になく、両属的な地域であったことをみてとれる。このような性格は、国境や山間部などの勢力間の境界付近で成立する自立的な一揆地帯によくみられ、津田郷のすぐ東にあたる南山城の一揆も同様の性格を持つ。こうしたことから、津田郷は津田氏のような有力領主を生み出す環境にはなく、山城国縁辺に広がる一揆地帯の一部であったと想定される。戦国末期に三之宮神社が津田村一村の氏神から周辺五カ村の惣社と変化したのも、度重なる外部勢力の侵攻に対して、津田郷の人々が結束した結果と捉えられよう。

「津田城」対「氷室」

話を十七世紀末に戻し、津田城がこの地域の歴史に定着する過程をみておきたい。穂谷村にとって、敗訴の直接的理由は理解の範疇《はんちゅう》にあったと思われるが、津田氏と津田城の存在は寝耳に水の話であり、素直に承引できるものではなかった。以後の穂谷村の言動をみれば、その点は明白である。

その穂谷村の言動とは、穂谷にかつて氷室《ひむろ》があったという新たな由緒の主張である。氷室とは氷の貯蔵庫で、古代においては食品の保存などのために朝廷に氷を供給する施設であった。これがまず最初に穂谷に設けられ、さらに天長八年（八三一）には尊延寺・杉・傍示《ほうじ》（現在、交野市傍示）に増設されたというのである。これによって、朝廷と結びつきが深い穂谷こそが、元来この地域の中心的存在だと主張するようになる。

たしかに、平安後期に成立した歴史書『日本紀略』には、天長八年に河内と山城に三カ所ずつ氷室を増設したと記される。穂谷村はその記述に目をつけ、具体的に河内のどことは記されないことを逆手にとって利用したのであろう。氷室に目をつけた理由も明白である。平野部に面し近隣では最大の村であった津田村に対し、穂谷村は山間の小村であった。数の論理でも不利な穂谷村が津田村と戦うには、同じく山間部の尊延寺村・杉村との連繫を必要とした。その点で、所在不明の氷室が三カ所増設されたという事実は、三之宮神社のある穂谷村の優位性を示すと同時に、三カ村の結束を固める恰好の素材であった。この物語に、津田山山論や三之宮神社とは無関係の傍示村が加えられた理由も、物語の信憑性を高めるためである。なぜなら、傍示村には氷室山蓮華寺という寺があり、氷室の伝承が残っていたからである。

氷室伝説が十七世紀末の津田城伝説にやや遅れて登場することは、長期にわたって残る津田村の庄屋日記で確認することができる。三之宮神社では、雨乞い神事が頻繁におこなわれていたが、その結果雨が降ると、村々は神社に能や狂言を奉納し返礼するのが習わしであった。十八世紀以降、穂谷村や尊延寺村が能を奉納するときには、五番演じるうち一番目の演目は必ず「氷室」となる。その初見は享保十九年（一七三四）で、津田村の庄屋にとってその言葉は聞き慣れなかったとみえ、「ひむろ」とふりがなが振られている。

かくして氷室の存在は徐々に定着し、同時に穂谷・尊延寺・杉村は結束を固めることとなった。その熱が上がれば上がる程、対する津田村も津田氏の存在を語ることとなる。このように利権が絡んだ争いを背景としているため、互いに積極的に伝説を主張することとなり、ありもしない伝説が定着をみたのであった。

写真 4-2　三之宮神社（建て替え前）

先に述べたように、この山論は明治時代まで持ち越された。明治政府は、明治二十二年（一八八九）に町村制を施行し全国的に合併を推し進めるが、十七世紀末以来の対立はここでも形となって表れる。津田村以下五カ村は本来津田郷として一体であり、三之宮神社を共通の神とするものの、津田村は三之宮神社とは関係のない野村・春日村を吸収合併する。一方の穂谷村・尊延寺村・杉村は、合併して氷室村と命名される。十八世紀前半に遡る穂谷村の画策は、ここに至って現実のものとなった。

並河誠所・三浦蘭阪・椿井政隆

枚方市東部に氷室があったとする言説は、十八世紀前半に創作されたものであるが、それとは相反する古文書が三之宮神社には残されている［枚方市史編纂委員会、一九六八年、史料中世編Ⅴ］。それは、永正十七年（一五二〇）に南都興福寺の最高責任者である三綱《さんごう》が、氷室のできた由来を承認するもので、花押《かおう》もしっかりと据えられている。この年紀が信じられることによって、氷室の実在性は高められていた。それとともに、「河内国交野郡氷室郷惣社穂谷三之宮大明神年表録」と題した史料も残されているが、津田郷の惣社を「氷

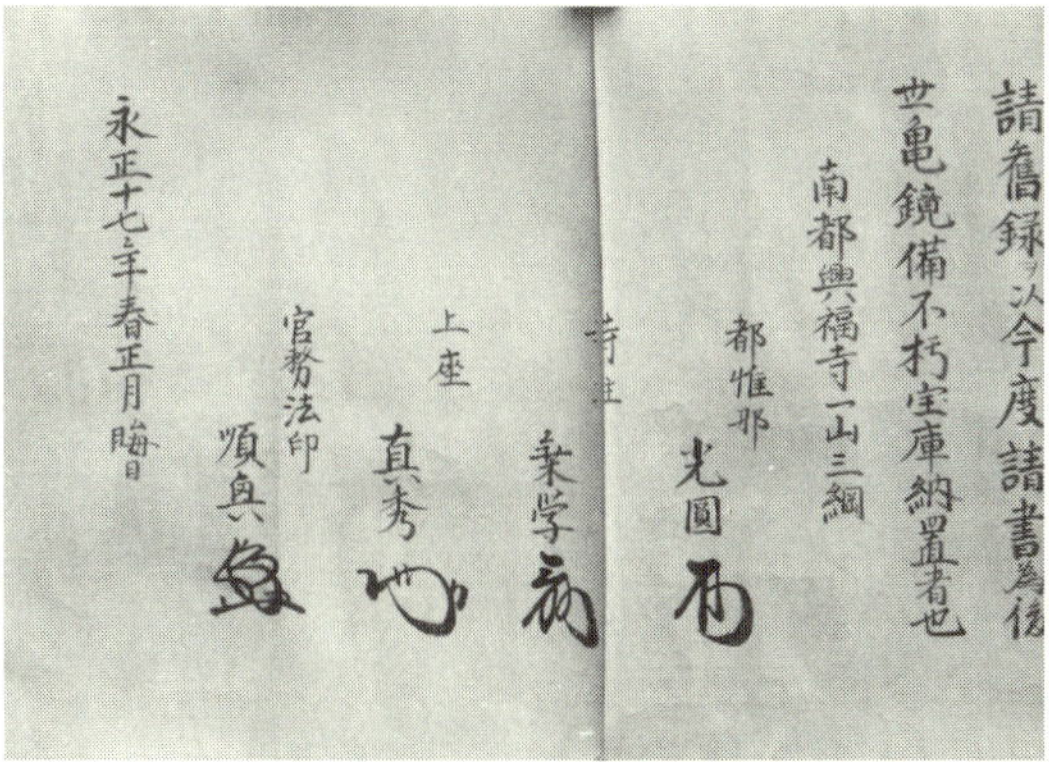

図 4-3　氷室本郷穂谷来因之紀

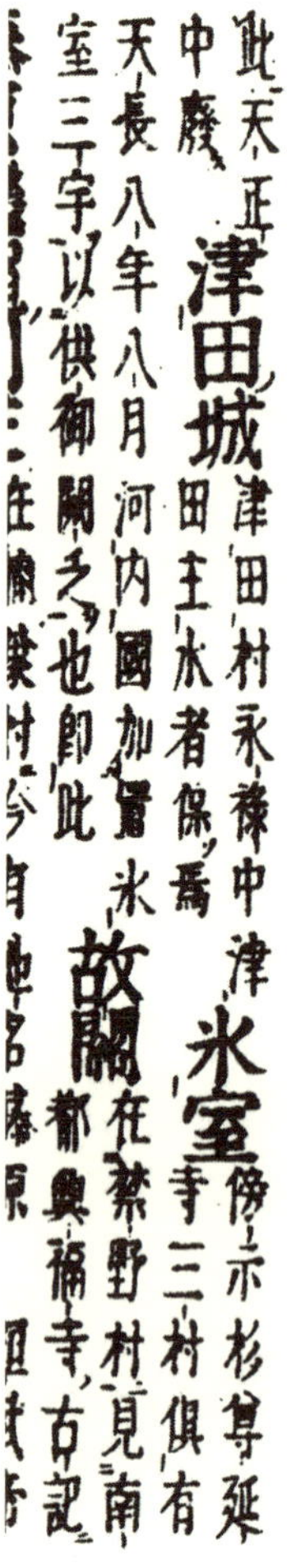

図4-4　五畿内志
（津田城と氷室の部分）

室郷惣社」とし、あたかも穂谷村の神社のように記していることから、これは明らかに穂谷村の論理で記した偽文書《ぎもんじょ》である。しかし、一連の史料は緻密に計算されたうえで創られているため、その内容に対して異論が唱えられることは、長らく皆無であった。そこで、その創作者と作成方法を多少詳しく紹介しておこう。

津田氏と氷室の伝説が「史実」として周囲に拡大した最大の要因は、享保二十年（一七三五）刊行の並河《なびか》誠所《せいしょ》が編んだ『五畿内志』という地誌で、いずれもが紹介されたことにある。このように、一部の地域でしか知られていないマイナーな史跡が掲載されていることから、並河の調査は綿密だったとすることも不可能ではなかろうが、直近に捏造《ねつぞう》された史跡が掲載されているように、今日的にみれば杜撰《ずさん》な調査であった。事実、当時の記録には、並河が逐一史跡に赴くのではなく、周辺の村役人を一カ所に集めて聞き取りをした様子が記されている。また、歴史の空白部分を埋めるために、並河の想像や思いこみもふんだんに盛り込まれている。並河の主眼は、正確な本を作ることよりも、山城・大和・摂津・河内・和泉の五畿内を網羅することに置かれていたのである。

しかし、この地域で初の本格的地誌ということもあって、『五畿内志』はのちの歴史家たちにとって、良くも悪くもバイブル的存在となり、また地誌の見本とされ、各所で引用されるようになる。これを背景として、十八世紀後半になると『五畿内志』をめぐる立場に、二つの潮流が生まれる。

一つは、『五畿内志』の内容を客観的に読み、史実性の低い記述を批判する立場である。その代表的な存在として、坂村（現在、枚方市牧野阪）の医師三浦蘭阪《みうららんばん》が挙げられる。彼は、現代の歴史学にも通じるような客観的な歴史観を持ち、数多くの著書で『五畿内志』に徹底的な批判を加えている。

もう一つの考え方が、歴史の空白部分を想像で埋めるという並河以来の発想を受け継ぐ立場である。その代表は、山城国相楽《そうらく》郡椿井《つばい》村（現在、京都府木津川市山城町）出身の椿井政隆《つばいまさたか》（一七七〇～一八三七）といってよかろう。彼は、精力的に各地を歩き回っては史料を収集

写真4-3　三浦蘭阪座像

し、そこで得た知識をもとに無数の偽文書を作成しており、ときには金銭と引き替えに依頼に応じることもあった。彼によって作成された偽文書は、概ね中世の年号を有し、あたかも中世に作成されたように偽装されている。それらは椿井文書《つばいもんじょ》と呼ばれ、彼が活動範囲とした近江・山城・大和・河内・伊賀の五カ国にわたって、数百点も分布している。

椿井文書の幻惑と枚方の地域性

三之宮神社に残された古文書も、実は氷室伝説を補強するために穂谷村が椿井に依頼して作成したものである。それだけでなく、市内には現在のところ計二九点の椿井文書が存在したことを確認できる。歴史学とは、偽文書と正しい古文書を峻別し、正しい古文書から史実を組み立てていくものであるが、残念ながら椿井文書に関する認識は甘く、今こうしている間にも、一部の研究者たちが偽文書と知らずに椿井文書を使い続けているのだから、一般に信用されるのも致し方ないことである。

かといって、椿井文書が精巧に出来ているのかというと、必ずしもそうではない。出来不出来よりも、その内容が人々を誘惑して放さないのである。その魅力の淵源は、史実と史実の間の空白を、人々がこうあってほしいと期待するかたちで埋めていることにある。一例をあげておこう。

枚方市藤阪東町には、日本に漢字を伝えた王仁《わに》の墓とされる小さな自然石がある。彼は実在の人物ではないと思われるが、仮に実在したとしても、当時日本には墓石を立てる習慣もなく、そもそも王仁は世界最大の墓の主、仁徳《にんとく》天皇の弟菟道稚郎子《うじのわきいらつこ》の師とされるので、荒唐無稽な話である。しかしこの話には根拠があって、元和二年（一六一六）に禁野《きんや》村和田寺の道俊《どうしゅん》が識した「王仁墳廟来朝紀」には、すでにその所伝がまとめられているという。のちに並河誠所がこれを閲覧し、『五畿内志』に反映させたと考えられてきた。

「王仁墳廟来朝紀」は、市内の別の家に残る古文書と内容に一致する部分がみられることから、確かな史料とされることが多い。しかし、「王仁墳廟来朝紀」と内容が関連する史料は、全てが椿井文書である。椿井文書がなかなか見破られなかった理由の一つは、このように各地に残った史料が相互に関係することで、傍証があるかのように見せかけていることにあった。有力農家の由緒を飾る椿井文書の多くは、それぞれの家に分散して残されたのである。

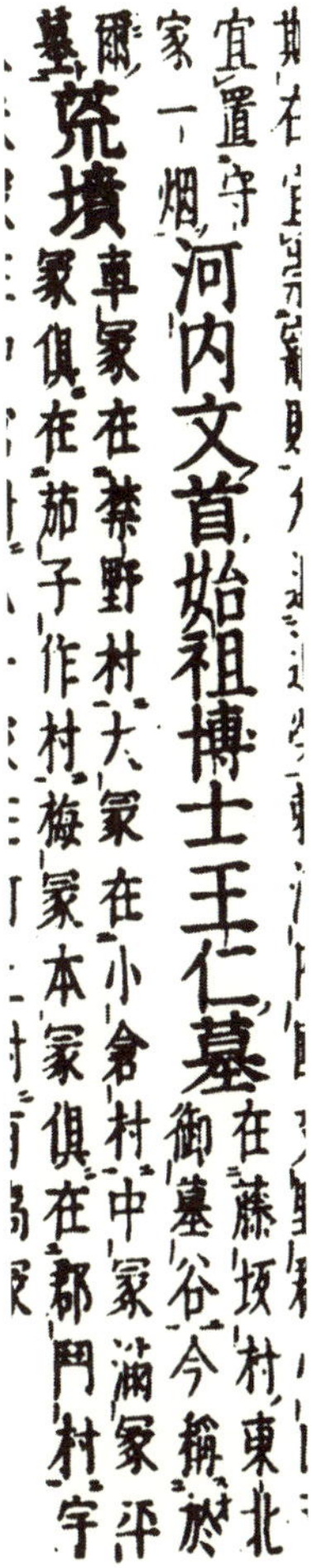
宜置守家一烟　河内文首始祖博士王仁墓　在藤坂村東北御墓谷今称於
陵墓　荒墳　車冢在禁野村大冢在小倉村中冢満冢平冢俱在茄子作村梅冢本冢俱在郡門村字

図 4-5　五畿内志
（王仁墓の部分）

並河の思想を受け継ぐ椿井は、『五畿内志』の根拠のない記述を徹底的に補うことを一つの目標としており、並河があたかも見たかのような偽文書を創るのは、その常套手段であった。その点は三之宮神社文書でも確認できる。したがって、「王仁墳廟来朝紀」も同一の目的のもとに作成されたことは明白である。この手法によって、『五畿内志』の信憑性を高めるだけでなく、世に知られた『五畿内志』の典拠として「王仁墳廟来朝紀」の正当性も確保されることとなる。

また、椿井が王仁の墓に目を付けたことから、すでに江戸時代からその説には懐疑的な見方が強かったこともわかる。実際、三浦蘭阪は、並河が王仁墓と指定したのは単なるこじつけだとし、文政十年（一八二七）に王仁墓の傍らに石碑を建立した家村孫右衛門を「並河に謀られた者」と呼び、無知であることを自ら晒していると厳しく批判する。しかし、実在すら疑わしいのに、王仁を信奉する者やその存在を政治的に利用する者はいつの時代もあとを断たないため、「王仁墳廟来朝紀」の魅力は今も衰えることがない。

その最たるは、戦前の右翼の指導者内田良平といってよかろう。内田は朝鮮人皇民化政策のシンボルとして、日韓を結ぶ王仁墓に目をつけ整備事業を推し進める。それに追随した大阪府が、昭和十三年（一九三八）に史跡に指定することで、王仁墓は確固たる地位を築くこととなった。こうした戦前の国策は、椿井文書と『五畿内志』の相互補完が有力な裏付けとなり、戦後になっても払拭されず、いまだに日韓の「架け橋」として機能し続けている。

以上のように、市内には江戸時代中頃に創作された架空の史跡が数多く存在したが、それらは椿井文書を積極的に受容した結果、定着することとなってしまった。市内にはその他にも、明治十年代に創られた「伝承」をもとに、大阪府が史跡に指定した「継体天皇樟葉宮跡伝承地」や、昭和五十年（一九七五）頃に創作された「アテルイの首塚」などがある。「本多政康」「乙御前」にまつわる「枚方城」もまた、戦前の秀吉ブームに伴って広まった創作話である。同様に、少なくとも昭和二十六年（一九五一）までは何ら伝承のなかった中山観音寺跡の「牛石《うしいし》」が〔寺嶋、一九五一年、六四一頁〕、昭和三十四年（一九五九）に同寺跡を調査した片山長三氏によって「牽牛石《けんぎゅうせき》」と名付けられると〔片山、一九五九年：枚方市史編纂委員会、一九七二年、一一九一頁〕、最近になって七夕の伝承地だと言う人が増えている。歴史的にみれば、平安時代から江戸時代にかけて枚方市域に特別な七夕伝承など何一つないので、市内の七夕伝承地とされるものは全て「都市伝説」の類といってよい。

偏狭な郷土愛や単なるお国自慢から史跡が生み出されることはどこでもよくある話だが、狭い範囲にこれだけ集中するのは全

写真 4-4　王仁墓の玉垣

国的にみても非常に珍しい。しかも、現代になっても脈々と続き、こうした史跡に基づいた友好都市関係まで結んでしまうのだから、もはやこれは地域性といっても過言ではなかろう。事実、次節でみるように、この地域で偽文書が多用されるのは戦国時代まで遡りうるのである。

こうした歴史の改竄《かいざん》は、科学的な現代歴史学の範疇で捉えようとすると、負の側面しか見出せない。ただ、その活動の前提として一定度の知識は必要であるし、それを蓄積するには金銭的・時間的余力がなければならない。ここから、生活水準や知識水準の高さを評価することは許されよう。それを背景として、この地域では利益獲得や宣伝のためには手段を選ばないというしたたかな気質が、伝統的に培われてきたのである。

2　楠葉から枚方へ

戦国時代の枚方をみる視点

戦国時代というと、ついつい武田信玄や毛利元就のような大名が割拠する状況を思い浮かべてしまう。津田氏の存在が定着した背景にも、そうした先入観があった。しかし、有力領主が活躍する一方で、民衆が力を持ち始めたのもこの時代の特質である。よって名のある戦国大名は、こうした民衆の要求に腐心しながらも、何とか味方につけることに成功した者たちであったという見方もできる。この時期の戦乱は、ただ荒廃を招いただけでなく、その根底に常に新たな時代を求める民衆の要求があった。それゆえ、戦乱を通じて地域秩序が再編され、現代にも繋がる新たな時代の基礎を作り上げることとなった。われわれが生活する身近な世界も、この時期の戦乱に多大な犠牲を払いつつ形成されたといっても過言ではないのである。

現在、京阪枚方市駅周辺は、官公庁や金融機関、あるいは商業施設が並ぶ北河内の中心的な場となっている。その理由を枚方の歴史に多少関心のある人に問えば、当たり前のように京都と大阪の間にあって淀川の中継港として栄えたからと答えるであろう。しかし、そのこと自体を疑ってみる価値もあるように思える。なぜなら戦国時代以前の北河内をみると、その中心的な場は常に市内北端の楠葉にあるからである。

歴史的常識といっても、枚方周辺では誤解や先入観に基づくものがとりわけ多い。それを正すには、前節でみたように前後の時代に視野を広げてみたり、一揆地帯や山論激戦区といったその地域独自の性格と照らし合わせたりすることが有効である。楠葉と枚方の関係もその視点から問い直すべき問題といえる。

そこで欠かせないのは、戦国期以前に楠葉がこの地域の中心となった要因と、この地域独自の民衆の動向や争乱の質を見極めることである。そのうえで、後者が前者に与えた影響から、「楠葉から枚方へ」という地域秩序の再編を捉えてみたい。

楠葉の歴史的位置

和銅三年（七一〇）に都が平城京に遷ると、翌年山陽道が整備され楠葉に人馬を継ぎ立てる駅《うまや》が置かれる。山陽道はここから淀川を渡り、南西へと進む。奈良から迂回して楠葉まで北上した理由は、ここより下流の淀川両岸には氾濫原が広がっていたことにあると思われる。楠葉周辺は、両岸から男山と天王山が迫って地盤が安定しているため、淀川を確実に渡河できる場所であったのであろう。こうした事情もあって、楠葉周辺は淀川の渡河点として発展してきた。

それと同時に、淀川を上下する船の中継港としての機能もあった。その理由は地盤が安定しているのみならず、楠葉よりやや上流で木津川・宇治川・桂川などの淀川支流が合流していることにもある。つまり、楠葉の上下で川の規模も異なるため、往来する船の規模も異なっていたのである。例えば、奈良の興福寺が淀川下流から材木を運ぶ際、草地《くさじ》氏（木津川沿いにある現京田辺市草内在住の土豪）にその船の警備を命じているが、その担当箇所は奈良の外港木津までもなく、彼の地元草内まででもなく、楠葉までであった。ここから上流の木津川は、別の船に乗せ替えられたと考えられる。これは南北朝期の事例であるが、近世以降にみられるような淀川大改修が中世以前にあったとは思われないので、この状況はそれ以前にも遡るとみていいだろう。

その傍証をいくつかあげておく。楠葉のすぐ上流にあたる橋本（現在、京都府八幡市橋本）は、奈良時代の行基《ぎょうき》が淀川に架けた山崎橋のたもとにあたるゆえ、橋本という地名になった。この橋の存在を前提にすると、楠葉より上流の往来は、橋をくぐることのできる規模の船に限定されていたということができる。また、南山城の木津《こっ》（現在、京都府木津川市木津町）の地名は、奈良へ運ぶ「木の港」に由来することはよく知られるが、行基が楠葉に建立したとされる久修園院《くしゅうおんいん》の別称も「木津寺《こつでら》」であり、付近には「木津代《こつしろ》」の地名も残る。このように、水揚港木津に並ぶもう一つの木津が中継港楠葉であった。

平安時代になると、交野郡の北部一帯は朝廷の狩猟場「禁野《きんや》」になる。禁野の最北端にある楠葉は、京都からの玄関口としても機能するようになり、貴族の藤原継縄《ふじわらのつぐただ》なども別荘を構えたとされる。桓武《かんむ》天皇は、ここを拠点として禁野での狩猟を楽しんでいる。また、馬の需要に応えるために、朝廷は楠葉牧《くずはのまき》という牧場を置いた。

この楠葉牧は、のちに摂関家が代々受け継ぐ「殿下渡領《でんかわたりりょう》」として藤原氏に吸収される。さらに時代が下って鎌倉時代になると、楠葉牧は鎌倉幕府の執権北条《しっけんほうじょう》氏の得宗《とくそう》領となった。このように、楠葉はいつの時代も「時の人」が支配する重要拠点として認識されていた。楠葉の歴史は、まさに日本史の縮図なのである。

貞観二年（八六〇）、北河内の歴史をのちのち大きく左右する出来事が起こる。宇佐八幡宮《うさはちまんぐう》から石清水《いわしみず》八幡宮が勧請《かんじょう》されるのである。当初北河内への影響力は持たなかったが、平安時代末期以降、源氏を始めとした武家から武神として信仰を集めるようになると、各地で荘園の寄進を受けて力を持つようになる。

中世における日本の国家制度は権門《けんもん》体制といい、権門勢家《けんもんせいか》と呼ばれる有力な武家・公家・寺社などの諸勢力が、共同で統治するシステムであったと考えられている。その一つでもある石清水八幡宮が、膝下の楠葉へ影響力を及ぼさないはずがなかった。

自立する石清水八幡宮の神人

古来流通の要衝であったため、楠葉には多くの商工業者が居住していた。楠葉は、その富を狙う幕府や朝廷・摂関家などから複雑な支配を受けていたが、それに対し楠葉の有力住民たちは、新興勢力である石清水八幡宮の神人《じにん》となることで、その利権を確保するようになる。神人とは、神事において様々な役をつとめる者で、その見返りとして諸公事免許などの一定の特権を認められていた。こうした動きが顕在化するのは鎌倉末期頃で、駕輿丁《かよちょう》神人や綱曳《つなひき》神人など様々な神人集団があるなか、「楠葉神人」あるいは「楠葉方禰宜《くずはかたねぎ》」と呼ばれる集団が新たに認められるようになる。

室町時代になると、楠葉神人はそうした諸集団のなかにあって最も大きな勢力となり、十五世紀までに三〇人に固定化する。もちろん三〇人の楠葉神人は、あくまで楠葉住民の上層部の数であり、その傘下にはこれを大幅に上回る商工業者がいた。またこのころになると、楠葉は本来石清水八幡宮領ではないのに、一般に「八幡領」「神領《しんりょう》」と認識され、「楠葉郷」あるいは「楠葉惣郷《そうごう》」として一体的な行動をとるようになる。この楠葉郷人たちの総意を代表するのが楠葉神人で、彼らは「座衆《ざしゅう》」という連帯的な組織を形成していた。

一方、楠葉の在来勢力が石清水八幡宮を主として仰ぐようになるにつれ、石清水八幡宮も積極的に楠葉郷の支配に乗り出す。十四世紀頃には、石清水八幡宮の有力神主であった紀氏《きし》神人の一部が、預所《あずかりどころ》（荘園支配の現地責任者）として楠葉郷に入部してくる。彼らは「紀氏一座《いちざ》」「紀氏座中《ざちゅう》」などと呼称されるように、一つの集団として結束していた。こうして楠葉郷には、楠葉郷人の代表である楠葉神人と、石清水八幡宮を代表する紀氏神人の二つの神人集団が成立することとなった。

外部からの新興勢力の流入は、必然的に対立を生むこととなる。具体的な内容は不明ながら、応永年間（一三九四～一四二八）には例年のように楠葉郷で揉め事が起こっていることを確認できるが、その背景には楠葉神人と紀氏神人の対立があったのであろう。

しかし戦国期以前は、両者の対立が大きな争乱に展開

写真 4-5　石清水八幡宮

することはなく、話し合いの場が持たれていた。その場となったのが、楠葉郷の氏神である交野天神社《かたのてんじんしゃ》である。例えば、この時期の交野天神社の修復は、預所の紀氏神人を中心に楠葉郷の住人をあげて盛大に執り行われたことが、同社に残る応永九年（一四〇二）や嘉吉二年（一四四二）の棟札《むなふだ》から窺える。また、永享九年（一四三七）には、交野天神社の祭祀を取り仕切る小頭役《しょうとうやく》選出の方法が定められ、紀氏神人と楠葉神人たちが署名し、両者の間で証文が作成されている。

こうした事例にみられるように、十五世紀中頃には紀氏神人と楠葉神人の関係は安定期を迎え、両者の協調による楠葉郷の自治的な運営がみられるようになる。と同時に応永三十一年（一四二四）には、楠葉郷の伝宗寺《てんそう》という寺院が、室町将軍足利家の祈願寺《きがんじ》となった。祈願寺とは、足利家や室町幕府の安泰を祈願する寺のことで、その見返りとして寺領が安堵《あんど》され、そこにかかる諸役などが免許される特権を得ることができた。おそらく、楠葉郷の人々は金品を提供するなどして、幕府に積極的に訴えてその特権を得たと思われる。その意図は、自身の土地などを寺領として伝宗寺に寄進することで、他者の侵害から保護することに

写真 4-6　交野天神社

あった。幕府の宗教行事を取り仕切る京都相国寺《しょうこくじ》の僧が、伝宗寺領の目録を一目みて、同様の資料を見慣れているにもかかわらず「田地《でんち》多々《たた》有之《これあり》」と驚いているように、その規模は相当のものであった。

楠葉郷の人々は成熟するとともに、ただ石清水八幡宮を頼むだけでなく、自らの身を自らで守る新たな術を模索しはじめていた。また、神人の成長を背景として、石清水八幡宮の勢力圏も拡大することとなる。淀川には古くから数多くの河関《かわぜき》が設けられ、船舶から通行税が取られていた。その多くは興福寺の所有で、莫大な収益があったが、嘉吉・文安年間（一四四一～一四四九）にその収益をめぐって奈良の筒井氏と興福寺が争うと、その隙をついて神人たちが淀川沿いに新たな関所を乱立する。このように、十五世紀中頃を端緒に石清水八幡宮勢力の南下がみられるようになる。

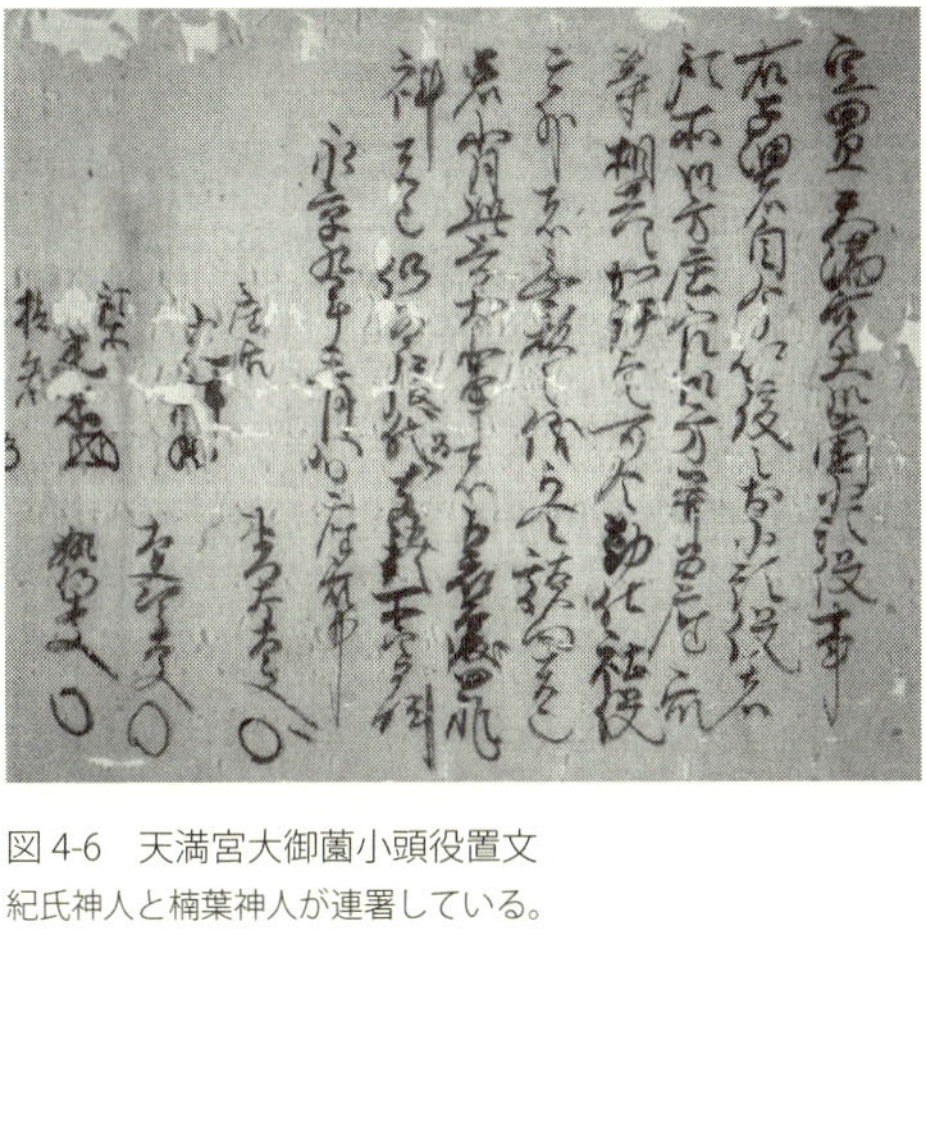

図4-6　天満宮大御薗小頭役置文
紀氏神人と楠葉神人が連署している。

楠葉における文明の乱とその激化

しかし、楠葉の平和もそう長くは続かなかった。一時は落ち着きをみせていた楠葉神人と紀氏神人の対立が、顕在化するからである。その発端は、文明三年（一四七一）ごろに伝宗寺の住持が人を殺《あや》めたため、祈願寺の号が廃されたことにある。これを契機として、紀氏神人が伝宗寺領の横領を企て、対して楠葉神人と伝宗寺住持はそれを阻止すべく鋭く対立する。これが、楠葉における文明の乱の始まりであった。

文明十二年（一四八〇）に至ると、その対立は武力行使となってあらわれる。この年の大晦日、紀氏神人の北向光氏《きたむきみつうじ》が、石清水八幡宮からの帰宅の途上、楠葉の岸宮《きしのみや》（現在、枚方市町楠葉周辺）で楠葉神人の西村弥太郎大夫《にしむらやたろうだゆう》らに殺害される。それへの報復として、翌十三年一月、紀氏神人らは楠葉郷中に火を放ち、楠葉神人らを殺傷する。鎮圧のために幕府軍も出動するほど激しいものであった。楠葉神人たちはその非法を訴えて石清水八幡宮の社頭《しゃとう》に閉じ籠もった。この行為は神訴《しんそ》といい、神事を停滞させることで石清水八幡宮を突き動かし、その裁定を仰いだり、要求を突きつける一つの訴願方法である。ただ、このときの石清水八幡宮の判断は、そのまま立て籠もり続けるのならば討ち取るという厳しいものであった。石清水八幡宮が、楠葉郷の支配を推し進める紀氏神人の肩を持つのは、当然のなりゆきだったといえよう。

石清水八幡宮の判断を聞いた楠葉神人は、失意のうちに退出し、楠葉から追放される。これによって西村らの土地や争点となっていた伝宗寺領は、紀氏神人らに分配された。しかし、文明十六年（一四八四）、程なくして西村ら楠葉神人は、畠山義就《はたけやまよしなり》の支援を得て楠葉に舞い戻ってくる。ここに畠山義就が登場することは、応仁・文明の乱と楠葉の争乱が無関係ではないことを示している。

　そもそも応仁・文明の乱とは、京都における畠山氏の家督を巡る争いに端を発し、それが全国に飛び火したものであった。畠山氏は河内国の守護なので、その争いは河内国の取り合いともなった。楠葉は河内の玄関口にあたるため、この時期の戦乱に常に巻き込まれている。これが一つの引き金となって、潜在していた楠葉神人と紀氏神人の対立が再燃し、終わりの見えない争いとなるのであった。

　西村ら楠葉神人の帰還は、当然新たな争いを生み出すことと

写真 4-7　岸宮跡（枚方市町楠葉）
江戸時代には天満宮とも呼ばれた。明治5年に交野天神社に合祀され、今は神木の一部のみが残る。

なる。今度は、紀氏神人が社頭に籠もって楠葉神人を訴えるのである。文明十八年（一四八六）になると、西村らは力ずくで紀氏神人を追い出し、入れ替わりに自らが社頭に籠もる。その際、けが人も出て、神域が流血で穢された。

しかし、流血騒ぎはそれに留まらなかった。激昂した紀氏神人が、暗殺された北向光氏の息子光成を大将として三〇〇の兵を率い、楠葉神人と社中で合戦するという前代未聞の出来事を起こすのである。伊勢神宮に次ぐ国家第二の宗廟《そうびょう》と謳われた社中での合戦は、楠葉の戦国時代を象徴する大事件といえる。西村たちはこれによって戦死するが、石清水八幡宮もさすがに今回は紀氏神人の肩を持つことはなく、両者を処罰した。

こうなると、石清水八幡宮の社務《しゃむ》をつとめていた善法寺は、伝宗寺領を直接獲得しようと目論むようになる。応仁・文明の乱を契機として、足利将軍は義澄《よしずみ》方と義稙《よしたね》方に分裂するが、善法寺は義澄方につき、楠葉神人たちは義稙方について、以後も伝宗寺領の取り合いを続ける。やはり、楠葉の争乱は中央の歴史とは無関係ではなかったのである。

一方、追われた紀氏神人たちも、天文八年（一五三九）には善法寺に奪われた北向氏の土地を奪還することに成功している。その方法はそれまでの争いに比べると極めて平和的で、幕府に対して証拠書類を提出したところ、その支配が認められたというものである。しかし、再度吟味するよう善法寺が幕府に訴えた結果、紀氏神人が提出したのは偽文書であったことが露見する。当然、その土地は善法寺に返却されることとなった。

当時の裁判は文書主義で、文書の形式や花押などがチェックされたはずであるが、そこで一度は認められたことから、その偽文書は非常に精度が高かったものと思われる。それを可能にさせたのは、やはり金銭的な余力や豊富な知識であろう。こうした偽文書のテキストとするためであろうか、当時の楠葉住民が盗品の土地証文《しょうもん》を購入していた事実も確認できる。このように、偽文書は富と知識の蓄積をあらわす一つの指標といえる。

神人の南進

先に述べたように、神人の活動が活発になると、十五世紀中頃から石清水八幡宮の勢力圏が淀川伝いに拡大する。実際この頃より、市域中南部に中振郷（現在、枚方市北中振・南中振・走谷・出口一帯）や三屋郷（同三矢町）・枚方寺（同枚方元町・枚方上之町）といった、これまでにはなかった石清水八幡宮領の名がみえるようになる。楠葉で伝宗寺領を巡るとりとめのない争いが続くと、神人たちは楠葉を脱して、これらを新たな拠点とすべく、本格的な南下を始めるようになる。

その際、新たな拠点の求心力として期待されたのが、当時勢力を伸ばしつつあった浄土真宗であった。文明七年（一四七五）、浄土真宗の宗主蓮如《れんにょ》が越前の吉崎御坊を退去すると、まず最初に彼を受け入れたのが中振郷で、郷内の出口に建立した草坊がのちの光善寺となる。わずか四年後の文明十一年（一四七九）には、公家の甘《かん》露寺《ろじ》親長《ちかなが》が出口に宿泊し、翌日ここから乗船して大坂方面に向かっている。この事例から、中振の住民は石清水八幡宮の配下でありながらも、蓮如をも推戴することで、新たな港町を確立したことがみてとれる。

三屋郷や枚方寺も同様である。ここには、浄土真宗寺院の順興寺を中心とした枚方寺内町《じないまち》が形成された。設立の経緯は不明ながら、順興寺に入寺した蓮如の十三男実従《じつじゅう》の日記「私心記」が永禄二年（一五五九）から同四年まで残されており、寺内町の日常を垣間見ることができる。そこでは、寺内町を取り仕切る四人長衆《よにんおとなしゅう》の存在を確認できるが、注目すべきはそのうちの一人好村宮大夫《よしむらみやだゆう》が、実は紀氏神人でもあるという事実である。彼の両属性が端的にあらわれるのは正月一日で、その日四人長衆は実従のもとへ年

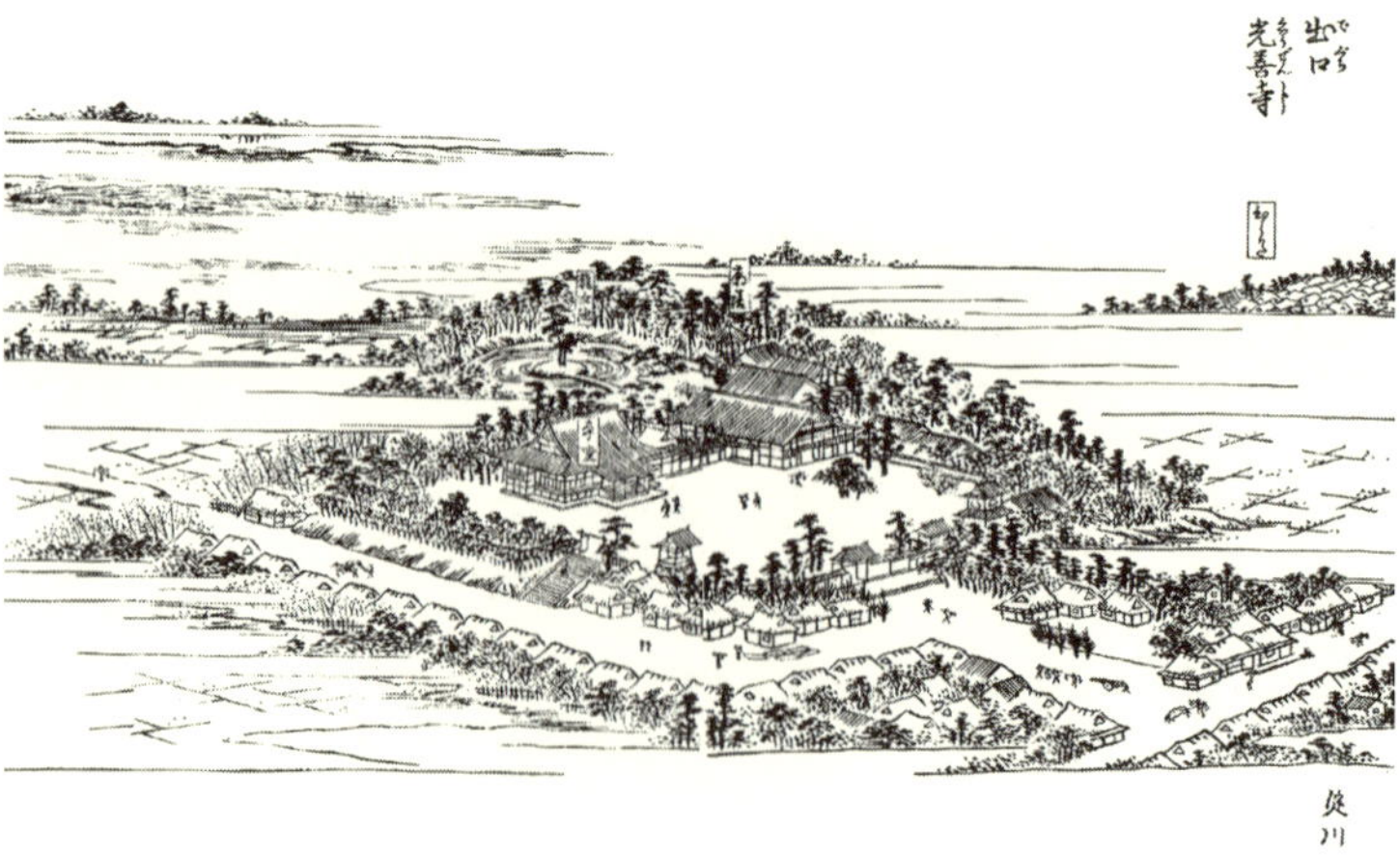

図 4-7　江戸時代の光善寺（河内名所図会）

賀の挨拶に訪れるが、宮大夫だけは石清水八幡宮に参詣し、翌日実従のもとへ参上する。もちろん、実従と疎遠というわけでなく、普段は親しく接している。このように、寺内町は必ずしも浄土真宗の熱狂的信者によって建設されたのではなく、北河内においては南下してきた石清水八幡宮勢力が大きくそこに関与していた。

　伝宗寺領を巡る血で血を洗う争いによって、楠葉郷は荒廃へと向かった。それだけ、伝宗寺領の価値や楠葉に集まる利権の魅力は大きく、徹底的に争うことでしか楠葉を離れるきっかけはつかめなかったのである。社中で戦乱が起こったように、石清水八幡宮の権威も失墜したが、それでも好村宮大夫のように、南下する神人たちは石清水八幡宮との関係を維持しつづけた。これは、単に楠葉が崩壊したのではなく、楠葉における利権が解体に向かっていたことを意味するのであろう。それを後押ししたのが浄土真宗の存在であった。楠葉郷では伝宗寺の祈願寺化によって自治の方向を模索したが、この戦乱によって石清水八幡宮膝下での自治は不可能であることを悟らざるを得なかった。そのタイミングで力を伸ばしてきた浄土真宗は、祈願寺に代わって彼らの利権を保護する格好の寺院を提供するものであった。こうして北河内には、神人たちの手によって寺内町が次々と勃興する。その

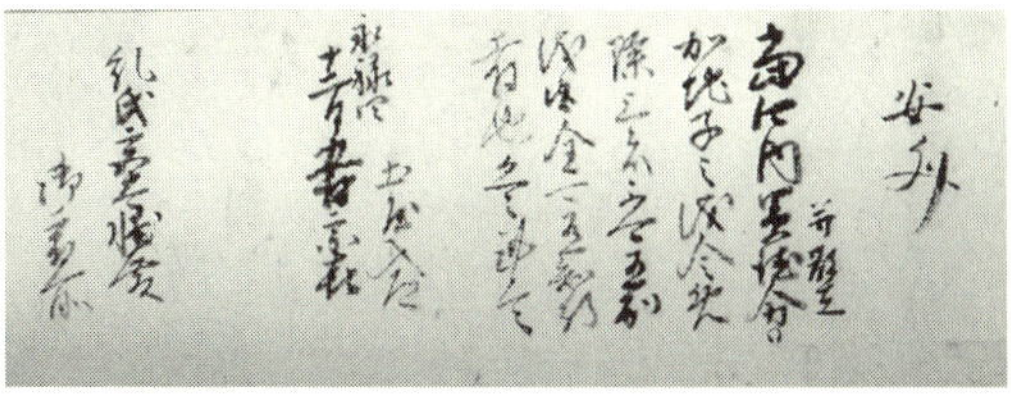
図 4-8　紀氏宮太輔（好村宮大夫）に宛てた書状

なかで、最終的に枚方寺内町がその中心となった要因は、次の点にあった。

石清水八幡宮勢力の助力もあって、本願寺勢力は次第に淀川流通に影響力を持つようになる。この本願寺の力を背景に、廻船業者の淀屋《よどや》は本願寺の拠点大坂と淀の間の航路を確立させ、江戸時代における三十石船《さんじっこくぶね》の原型を築く。こうなってはじめて、その中間地点にあたる枚方は中継港として主要な役割を担うようになり、解体しつつある楠葉の中継港としての機能を吸収するのである。

以上のように、楠葉から枚方へこの地域の中心が移ったのは、楠葉での苦い戦乱の経験を踏まえ、石清水八幡宮からの一定度の自立と平和な町づくりを目指した、民衆達の運動の結果であった。

3　牧・交野一揆と織田政権

交野郡の地域構造

北河内における民衆の運動方向は、石清水八幡宮の神人たちが、戦乱の過程で本願寺勢力をも推戴することを踏まえて、初めて理解できるものである。その結果促進された神人たちの南下は、必ずしも淀川沿いに限定されるものではなかった。また、その流動性は戦国期に限定され、次第に固定的になっていく。それらの様相をみる前に、あらかじめ交野郡全体が、どのような地域構造を持っていたのか述べておこう。

古代に設置された禁野は、概ね東部の山間部を除く天野川右岸であった。ここに置かれた楠葉牧は時代を重ねるごとに、様々な勢力が支配するようになるが、それとともに拡大し、禁野が機能しなくなった中世には禁野一体を覆うようになる。この拡大した楠葉牧は、船橋川以北が河北牧、以南が河南牧と区分されていた。さらに時代が下ると、河北牧は先にみた楠葉郷、河南牧は牧郷と呼ばれるようになる。また、東部の山間部は独自の展開をとげ、津田郷と呼ばれていた。

天野川左岸の星田や茄子作《なすづくり》あたりは、いつからかははっきりしないが、興福寺円成院領の大交野荘《おおかたののしょう》（星田荘）であった。ところが治承三年（一一七九）に、平清盛は大交野荘を石清水八幡宮に寄進した。また範囲は不詳ながら、天野川右岸の生駒山系からその麓にかけての地域は三宅山と呼ばれ、それ以前より石清水八幡宮領であった。戦国期に至ると、この天野川流域の石清水八幡宮領は、合わせて「交野庄」あるいは「交野」と呼ばれることが多くなる。したがって、地名の交野については、この狭義と郡域をさす広義とがある。そのほか、枚方周辺は茨田郡ではあるものの、「交野散在《かたのさんざい》」とも言われるように、交野庄（あるいは交野郡）の延長で捉えられることもあった。

以上のように、戦国期段階の交野郡は、楠葉郷・牧郷・津田郷・交野庄で構成され、それに枚方周辺が付随するという様相を呈していた。そのうち、ここまで触れることのなかった牧郷と交野庄の展開をおさえたうえで、交野郡周辺が織田政権下に入ることでどのような変容を遂げたのかみてみよう。

私部郷の神人

交野郡内における石清水八幡宮神人の拠点は楠葉だけでなく、天野川流域にもあった。この地域の有力者も率先して石清水八幡宮の神人となっていたため、次第に石清水八幡宮領も拡大し、十五世紀には右岸の私部郷《きさべごう》が天野川流域における石清水八幡宮領の中心となる。

楠葉郷は石清水八幡宮の神人が中心となって運営しながらも、その支配に対して自立的な動きを示していたが、ここ私部郷もそれと極めて類似する性格を持つ。石清水八幡宮の造営に際しては、交野郡一円に様々な負担が課せられていたが、永正十五年（一五一八）にはその徴収に抵抗し、石清水八幡宮の使に狼藉《ろうぜき》を加えている。また郷内の光通寺は、応永十八年（一四一一）に室町将軍家の祈願寺に認定され、私部郷の顔ともいうべき存在となった。大永八年（一五二八）には光通寺の僧の悪行により、光通寺領は幕府に没収され、石清水八幡宮の善法寺に寄進されている。光通寺はその翌年には寺領の奪回運動を始め、その結果還付を果たした。祈願寺の存在や寺領をめぐる善法寺との争論などは、楠葉郷とまるで同じである。

　このように私部郷には楠葉郷と同じく自立性の高さがみてとれるが、その後の顛末を規定した決定的な相違点がある。それは、石清水八幡宮と若干距離を置いているということである。楠葉が八幡にあまりに近かったため、その自立的な動きは最終的に神人の南下、そして衰退という形に結果したが、私部は適度な距離を保っていたため、最後までこの地域の中心的な場として機能した。したがって神人たちが本願寺をも推戴するようになると、私部の住民は移動することなく、浄土真宗寺院を招き入れた。それがのちに北河内における浄土真宗の中心的な寺院となる無量光寺《むりょうこうじ》である。市役所が置かれるなど、私部が現在も交野市の中心的な機能を果たしている背景には、こうした歴史的経過があった。

写真 4-8　光通寺

写真 4-9　無量光寺

招提寺内町の建設と牧・交野一揆

楠葉の自治が崩壊してのち、伝宗寺領は鶴原分と名を変えて享禄三年（一五三〇）に幕府に収公されたが、実質的にそれを支配したのは河内守護方の有力家臣であった。まず最初に名のみえるのが、河内を中心に畿内において強大な権力を握っていた木沢長政である。当時、河内の守護畠山稙長《はたけやまたねなが》は守護代遊佐《ゆさ》長教《ながのり》と対立し紀州に追われていたが、両者は和睦し天文十一年（一五四二）三月に木沢長政を討つ。これによって、楠葉の支配は長教家臣の萱振賢継《かやふりかたつぐ》が継承することとなった。天文二十一年（一五五二）に萱振も安見宗房に暗殺されると、安見が代わって楠葉を支配した［「大舘記(七)」、一九八六年、六五頁］。彼ら楠葉の支配者は、北河内全体に影響力を持った人物でもあった。

木沢長政の討伐軍には、南山城の侍たちも合流したが、そのなかには河内への進出を目論む八幡出身の侍たちもいた。そのうちの一人、小篠兵庫助房純は、木沢討伐後の天文十一年（一五四二）八月頃に、守護畠山稙長と守護代遊佐長教に対して、招提寺内町《しょだいじないまち》建設の許可を申請

写真 4-10　招提寺内町

溜池に囲まれた丘陵先端に立地する。右に見える大きな屋根は敬応寺。

している。と同時に片岡五郎右衛門正久は、蓮如《れんにょ》の六男で本願寺宗主証如《しょうにょ》を後見する蓮淳《れんじゅん》にも働きかけ、本願寺方よりの許可も得た。こうして、小篠氏と片岡氏の協力体制のもと、招提寺内町は建設された。小篠氏は安見氏の家臣という顔も持っていたため、安見宗房がこの地域における実権を握ると、招提寺内町も最盛期を迎えたと考えられる。

招提寺内町は、この地域に展開した牧・交野一揆の中核であった。天文十五年（一五四六）に、淀川対岸の西岡《にしのおか》一揆が八幡から人質を取った際に、それを攻撃するため安見宗房は牧・交野一揆を軍事動員する。ここから牧・交野一揆は、一定の軍事力を持っていること、安見宗房と関係を持っていること、そして石清水八幡宮とも関係性があることを確認できる。八幡出身で安見宗房の家臣でもあった小篠房純は、この牧・交野一揆の中心的なメンバーであったと思われる。

牧・交野一揆の勢力圏は、牧郷と交野庄を合わせた範囲で、この地域が豊臣秀吉の支配下に入った天正十二年

写真4-11　上空からみた招提（昭和29年）

（一五八四）段階でも、表4－1のようにその枠組は概ね残されている。このうち、牧郷最大の集落である招提と交野庄最大の集落である私部が、いずれも自立的な集落であることから、牧・交野一揆はその二つの集落を核とした複合的な性格を持っていたと想像される。いずれも北河内の地域性を反映して、石清水八幡宮と本願寺に両属的であったことは、ここまでみてきた通りである。

また、牧郷の中心に招

表4-1　天正12年段階における交野郡内の領主

村名		知行	村高（石）	出米高（石）
交野庄	打上	金森五右衛門	254.5	54.171
	私部	蔵入（石田弥三正澄代官所）	1017.4	144.386
	森	長江庄左衛門	130	
		佐久間きく介	111	36.15
	春日	石田弥三正澄	200	20
		石田左吉三成	200	20
	燈油	石田喜平次	218	10.2
	茄子作	井上忠右衛門道勝	240	36
		安威伝右衛門源秀	222	33.3
牧郷	村野・釈尊寺	桑原甚左衛門	400	60
	山之上	有馬中書則頼	300	45
		尼子六郎左衛門尉	200	30
	片鉾·甲斐田·田口	木下勘解由利匡	813	342.592
	中宮	寺沢藤右衛門広正	400	60
		寺沢忠次郎広高	200	30
	西小倉（渚）	鉢屋	770	192.5
	東小倉（小倉）	〃	230	23
	招提	石川加介光重・石川長松一宗	800	237.335
	養父	平野右京長治	286.23	70.7
	一ノ宮（坂）	大田清三	180.1	74.184
	川島（上島·下島）	松右兵衛	127.7	25.54

出典：「河内国御給人之内より出米目録」（大阪府立中之島図書館蔵）

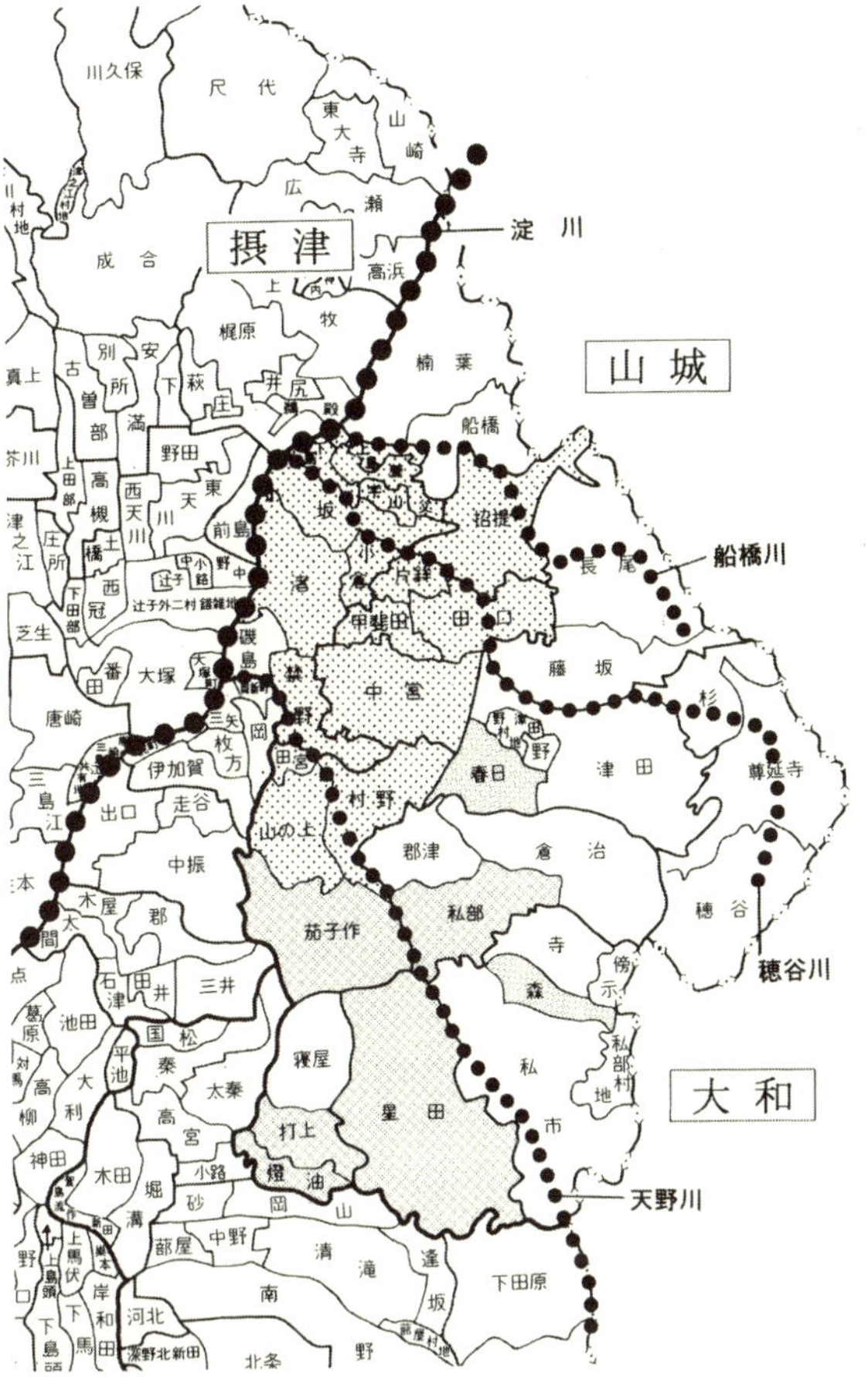

図 4-9　牧郷と交野庄

『大阪百年史』付図をベースとし、表 4-1 や拙稿「牧・交野一揆の解体と織田政権」(『史敏』通巻 6 号、2009 年) をもとに牧郷と交野庄を塗り分けた。

提寺内町が建設されたことは、この地域にとって極めて画期的なことであった。牧郷は、神聖な狩猟場とされた禁野に相当する地域であるため、淀川沿いに集落の展開がみられるものの、その内部にさして大きな集落が建設されることはなかった。近辺の主要な集落といえば、禁野の北端にあたる楠葉、南西端にあたる枚方、そして南東端にあたる私部といったように、いずれも禁野の縁辺部に形成されているのである。その意味で、牧・交野一揆もまた、戦国期に新たに作られた地域秩序であり、交野郡内陸部の発展の礎となるものであった。

織田政権下の交野郡

永禄十一年（一五六八）に足利義昭を擁して織田信長が上洛してくると、この地域の様相は一変する。当時、三好三人衆と対立していた三好義継《みよしよしつぐ》・松永久秀らはいち早く信長のもとを訪れ、恭順の意を示す。松永久秀の配下には、安見宗房の一族で北河内を地盤とした安見右近丞《うこんのじょう》がいたが、これによって右近丞は北河内における信長方の有力部将となる。もともと右近丞は星田にいたが、これを機に自立的な集落であった私部郷を直接的に掌握し、新たに私部城を築城する。ちなみに、安見氏の私部城築城をこれ以前に遡らせる見解もあるが、それは「安見系譜」という椿井文書に基づくものである。

右近丞は信長配下として順調に歩み始めたかにみえたが、元亀二年（一五七一）に松永久秀が信長を裏切ろうとしたため、それに従わなかった右近丞は奈良で松永勢に囲まれ切腹する。その勢いを駆って松永勢は私部城を攻撃するが、籠城する安見方は持ちこたえる。翌年、再び包囲されるが、ここでも持ちこたえ、信長からの援軍によって松永勢は撃退される。このように私部城は、北河内の戦史に残る名城である。

しばらくすると、信長方の津《つ》田《だ》重兼《しげかね》という人物が、新たに招提寺内町に入ってくる。重兼に関する史料は断片的にしか残されておらず、その素性は今ひとつ不明だが、織田政権中枢でしか知られていない情報に精通していたり、明智光秀とも関わりを持っていることなどから、右近丞とは異なり北河内の在地勢力ではない。彼が支配した範囲も今ひとつわからないが、推

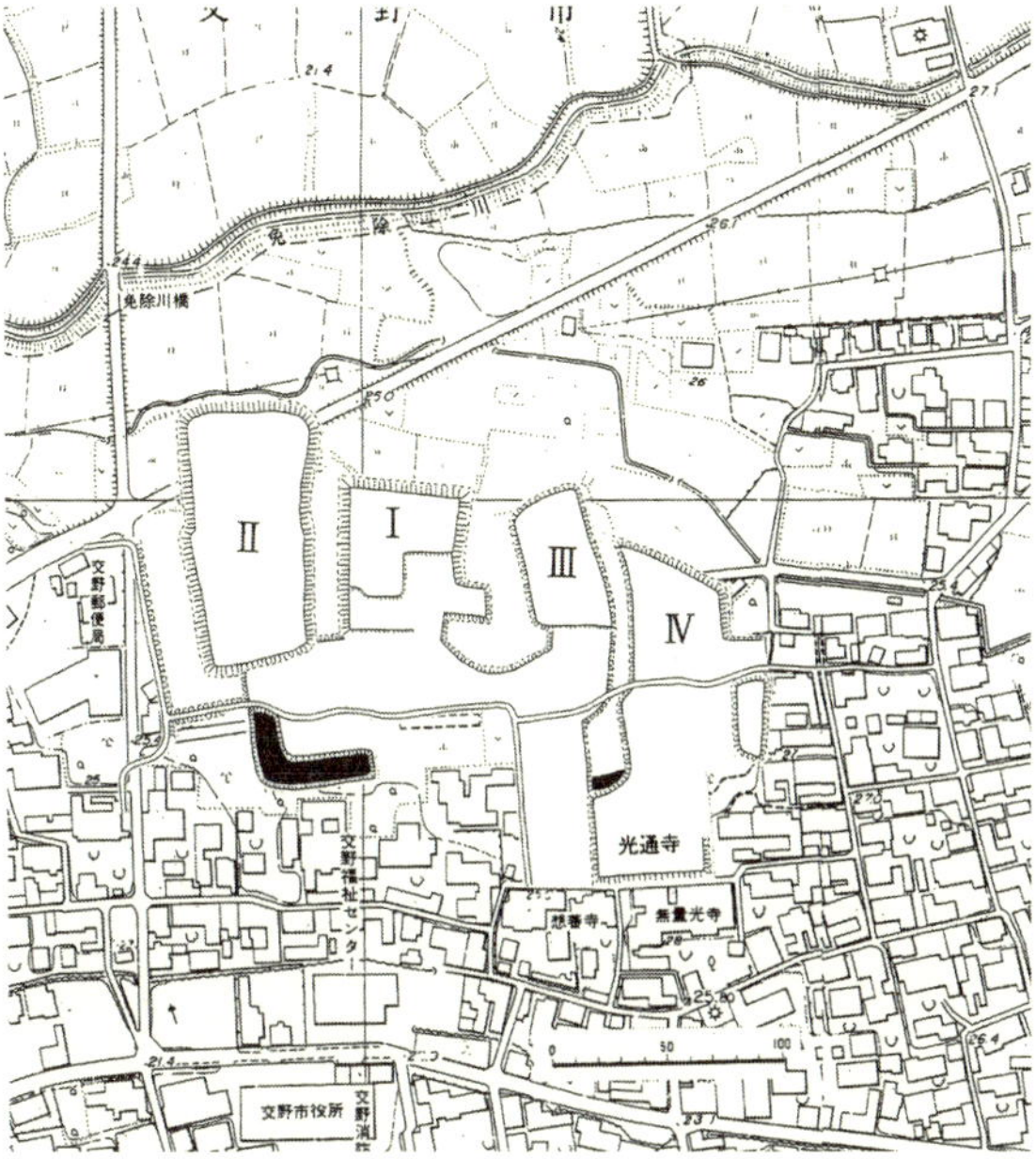

図4-10　私部城復元縄張図

測する手だては若干ある。

牧郷における禁野としての機能は早くに消滅していたが、朝廷への雉の献上が、戦国初期まで細々と続いているように、その伝統は薄れつつも朧気《おぼろげ》ながら残っていた。しかし、招提寺内町の建設に象徴されるように、戦国期の混乱でそれも完全に断絶してしまう。そこで信長は、朝廷復興策の一環として、天正三年（一五七五）に牧郷の一部を朝廷に献上する。とはいっても、それは生産力の低い淀川に浮かぶ河島（現在、枚方市上島町・牧野下島町）であった。この牧郷の淀川縁の支配者も津田重兼であることから、おそらく重兼の支配域は、牧郷一帯であったと思われる。

このように、安見右近丞と津田重兼は牧・交野一揆の範囲を支配し、それぞれ一揆の中核に拠点を置いた。これによって、一揆は解体へ向かったと考えられる。その意味で両者は、信長によって一揆に打たれた楔であったが、この地域の民衆が創り上げた新たな地域秩序は、そのまま維持された。

なお津田重兼は、津田村が津田城主を創り出すときにモデルとした人物である。津田城主の

写真 4-12　今も残る私部城の堀

存在が受け入れられたのは、山頂に遺構が存在したことにもあったが、かつて北河内に津田氏という有力領主がいたことまでは事実だったからでもあろう。これによって、重兼は津田城主にすり替えられ、重兼の存在そのものはかき消されてしまった。そのうえ重兼は、わずか数年しか北河内におらず、記録類もほとんど残されていない。本能寺の変を機に、早くもその支配に終止符が打たれるのである。

天正十年（一五八二）六月二日、明智光秀が本能寺にて織田信長を討つと、豊臣秀吉はすぐさま西国から上洛し、両者は山崎の天王山にて刃を交える。大和郡山城主の筒井順慶は、洞ヶ峠《ほらがとうげ》まで出陣するも、対岸の形勢をみたうえで去就を決めようとしたことから、「洞ヶ峠」は日和見の代名詞とされる。

しかし、史実は異なり、順慶は郡山に留まっていた。光秀は郡山に使者を送り、順慶の出陣を促していたが、順慶はすでに秀吉方につくことを決心していた。信長配下のうち、いち早く上洛してきたのが秀吉だったため、光秀は結果的に西国街道沿いの山崎に布陣するが、当初の戦略は京都盆地を守衛することにあったため、洞ヶ峠や河内方面にも出陣して、なかなか動かない順慶の軍勢を催促している。史実に従えば、さしずめ「洞ヶ峠」は、「痺れを切らす」といったところであろうか。

ただ、この軍勢催促は全く無意味に終わったわけではない。交野郡の領主津田・安見の両氏はそれ以前からの関係もあって、どうも光秀方についたようである。両者は光秀方の敗北によって逼塞《ひっそく》し、領主不在となった交野郡は合戦後いち早く秀吉に接収され、表4－1のように家臣たちに分配された。このように個々の村が個別に掌握されることで、戦国期独特の流動性はなくなり、北河内は秀吉が天下を取るうえでの重要な権力基盤となった。

河内における「神君伊賀越え」

本能寺の変によって、当時、堺見物に赴いていた徳川家康は一転窮地に陥る。そこから本拠の岡崎までの逃避行は、一般に「神君伊賀越え」と呼ばれる。その経路を記したものは、ほとんどが後世の編纂物で、家康を警護したという由緒を誇りにする伊賀・甲賀の者たちも多いため信用できない記述も多く、実際の経路については謎が多い。

それはともかく、伊賀・甲賀においては警護の者たちがいたこと自体は事実であろうから、家康にとっては、ごく少数の側近のみで、光秀方につく可能性の高い北河内を突破することが第一の課題であったに違いない。家康とともに堺にいた穴山梅雪《あなやまばいせつ》も、家康のあとを追って帰国の途につくが、一足遅れたため山城国綴喜《つづき》郡飯岡《いのおか》（現在、京田辺市飯岡）で土民に殺害されてしまう。このように、伊賀・甲賀と同じく、初日の行程も大きな危険を伴うものであった。しかし、従来の問題関心は伊賀・甲賀に集中しており、河内国内については、まともに検討されたことがない。したがって、現在のところ堺から東へ向かい、生駒山系と平行する東高野《ひがしこうや》街道か、あるいはその脇街道の山根街道を北上し、津田から田辺街道（現在、国道三〇七号線）を山城へ抜けるという、当時のごく一般的な旅路を通ったとされることが多い。

家康が通った経路について、最も信頼性の高い史料とされる「石川忠総留書《いしかわただふさとめがき》」によると、本能寺の変の翌日である六月三日、未だ変を知らない家康は上洛するつもりで堺を出発する。京都と河内を結ぶ主要街道である東高野街道を北上しはじめるところまでは、当時の一般的な旅路である。その行路、飯盛山《いいもりやま》（現在、大阪府四條畷市）付近にさしかかったところで、本多忠勝と茶屋四郎次郎が家康のもとへ駆けつけ、変の事実を伝える。

この瞬間に、次の二つの可能性が家康の頭の中をよぎったはずである。一つは、のちに光秀が陣を置いたように、東高野街道と男山山系が交差する洞ヶ峠は、京都防衛上の軍事拠点であるため、すでに光秀方の手に渡っているという可能性である。そしてもう一つは、北河内や大和を本拠とする光秀と親しい領主が、すでに光秀方になびいている可能性である。よって、敵地の真っ直中となっているかもしれない東高野街道を、北へ突き進んだとする通説には再検討を要す。

「石川忠総留書」は、六月三日に家康が通過した地点として「堺、平野、阿部（阿倍野）、山ノねキ、ホタニ（穂谷）、尊念（延）寺、草地（内）、宇治田原」を挙げ、同日は宇治田原の山口玄蕃《やまぐちげんば》のところで宿を取ったとする。改めて経路を整理すると、堺を出発後、平野・阿倍野を経由し「山ノねキ」に出た。これは生駒山系の山麓を南北に走る東高野街道に出たことを意味するのであろう。ここから北上する途上、飯盛山付近で変の報告を受けると、交野郡内の穂谷と尊延寺を経由して綴喜郡の草内に出た。

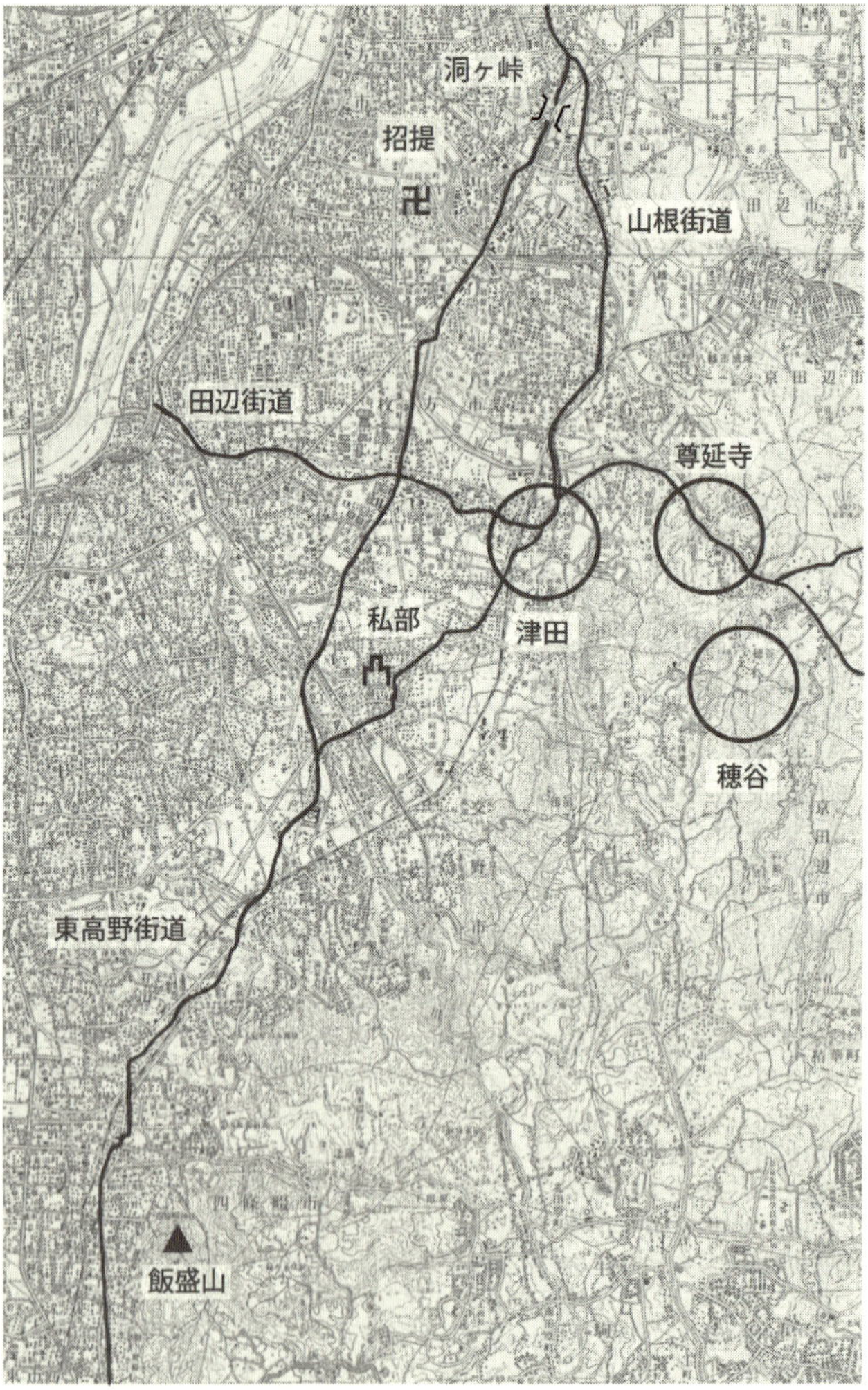

図 4-11　北河内の街道

ここで注目されるのは、田辺街道からそれる穂谷を通っていることである。通説のように、津田から木津川沿いの草内を目指して東へ進もうものならば、尊延寺だけを通過して山城国境を越えるので、穂谷を通ることはない。穂谷のような小村の名が失念されることはあっても、誤って挿入されることはなかろうから、穂谷を通過したことは間違いあるまい。ここは素直に、穂谷から尊延寺の順で通過したと理解すべきであろう。つまり、生駒山麓を進む家康一行は、どこからかは不明なものの山中に入り、尾根伝いに穂谷へ出て、さらに尊延寺まで抜けたのである。

家康にとっての課題は、洞ヶ峠近辺を避けつつ、光秀方勢力圏となっている可能性のある大和と北河内の隙間を無事に通過することにあった。そう考えると、津田郷内の穂谷・尊延寺という山中を通るコースをとったのは至極妥当なことである。現代的な感覚では、山に登る分、遠回りのように思えるが、生駒山中はかつて山岳修験の宿坊が点在し、戦国時代には大和・山城・河内を往来する軍勢や公家なども頻繁に通るところであった。

史料的な質は落ちるが、『武徳編年集成』によると、津田郷には信長の恩恵を受けた土豪が数多くいるので、彼らのうちから案内者を呼び出し、その案内に従って穂谷・尊延寺を通ったという。家康が一般的な旅路ではなく山中を通ったことから、この記述はにわかに信憑性を帯びてくる。安見氏や津田氏が津田郷に支配を及ぼした形跡はみられないことから、織田政権下の津田郷では、戦国期以来の土豪たちによる一揆的な支配が残されていたとしてよいのではなかろうか。このように家康の行路は、当時の交野郡情勢を紐解く恰好の素材ともなるのである。

余談だが、穴山梅雪はひどい痔であったことが、薬を所望した彼自身の書状から知られる［柴辻・黒田・丸島、二〇〇六年、三七頁］。おそらく、乗馬もままならなかったのであろう。たかがこれくらいのことが、生死を分ける世の中であった。

コラム
神風連の乱で散った寺内町創始者の末裔

招提寺内町は、近江の有力国人の子弟である片岡正久と河端綱久が、天文十年（一五四一）頃に発起し建設したとされてきた〔枚方市史編纂委員会、一九七二年、五三八頁〕。その説は、明和八年（一七七一）に河端了栄《りょうえい》によって記された、「招提寺内興起後聞記并年寄分由緒実録」という史料に拠るものである。しかし、事実はそれと異なり、第2章第3節で述べたように、八幡の侍衆である小篠《おざさ》氏と片岡氏の協力体制のもと招提寺内町は建設された。

小篠亀之允《かめのじょう》・次大夫《じだゆう》父子は、戦国時代の終焉とともに招提を去り、豊臣政権期には豊前小倉城主の毛利吉成に仕えている。その後、毛利吉成が関ヶ原の合戦で西軍につき没落すると、新たに豊前に入部した細川忠興に仕官した。このころ小篠次大夫は、忠興の命に従い小倉と京都の間をしばしば往復していた。その度ごとに、祖父の代以来、家ぐるみで付き合いを持っていた招提村の片岡正次に書状を送り、招提村に立ち寄りたいがその暇がないことを歎いている。

寛永九年（一六三二）、細川家が熊本へ移封となり、次大夫も没すると、小篠家と片岡家のやりとりは全く途絶えたてしまう。その後十八世紀に入ると、片岡家と河端家の両家が車の両輪となって招提村の運営にあたっていた。河端了栄はその状況下で、自らの家とかつての小篠家の姿を重ねあわせて、「招提寺内興起後聞記并年寄分由緒実録」を記したのであった。

　このようにして、小篠家は招提の歴史から抹殺されてしまったが、細川藩士としては健在のまま幕末を迎えている。そして、悲劇は明治九年（一八七六）におこる。明治政府が発した廃刀令に反対し、熊本鎮台の司令官や熊本県令を襲撃した士族の反乱、すなわち神風連《しんぷうれん》の乱である。この決起メンバーの中に、小篠一三・山田彦七郎・小篠清四郎・小篠源三の四兄弟がいた。乱はすぐさま鎮圧され、いずれも自刃することとなる。長兄の一三でも二九歳、末弟の源三はわずか一八歳の若さであった。

　生まれ育った寺内町と決別し、武士としての道を選んだ小篠氏。その末裔も士族としての誇りを持って散っていったのは運命の悪戯であろうか。われわれが住むこの地域の基礎を創った小篠家の活躍と悲劇を忘れてはなるまい。

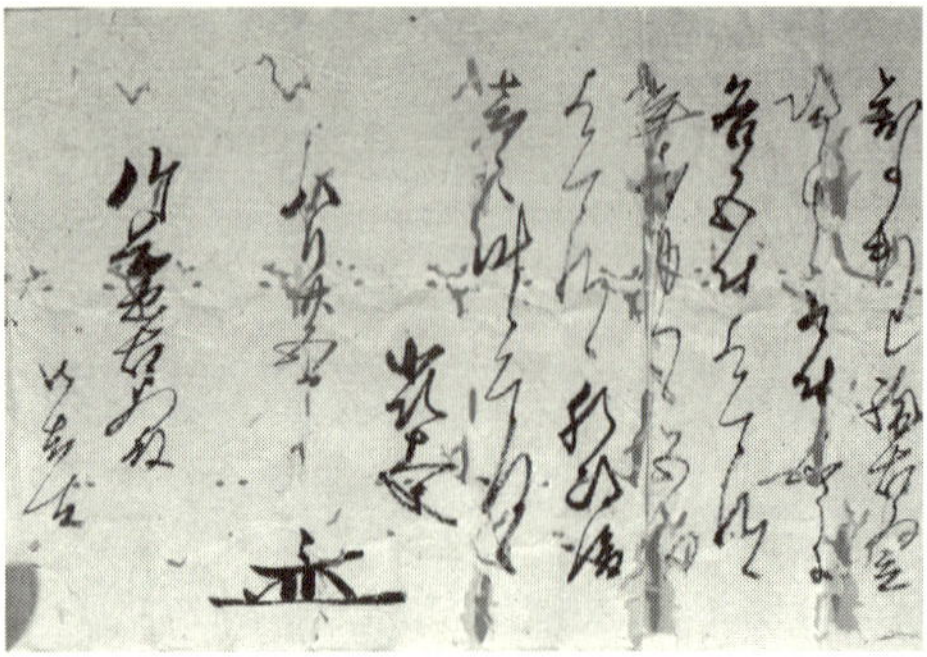

図 4-12　片岡正次に宛てた小篠次大夫の書状

第5章　町のくらし——宿場町枚方の発展

1　枚方の原風景

『名所図会』のなかの枚方

これまでの各章で述べてきたように、枚方には長い歴史があり、名所・旧跡も数多く残されている。われわれが「枚方」と聞いてまず思い浮かべる風景は、『河内名所図会』に描かれた枚方宿の賑やかな様子や、『淀川両岸一覧』に描かれた三十石船やくらわんか船であることが多い。

これらの地誌類からは、京街道や淀川といった地理的条件に恵まれた「宿場町枚方」の風情を十分に堪能することができるが、それらに収録されている風景は大抵が江戸時代の様子を描いたものである。江戸時代に『名所図会』をはじめとする、多くの出版物が刊行されたおかげで、われわれは当時の生活や風俗を容易に知ることができ、こうした書物が江戸時代を身近に感じるのに一役買っていることも確かである。

では、『河内名所図会』に描かれた枚方の風景について具体的に見ていこう。同書に取り上げられた名所は、茨田《まった》郡域では蹉跎《さだ》山天満宮や光善寺、枚方宿など計二五カ所、交野《かたの》郡域では百済《くだら》神社や山田池など計四五カ所となっており、いずれもがわれわれにとって馴染み深い名所ばかりである(現枚方市域は江戸時代、茨田郡と交野郡にまたがっていた)。

挿絵としては、茨田郡では蹉跎山天満宮・出口光善寺・枚方万年寺・枚方宿が、交野郡では天野川・渚院・片埜《かたの》神社・藤坂王仁《わに》墓がそれぞれ取り上げられている。枚方宿の場面では、当時から有名な旅籠《はたご》であった鍵屋であろうか、座敷で三味線・太鼓にあわせて女性が踊りを披露し、それを楽しげに見ている男性が描かれている(図

図 5-1 『河内名所図会』に見る枚方宿の様子

５－１)。また、天野川の場面では岡新町を通る参勤交代の様子（一七五頁、図５－８）が、渚院の場面では『伊勢物語』を題材に惟喬《これたか》親王が交野原で狩りをしている様子（図５－２）が、それぞれ描かれている。このように『河内名所図会』に取り上げられた名所の数は旧河内国に位置する諸都市のなかでも群を抜いて多く、枚方が江戸時代から名所の多い、由緒ある〝まち〟であったことがわかる。

大坂代官竹垣直道の日記

こうした枚方の風景は多くの人の心に残ったようで、江戸時代の村役人や旅人の日記のなかに枚方の名所がしばしば登場する。近年の研究では大坂代官の日記のなか

図 5-2　惟喬親王遊猟の図

にも、枚方に関する記述が多く存在することが明らかとなった〔藪田、二〇〇七〜〇九年〕。

大坂代官とは、大坂市中の谷町と鈴木町に役所を置き、摂津・河内・和泉・播磨に点在する幕府領約一五万石の年貢収納をおこなうのが主な職務であった。年貢収納のほかにも、村々へ触《ふれ》を伝達したり、風紀の矯正や犯罪人の逮捕・吟味など、警察・裁判に関する事柄も扱った。日記を認《したた》めた竹垣三右衛門直道は天保十一年（一八四〇）、大和国五条代官から大坂谷町代官へ転任し、弘化五年（嘉永元年、一八四八）までの九年間を大坂で過ごした。大坂代官はその職務に伴って主な幕府領をしばしば巡検したことから、彼の日記には職務に関わる記述にまじって、巡検地付近の名所が数多く登場する。たとえば、天保十三年五月八日の記事には「（枚方）宿内山上ニ花あり。（高槻）大塚町船中ニ而及見候間尋候処、長松山万年寺と申寺院境内ニある花のよしニ付、登山。花を看る。山桜二樹ありて何《いずれ》も満開美看々、寺僧ニ乞て一枝を得る」（傍点引用者）とあり、いまを盛りと咲く万年寺の桜にいたく感動し、桜の枝を持って帰るほどであった。竹垣が見たであろう万年寺の風景は『河内名所図会』にも描かれている。現在、万年寺の境内地跡は意賀美《おがみ》神社となっているが、毎年、江戸時代とかわらず美しい桜の花を見ることができ、われわれの目を楽しませてくれる。

また、弘化二年一月十二日には、「渚村江罷越候砌《みぎり》、同村御殿山と唱候処江罷越出見。居村ゟ南之方小高山ニ而平坦之場所眺望佳。山頭に小松多く、右小松被為盗取候。此地を惟鷹（喬）親王花烟ト土人云伝ふ」とある。御殿山からの景色はすばらしく、さらにこの地が惟喬親王ゆかりの地であることを書き留めている。弘化四年四月には楠葉村から淀川べりを巡検したが、その折にも「天気新晴山水の眺望甚だ佳也」と述べていることから、竹垣にとって枚方は巡検地の中でもとくに気に入った場所の一つであったようである。

竹垣を感嘆させた枚方の美しい風景は、外国人の目にも鮮やかに映ったようで、江戸へと向かう長崎出島のオランダ商館関係者や朝鮮通信使、琉球使節なども枚方を通るなかで、その風情を書き留めている。なかでも、オランダ商館付の医師であったシーボルトは「枚方の環境は非常に美しく、淀川の流域は私に祖国（ドイツ）のマインの谷を思い出させるところが多い」と、枚方の美しさを賞賛した。

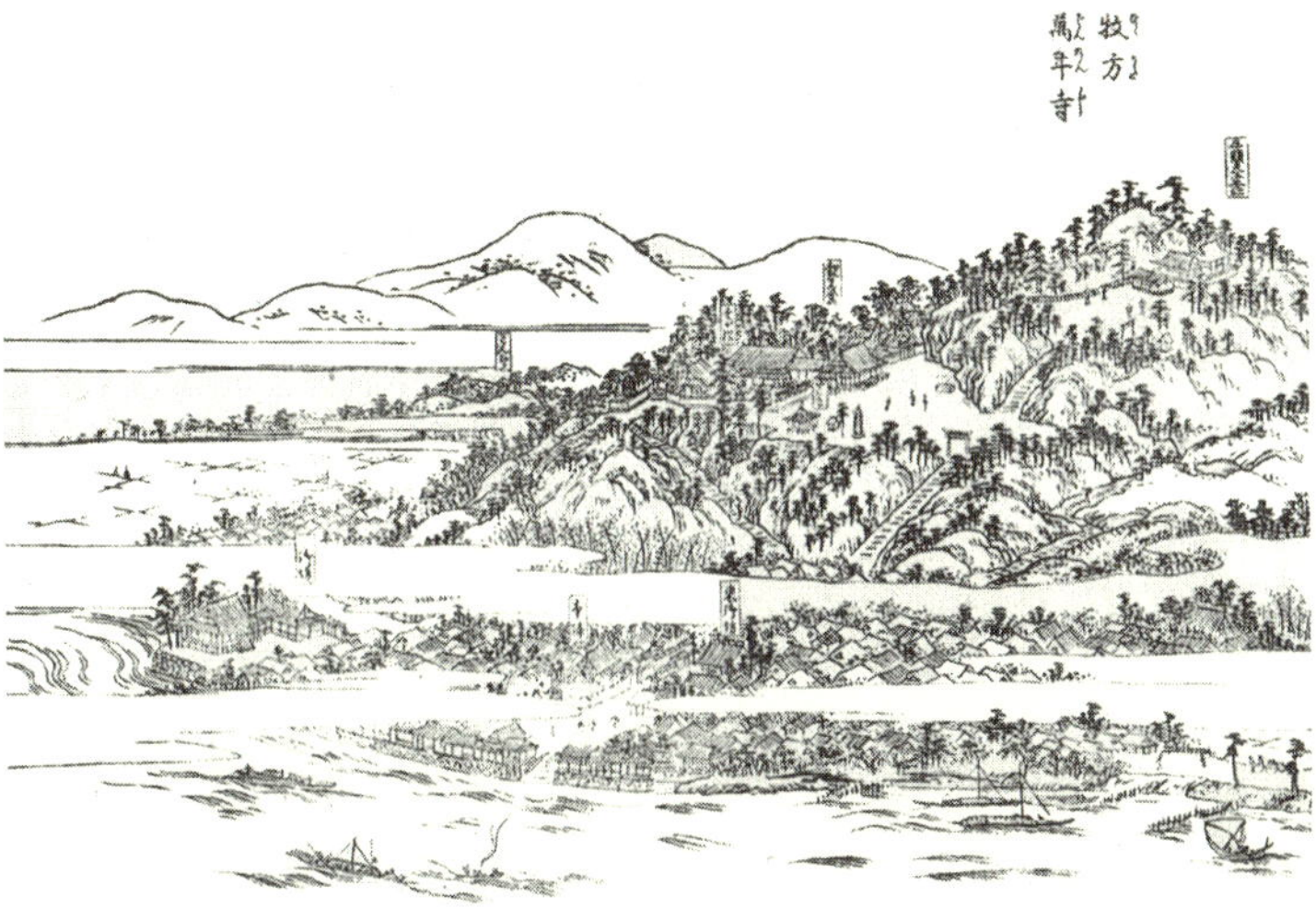

図 5-3 『河内名所図会』に見る万年寺の様子

2　枚方宿の成立と発展

枚方宿の運営

現在の枚方は、江戸時代に整備された枚方宿がその基礎となっていると言っても過言ではない。豊臣秀吉が整備した京街道は、枚方が発展する端緒となったが、枚方が宿駅としてその確固たる地位を築いたのは、江戸時代に入ってからである。枚方宿の成立年代は明らかではないものの、寛永十年（一六三三）にはすでに伝馬一〇〇疋《ひき》・人足一〇〇人の負担を義務付けられていることから、このころには成立していたと考えられる。枚方宿は京街道沿いの岡新町・岡・三矢・泥町の四カ村によって構成されており、天保十四年（一八四三）の「宿明細帳」によれば、その規模は宿内町並東西一三町一七間（約一四四八メートル）、家数三七八軒、人口一五四九人となっている。宿内の施設としては、天皇や将軍、公家、大名が宿泊・休憩するための施設である本陣が一軒、脇本陣が二軒、一般の人々が宿泊する旅籠が六九軒、幕府の公用文書を扱う人馬問屋場が二カ所となっている。

また、宿には宿役人と呼ばれる宿駅事務に従事する者がおり、その構成は問屋二人、年寄四人、人馬方四人、馬差下役二人、人足下役二人であった。問屋とは人馬輸送・宿泊に関する宿の業務全般に携わる者で、宿の役人として最も重要な役目を担っていた。年寄は問屋を補佐する役目であり、馬差下役・人足下役は人馬の割り当てをおこなった。

このように宿駅としての施設や人員は幕府の規定に従って整えられたが、実際の運営はかなり厳しいものであった。幕末ではあるが、安政五年（一八五八）の宿財政を見てみると、問屋給・年寄給といった宿役人の給料や宿馬の飼料代などの支出が三〇貫目（銀一貫目は一〇〇〇匁）にも上るのに対し、収入は人馬役負担者から徴収した「人馬役銭」に幕府からの助成銀を加えても一八貫目にしかならず、足りない銀子は他所から借用することで補填された。

また、宿内で飼育しなければならない伝馬の費用も決して少額ではなかった。飼料である大豆の代金一六二匁《もんめ》［金貨（両）・銀貨（匁）・銭貨（文）については、章末の補註を参照］を筆頭に、全体で六五二匁を必要としたのに対し、駄賃稼ぎは一〇〇匁ほどにしかならず、毎年五〇〇匁以上の赤字を出した。さらに、枚方宿では一〇〇疋の伝馬が義務付けられていたが、宿内には三八疋しかおらず、残りは茨田・讃良《ささら》・交野といった北河内各郡の村々から雇い入れなくてはならなかった。

このような状況に陥ったのは、枚方宿が「片宿」であったことに起因している。「片宿」とは上りと下りの交通量が均等ではないことを示した言葉であり、京都から大坂への交通は淀川の舟運によって大部分が担われていたことから、これが宿馬の駄賃稼ぎを大きく制限した。こうした経営状況をうけて、宿では幕府に対し、たびたび人馬賃銭の値上げを要求し、幕府もそれに応えるかのように二割から三割五分増しを実施したが、東海道の五三宿ではすでに五割増しが常態化していたことに比べると低水準であり、枚方宿に五割増しが認められるのは幕末の安政五年十二月になってからであった［枚方市史編纂委員会、一九七七年］。

枚方宿に暮らす人々

宿場町に設定された地域は当時の区分から言えば基本的に〝村〟であったが、当然のことながら町的要素を多く含んでいた。たとえば、元文二年（一七三七）の「岡新町村明細帳」には薬種屋・畳屋・酒屋・古手屋（古着・古物を売買する店）・染物屋・味噌塩醤油麹売・材木屋・晒《さらし》屋・鍋釜請売・肥やし売・足袋屋が列記され、総戸数のうち約四〇％がこうした諸営業に携わっていた。このうち旅籠屋・水茶屋が三分の一を占め、十八世紀後半から十九世紀半ばまでの半世紀の間に、枚方宿の旅籠屋は約三〇軒から約七〇軒へと倍増した。当時の賑わいは『河内名所図会』「枚方駅」の挿絵や、「三十石船唄」の「ここはどこよと船頭衆に問えば　ここは枚方鍵屋浦　ここは枚方鍵屋の浦よ　綱も碇も手につかぬ　鍵屋浦には碇が要らぬ　三味や太鼓で船止める」という一節からもうかがえる。こうした枚方宿の隆盛は旅籠屋や商家への奉公をはじめとする多くの雇用を生み出し、宿周辺に位置する村々を巻き込む形で町場化していった。

枚方宿における町屋の構造は、江戸時代初期には間口二間×奥行二～三間（一間は約一・八メートル）の建物が多かったが、江戸時代後期になると文禄堤に盛土をするなどの改良が加えられ、屋敷の奥行が四～七間の建物も造られるようになった〔枚方市教育委員会、一九八九年〕。こうした町屋に住む人々は、瀬戸・美濃（現在、愛知県および岐阜県）で作られた陶器や伊万里（現在、佐賀県）で作られた磁器に加え、中国や朝鮮から輸入された陶磁器を使って生活していたようで、枚方宿の遺跡からはこれらの陶磁器が数多く出土している。出土した陶磁器の中には日用雑器にまじって、香壺・鬢《びん》水入れといった化粧道具や天目《てんもく》茶碗をはじめとする茶道具などの嗜好品も出土していることから、こうした趣味を享受できる富裕層が存在していたと考えられる［下村、一九九四年：赤松、二〇〇六年］。

このように高価な陶磁器が出土する一方で、「茶碗屋」跡と思われる遺跡からは「蛇ノ目釉剥皿」という極めて庶民的な皿が大量に出土している。このことから、この茶碗屋には比較的安価な陶磁器類が売れ筋商品として店頭に多く置かれていたと思われ、こうした商品を購入する小商人や荷駄運びの者なども宿内に居住していたと推測できる［下村、二〇〇一年］。

宿の発展と飯盛女

また、宿の特徴として男女の人数に不均衡が認められる。三矢村では十八世紀後半から幕末期を通じて、女性の人口が男性に比べて一・二〜一・六倍も多く、宿での雑務に従事する女性の存在が数字に表れている。こうした数字には「飯盛女《めしもりおんな》」も含まれていた。飯盛女とは各宿で旅行者に給仕をする旅籠屋の下女奉公人のことを指すが、実際には旅人を相手にする遊女であることが多かった。枚方宿は「片宿」であったことから旅籠屋の利益は少なく、それを補填するために多くの飯盛女を抱えたことから、枚方宿は大坂近郊の農民・在郷商人の遊興地としての側面を持つことになった。

飯盛女の正確な人数を把握することは難しいが、寛政十二年（一八〇〇）には飯盛女一二〇人・下女六二人、天保十四年（一八四三）にはそれぞれ七八人・九七人であったと記録されている。約半世紀の間に飯盛女の数は減少しているものの、下女を含めた全体数にさほど変化はない。年齢層としては一八〜二〇歳の者が最も多く、この年齢層が全体の約半数を占めるが、なかには一二歳の少女もいた。彼女らは給金先借による年季奉公であったが、その期間は一〇年近くにも達し、非常に長いものであった。当然、年季が明けるまでに死亡する者もいたが、判明する死亡例のうち、奉公してから数カ月〜二年というのが目に付く。このことは、彼女らの労働がいかに過酷なものであったかを示している〔福山・山口、一九七五年：中島、二〇〇三年〕。

こうした飯盛女に頼る枚方宿の発展は、近隣村々との軋轢《あつれき》を生んだ。近隣村々は「飯盛女によって村の風紀が乱れる」との理由から数度にわたり、大坂町奉行所に厳しい規制を求めた。とくに寛政十二年と文化二年（一八〇五）の訴状には、摂河両国の一〇〇カ村以上が名を連ねた。事態の沈静化を目指した枚方宿では、「請書」を提出して打開策を模索したが、事態はそう簡単には収まらなかった。では、その様子を関西学院大学図書館所蔵の「申合一札之事」（門真三番村野口家文書）から見てみよう。

文政十二年（一八二九）八月には「守口宿・枚方宿売女致増長候ニ付、村々差支ニ相成候故右両宿売女差止」を求めて訴訟を起こそうしたが、多額の費用を要したことから、摂河村々で申し合わせを定め、摂津国東成・西成・嶋下郡の八カ村と河内国讃良・茨田郡の一〇カ村が署名した。この時の約定は大きく二つの項目から成り立っており、一つには領主に取り締まりの詳細を報告すること、二つには申し合わせを取り交わした村々の中から遊女屋へ遊びに行った者がいた場合は、その者の名前を調べて村方へ報告し、そのときの人足賃五〇〇文を支払うことが明記された。

さらに、天保十三年（一八四二）五月には京都代官小堀氏宛に願書が出され、改めて約定が取り交わされた。この時の約定は前回に比べその内容がより具体的で、「飯盛女と唱売女ニ若キもの共心得違ニ而通し合、先祖ゟ持伝候田畑も売却、家名退転ニおよひ候もの出来候」と、飯盛女との遊興が村の若者にどのような悪影響があるかが示された。この一文からは、枚方宿の飯盛女が村人や村そのものの成り立ちを阻害しているとの現状認識を、庄屋や年寄たちが持っていたことがわかる。

こうした規制はたびたび作成されたが、その効力は薄かったものと思われる。それは飯盛女の数に大きな変化がないことによって明らかであるが、枚方宿が「片宿」という宿命を背負っていたことを考えれば、彼女らの存在なしに枚方宿が繁栄することは不可能であったともいえる。

枚方宿と助郷村

「助郷」とは宿場に定置された人馬を補充するため、宿場近隣の農民を動員して人馬継立の役務を負担させることをいう。この課役を負担する村々を「助郷村」と呼び、枚方宿では万治三年（一六六〇）八月に、枚方・伊加賀・走谷・中振・出口の五カ村が設定されたのがその始まりであった。当初は臨時的なものであったらしく、さきの五カ村からも日常の継立には出役していなかったようであるが、参勤交代の制度化や流通網の発達によって交通量が増加すると、人馬継立の需要も高まっていった。そこで元禄七年（一六九四）二月、助郷村の改正がおこなわれ、茨田郡九カ村、交野郡一八カ村、讃良郡一カ村の合計二八カ村（具体的な村名とその位置は図5－4参照）と当初の三倍（助郷高では五倍）にまで増加した。

その後、享保十年（一七二五）十一月に全国的な助郷村の改正が実施されたが、枚方宿助郷村には変化はなかった。しかし、幕末になると政治の舞台が京都・大坂へと移ったこともあり、将軍をはじめ諸大名の上洛や長州征伐などの影響から「加助郷」を幕府に求めることになった。慶応元年（一八六五）には長州征伐に関わって輸送量が増加したため、中河内や南河内の合計八二カ村が「当分助郷」として設定された。しかし、南河内の村々から出役することは事実上不可能であったことから、代銀納によって賄われた。さらに出役が農繁期にかかるような場合、助郷村々の農業労働力を大量に奪うことにつながったことから、農村の疲弊が憂慮された。

図 5-4　助郷村の分布

●は万治 3 年以来の助郷村

◆は元禄 7 年に追加された助郷村

『市立枚方宿鍵屋資料館展示案内』より転載。

こうした助郷村の実情について見てみると、中振村では村財政全体に占める助郷関連の支出は、江戸時代を通じてほぼ一〇％台であったが、幕末期には六〇％を超えた。なかでも文久三年（一八六三）には二二七両もの出費があり、これは村財政の約七〇％にあたることから、助郷に関する支出がいかに過重なものであったかがわかる〔枚方市史編纂委員会、一九七七年〕。また、幕末に枚方宿の助郷村として設定された錦部《にしごり》郡彼方《おちかた》村（現在、富田林市）では、慶応二年（一八六六）四〜五月における助郷費用が一六二貫八〇〇匁（人足にして六八〇〇人分）にも上った。こうした過重な負担に対し南河内の助郷村々では、人足差出を命ずる廻状への請印を拒否したり、助郷業務そのものを放棄するような村まで現れることになり、枚方宿の人馬継立に大きな支障を来たす事態を招いた〔富田林市史編集委員会、一九九八年〕。

3　枚方地域の交通

枚方市域を通る街道

枚方は古来より交通の要衝であり、物流が盛んになる江戸時代に入ってからは一層重要視された。枚方市域を通る江戸時代の主な街道は図5－5に示したが、最も有名なのは京街道である。京街道は豊臣秀吉によって築かれた淀川の堤防（文禄堤）の上を通る街道として整備されたが、この街道は経済の中心地大坂と、秀吉の隠居所であるとともに淀川舟運の発着点として政治的・経済的拠点であった伏見、そして文化の中心地である京都、これら三都市を最短距離で結ぶという役割を担っており、秀吉の死後も江戸時代を通じて最も重要な街道の一つに数えられた。

現枚方市域における京街道のルートは、町楠葉から樋之上を経て上島・阪を通り、片埜神社一の鳥居前を過ぎて三栗《めぐり》・磯島から鵲橋《かささぎばし》を通り、岡本町や三矢町といった、かつての枚方宿内を通る。里程を示す一里塚は、上島の船橋川左岸と禁野の天野川右岸、出口の松ヶ鼻、これら三カ所にあったと言われている。

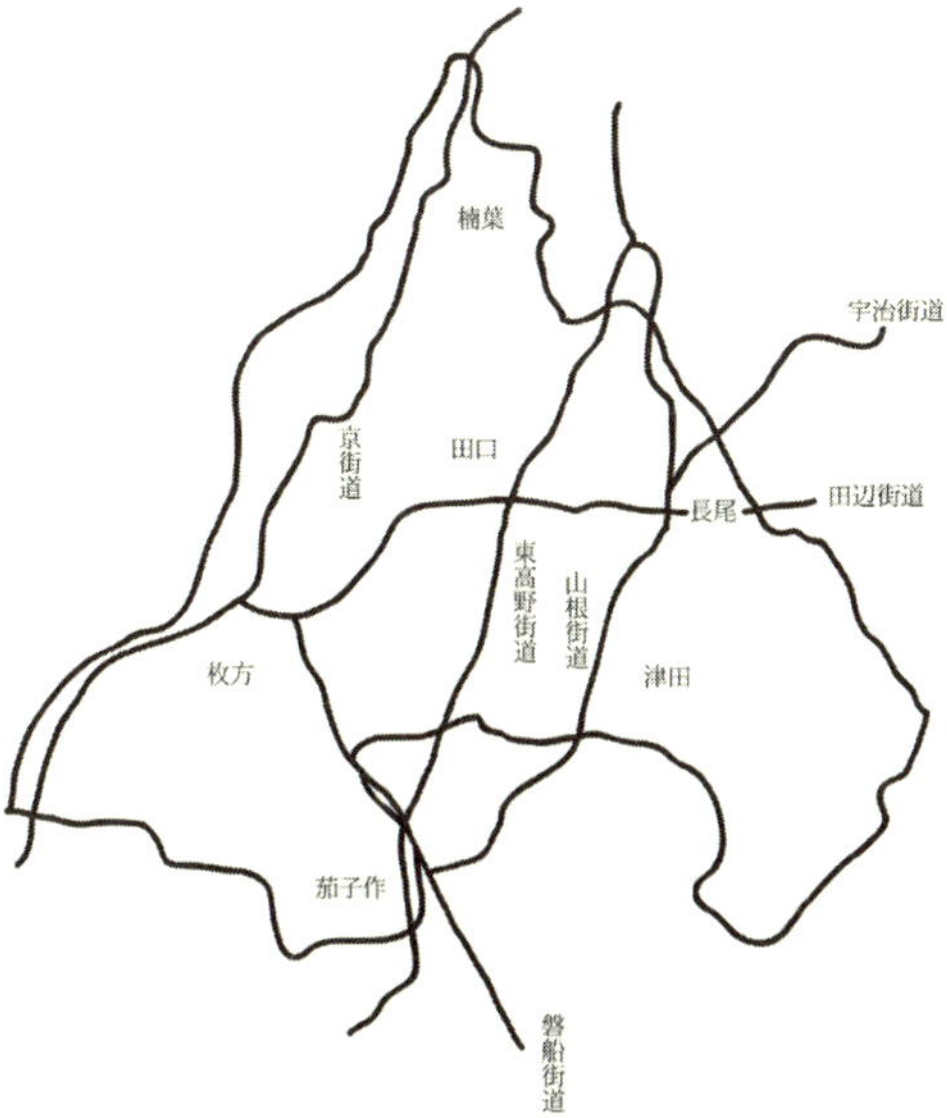

図5-5　江戸時代の主な街道

枚方市域には京街道のほかにも

多くの街道が通っており、ここではそのルートを概観しておこう［寺嶋、一九五一年：枚方風土記編集委員会、一九八七年：中島、二〇〇〇年］。磐船《いわふね》街道は岡本町にある「宗左の辻」で京街道から分かれ、天野川沿いを進み、釈尊寺の東方で東高野街道と交差して、私市《きさいち》（現在、交野市）から磐船神社を越えて田原（現在、奈良県生駒市）で清滝街道と接続する。

東高野街道は洞ヶ峠《ほらがとうげ》を越えて枚方市域に入り、出屋敷・四辻を経て郡津《こうづ》（現在、交野市）に入り、天野川を渡って茄子作《なすつくり》を通り、生駒山麓・金剛山麓を南進して堺からきた西高野街道と河内長野で交わり、高野街道として高野山へと続く。この街道は高野山参詣の隆盛に伴って整備されたもので、街道沿いの出屋敷や茄子作には弘法大師が錫杖《しゃくじょう》で探し当てたという井戸が残るなど、高野聖《こうやひじり》によって伝えられた弘法大師ゆかりの逸話が多く残されているのも特徴である。また、街道沿いのバス停には「高野道」という名前が付けられており、往時の名残をとどめている。

山根街道は東高野街道から分離し、長尾・藤坂・津田といった枚方市域東部の村々を通って倉治・私部《きさべ》（現在、交野市）を経て、再び東高野街道とつながる道であり、東部の村々にとっては重要な街道であった。

このほかにも、伊加賀で京街道から分離し中振・郡《こおり》・高宮を経て八尾へと続く河内街道や、津田から杉・尊延寺を経て田辺（現在、京都府京田辺市）へと続く田辺街道、長尾から荒坂峠を越える宇治街道など、市域を縦横に街道が通っており、このことからも枚方が交通上・物流上の拠点であったことがわかる。

淀川の舟運

枚方の西側を流れる淀川はたびたび洪水を引き起こし、大きな被害をもたらす一方で、淀川舟運の発展により枚方地域は多くの恩恵を受けてきた。『淀川両岸一覧』に描かれている枚方近辺の様子は、淀川舟運が盛んであったことの一端をよく表している。このなかで描かれている船の多くは「過書《かしょ》船」といわれる船である。「過書」とは中世、淀川に設けられた関所を通る際に関銭免除であることを証明するための関所手形のことで、その手形を持つ特権的な川船のことを「過書船」と呼んだ。過書船は中世以来淀川で活躍していた淀船と新規に認められた二十石船から構成されており、淀船は四〇～六〇石積みの船を中心に、元禄十三年（一七〇〇）には六二一艘を数えた。また、元禄十二年には荒廃していた伏見の町の振興策として伏

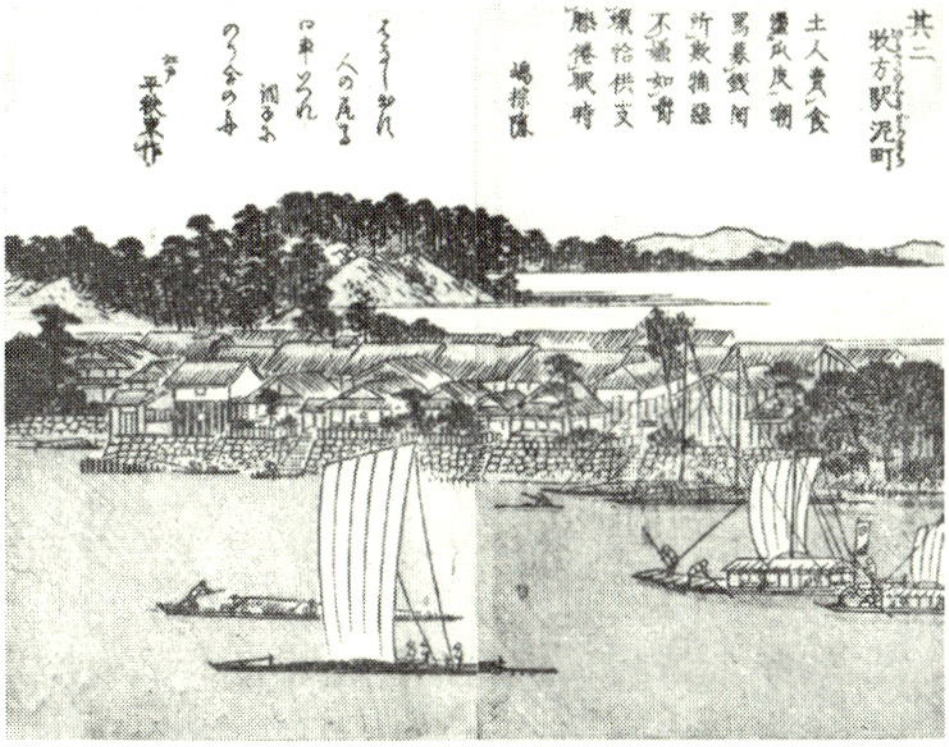

図5-6　『淀川両岸一覧』に見る枚方近辺の様子

見船二〇〇艘が認められた。

これらの船の主な積荷は米穀・塩・魚・青物・薪・炭・材木などであったが、最も親しまれたのが旅客船として就航していた「三十石船」である。三十石船の大きさは、長さ三丈七尺～五丈（約一一～一五メートル）、幅六～七尺（約一・八～二メートル）の二八人乗りで、屋根がないため苫《とま》（菅《すげ》や茅《かや》をあらく編んで敷物のようにしたもの）をかけて雨露をしのいだ。三十石船は伏見と大坂八軒家河岸（天満橋と天神橋の中間にあった船着場）とを、下りは半日、上りは一日を要して行き来し、とくに夜船は寝ている間に大坂に着くという利便性がうけて、武士や商人、農民など身分を問わず多くの人が利用した。幕末には坂本龍馬や桂小五郎といった志士たちも利用したと言われている。

船中の様子は歌川（安藤）広重の錦絵（図5－7）や『都名所図会』に描かれており、それらを見ると酒を呑む者や食事をとる者、談笑する者、寝ている者、子どもに乳を与える母親などが描かれている。こうした船中での悲喜こもごもを題材に講談や落語などの大衆文芸が数多く創作され、なかでも十返舎一九《じっぺんしゃいっく》の『東海道中膝栗毛《とうかいどうちゅうひざくりげ》』や、六代目笑福亭松鶴の十八番であった上方落語「三十石夢の通い路」は当代随一の傑作とされた。

三十石船の運賃（伏見－大坂間）は江戸時代初期の元和四年（一六一八）には一七文であったが、江戸時代中期の安永年間（一七七二～八一）には上りが一七二文、下りが七二文となり、幕末の慶応年間（一八六五～六八）にはそれぞれ、四四八文と二一六文にまで高騰した［日野、一九六四・一九七五年」。

枚方名物くらわんか船

三十石船をはじめ、淀川を行き来する船に飲食物を売る船を茶船と呼んだが、なかでも枚方近辺で活動する船のことを「くらわんか船」と呼んだ。一見奇妙に思えるこの名前には由緒があって、大坂夏の陣に際し真田幸村の軍勢に追われた徳川家康（一説には秀忠とも言われる）を一人の漁師が助けた功により、幕府から恩賞として茶船の独占営業と、「餅くらわんか、酒くらわんか」と河内弁丸出しで不躾に売りつける手法を許されたという。この逸話は後世の作であるようだが、こうした由緒を作成するところに当時の封建社会をしたたかに、且つたくましく生きていこうとする人々の意思が垣間見えて面白い。

図 5-7　三十石船とくらわんか船

いまでは枚方名物となっているくらわんか船は、実は枚方発祥のものではない。もとは対岸の柱本（現在、高槻市）で発生したものであったが、寛永十二年（一六三五）ごろ、天野川の洪水に際し、公用飛脚の渡河に便宜を図ったことから枚方茶船の営業が正式に認められ、次第にその数を増やしていった。その後、枚方茶船は活動拠点である枚方が宿場町で船の発着地であるという地理的有利さから、本家である柱本茶船の営業を脅かすことになり、両者の間でたびたび争論が繰り返された。幕府は柱本茶船の権益を擁護するため、枚方茶船に対し宝永七年（一七一〇）以降、火を使った料理の販売を禁止し、餅と新香（漬物）の販売のみに限定した。さらに正徳六年（一七一六）五月にはこんにゃく・牛蒡・小芋の煮しめ以外の販売を禁止したが、枚方茶船はそれに抵抗し、享保七年（一七二二）からは再び火を使って調理したものを販売することで勢力の拡大を目指した。

枚方・柱本両茶船の争いは幕末まで続いたが、次第にくらわんか船は枚方名物として有名になっていった。さきに挙げた広重の錦絵に加え、『河内名所図会』や『淀川両岸一覧』、『五畿内産物図会』といった地誌類にも、枚方宿から小さな舟で三十石船に漕ぎ着け、船内の客に酒・飯・牛蒡汁・餅を売りつける様子から、「是を俗にくらわんか船といふ、当川條の一奇なり」（『淀川両岸一覧』傍点引用者）と、わざわざその名前を特記されるまでになった。

また悪口雑言を憚《はばか》らず商売をする様子は、旅の途中で枚方を通る人々の興味を惹《ひ》いたようで、数々の紀行文にくらわんか船が登場する。『南総里見八犬伝』で有名な曲亭馬琴《きょくていばきん》は『羈旅《きりょ》漫録《まんろく》』のなかで、「枚方の河中にて酒食をうる船は、餅食はんか、酒くらはんかと云ふ。然れども今は大に罵らず。此辺すべて言語尤も野鄙《やひ》なり」と言い、江戸時代初期の公家で歌人でもあった烏丸光広《からすまるみつひろ》も「伏見より夜舟に乗る云々。夜中過ぐるほどに、食はんか食はんかと呼ぶ舟あり」と記している。

『東海道中膝栗毛』に見るくらわんか船

こうした様子は紀行文のみでなく、庶民生活における滑稽《こっけい》ぶりをまとめた滑稽本といわれるジャンルの作品にも取り上げられた。そのなかで、くらわんか船の様子を最も臨場感豊かに描いているのが「やじさん・きたさん」で有名な十返舎一九の『東海道中膝栗毛』である。これにも「ひらかたといへる所ちかくなりたると見へ、商ひ船、こゝにこぎよせ〳〵　あきん人「めしくらはんかい。酒のまんかい。サア〳〵みなおきくされ。よふふ（臥）さるやつらじゃな」ト此ふねにつけて、ゑんりよなくとまひきひろげ、わめきたつる。このあきなひぶねは、ものいひがさつにいふを、めいぶつとすること、人のしる所なり」とあり、枚方名物として紹介されている。

『膝栗毛』にはさらに、三十石船の乗客とくらわんか船とのやりとりが記されているので、その一節を見てみよう。

のり合「コリヤ飯もてうせい。ゑい（良い）さけがあるかい」
北　八「いかさま、はらがへつた。爰《ここ》へもめしをたのみます」
あきん人「われもめしくふか。ソレくらへ。そつちやのわろはどうじやいやい、ひもじそふな頬《つら》してけつかるが、銭ないかい」
弥　次「イヤ、このべらぼうめら、何をふざきやァがる」
のり合「この汁は、もむ（味）ないかはり、ねからぬるふていかんわい」
あきん人「ぬるかァ水まはしてくらひおれ」
のり合「何ぬかすぞい。そして、此芋も牛房《ごぼう》（牛蒡）もくさつてけつかる」
あきん人「そのはづじや。ゑい所はみなうち（家）で焚いてくてしもふたわい」

『膝栗毛』は「やじさん・きたさん」をはじめ、登場人物の掛け合いがひとつの特徴であるが、ここに挙げたくらわんか船とのやりとりも活き活きとして、小気味よいリズムで会話が続いている。まさに落語か漫才でも聞いているようで、三十石船の乗客が言う「苦情」に対し、くらわんか船の商人が悪気もなく悪態をつく様子には腹立たしさよりもむしろ、滑稽さを感じる。現にくらわんか船の悪態に対し、真剣に怒ることは無粋とされた。

このほかに、くらわんか船商人の風貌を事細かに記した作品もある。享和二年（一八〇二）

に菱屋平七（別名吉田重房）が記した『筑紫紀行』には、「物うる男は艫綱《ともづな》をこなたの船に打かけて、徳利茶碗やうの物持来て、さあくらへとてさし出すを、見るに額禿《はげ》て髪そゝけ鬢《びん》の下より腮《あぎと》へむけて白毛まじりの髭生しげり、いろはいと黒きが大なる眼見ひらきて、いとも〳〵醜くむくつけき男なり」とあり、〝口の悪さ〟に加え、〝顔の悪さ〟が強調され、乱暴な商人であるかのように描かれている。

紀行文や滑稽本が描くような会話が実際におこなわれていたかどうかは判然としないが、こうしたやりとりが一種のパフォーマンスとしておこなわれており、大きな宣伝効果を生み出したことは間違いない。くらわんか船の売り声がパフォーマンスであったとしても、旅人にとっては旅情の一コマとして強烈に印象付けられ、それがまた、文芸作品のなかにしばしば登場することで、くらわんか船が枚方名物として認知されるようになっていったといえるだろう。

補註　幕府は慶長十四年（一六〇九）に金一両＝銀五〇匁＝銭四〇〇〇文と定め、元禄十三年（一七〇〇）には金一両＝銀六〇匁＝銭四〇〇〇文に改定したが、実際は相場により変動した。江戸時代の一両や一文を現在の貨幣価値に換算することは難しく、諸説あるが、一つの目安として米価を基準に考え、金一両＝一〇万円、銀一匁＝二〇〇〇円、銭一文＝二五円とするとわかりやすい。ただし、これも時期によって異なる。

コラム
京街道・枚方宿と徳川家

「すべての道はローマに通ず」という言葉もあるように、道路は国家によるインフラ整備の代表格にあげられる。徳川家康も例に漏れず、江戸幕府を開くといち早く五街道を整備した。江戸と京都を結ぶ東海道はその筆頭にあげられる。

東海道とは、文字通り京都から東国へ向かう海沿いの街道である。ところが元和年間（一六一五〜一六二四）になると、京都ー大坂間の京街道（大坂街道）も東海道に指定される。京都の南西へ向かうにもかかわらず東海道とされるこの矛盾は、なぜ生まれたのであろうか。

江戸時代初期は未だ豊臣秀吉の遺児秀頼が大坂城にあって、摂津・河内・和泉を支配していた。しかし、元和元年（一六一五）の大坂夏の陣で豊臣氏が滅びると、京街道はいち早く東海道の延長に指定される。それとほぼ同時に、枚方も人馬を継ぎ立てる宿場町に指定された。枚方は、大坂城攻めの際に徳川方の兵站《へいたん》基地として重要な位置を占めたことから、この一連の動きは、いわば幕府による大坂の占領政策だったと理解できる。

つまり、語義の矛盾は幕府の一方的な政策に起因するものであり、京都や大坂へ向かう道を東海道と呼ぶことには何ら意味がなかったため、この地域の人たちは幕府に提出する書類を除くと、東海道の呼称を用いなかった。もしかしたら、屈辱的な占領政策に対する、せめてもの抵抗だったのかもしれない。

　このように、「葵の御紋」の力は必ずしも万能ではなく、江戸時代の民衆は意味もなくただそれに従っているわけではなかった。徳川家と枚方宿の関係でいえば、御三家の一つ紀州藩の参勤交代における天野川架橋問題がもう一つの例としてあげられよう。天野川は枚方宿北端を流れる淀川の支流で、紀州藩はここを渡る際、枚方宿の人々に仮の橋を架けさせることが多かった。こうした一見無駄な負担を毎年のように課していたことか

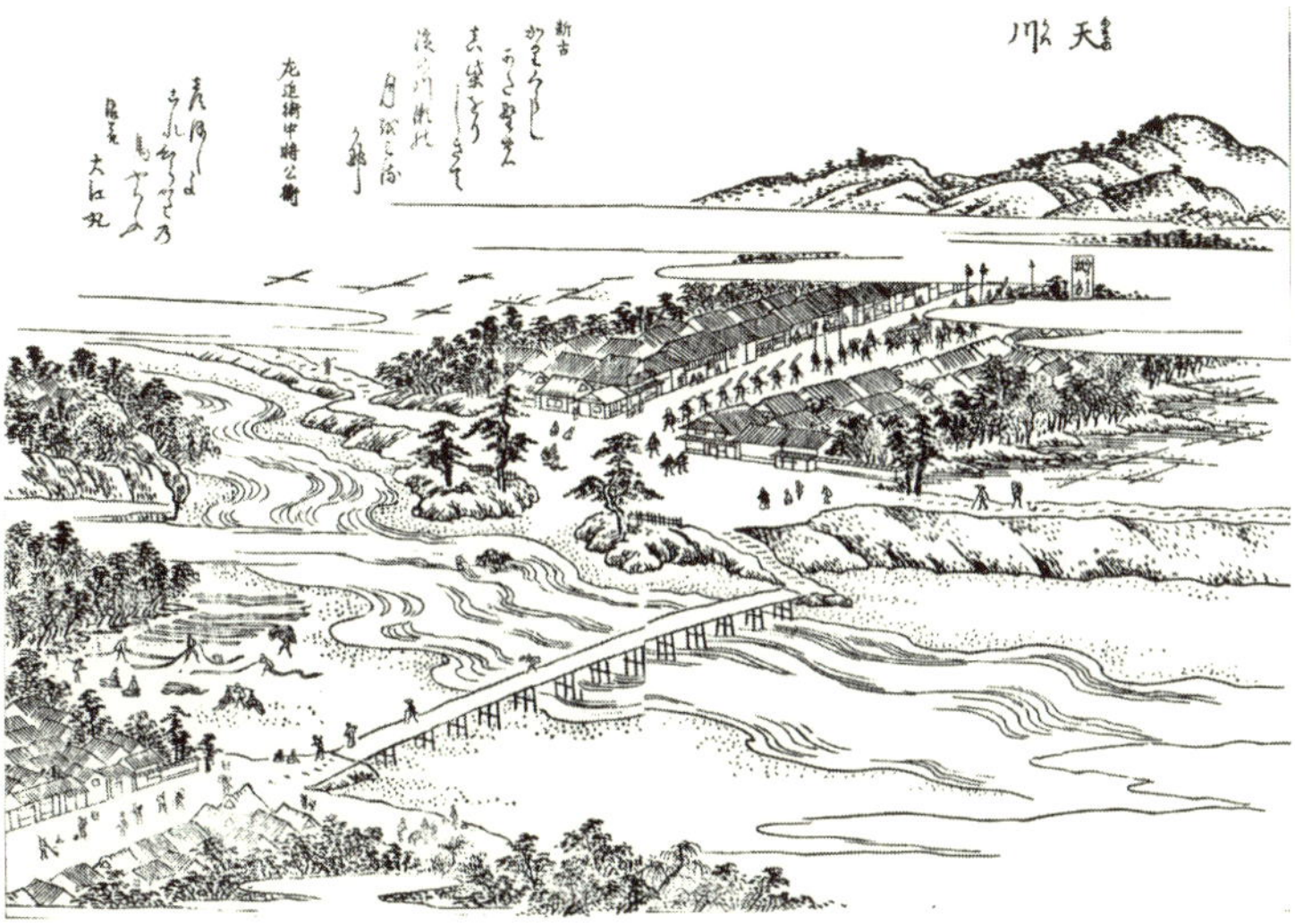

図 5-8　天野川の仮橋を渡る紀州藩の大名行列（河内名所図会）

ら、これぞ紀州藩の「御威光」だとする説がある。

しかし事実は異なる。十八世紀になると、山林の乱開発によって大量の土砂が淀川に流れ込み、川底が上昇するという問題が起こる。天野川はもともと干上がっていたので特に架橋の必要はなかったが、こうした環境の変化によって下流部分に水が滞留するようになるため、ある段階から仮橋が必要となってきた。しかし、それも水量の少ない冬場に限られる。なぜなら、夏場には淀川から逆流する水で橋が流されてしまうからである。川の様子は時期や年によって異なるため、紀州藩通行前には必ず状況をチェックした上で、必要とあらば一時的に撤去している仮橋を架けていた。これが天野川仮橋架橋の実態である。枚方宿の人々は紀州藩の意味のない命令に従うほど、お人好しではなかった。

第6章　村のくらし

1　村の成り立ち

複雑な所領配置

江戸幕府が成立し、大坂夏の陣で豊臣氏が滅んでからは徳川将軍家による全国支配が急速に整備されていった。豊臣氏や豊臣恩顧《おんこ》の大名が有していた領地は幕府に収公され、新たに幕府領・大名領・旗本領・公家領に分割された。その結果、枚方市域も村ごとに領主が異なる入り組み支配となり、それは当時から「碁石を打交候様」と比喩《ひゆ》された。

枚方市域における所領の変遷については図6－1・6－2に示したが、市域の所領構成を河内国全体で位置づけたとき、非常に特徴あるものとなっている。枚方市域は茨田《まった》・交野《かたの》両郡からなっているが、両郡における幕府領・旗本領の割合は高く、河内国全体のそれぞれ二八・六％と二〇％を占めている。二番目に割合の高い中河内の若江郡や南河内の錦部《にしごり》郡が一三～一六％であることを考えると、その高さは注目に値する。

さらに、表6－1は北河内三郡における領主別の所領構成（村高の合計）を示したものである。これによると、淀川沿いの茨田郡では幕府領の割合が高く、枚方市域では楠葉・伊加賀・中振・出口をはじめ、枚方宿の四カ村（岡新町・岡・三矢・泥町）が幕府領であり、ときには大坂城代の役知となることもあった。また、幕末には村野・宇山・中宮各村と養父・招提両村の一部が、新たに設置された京都守護職の役知となっており、所領の変化からも幕末の世情を見て取れる。

一方、交野郡の茄子作《なすつくり》・山之上・田宮・渚・小倉の各村は江戸時代を通じて小田原藩領であり、大名領として比較的まとまった所領を構成していた。旗本領では市域東部の長尾・藤坂・

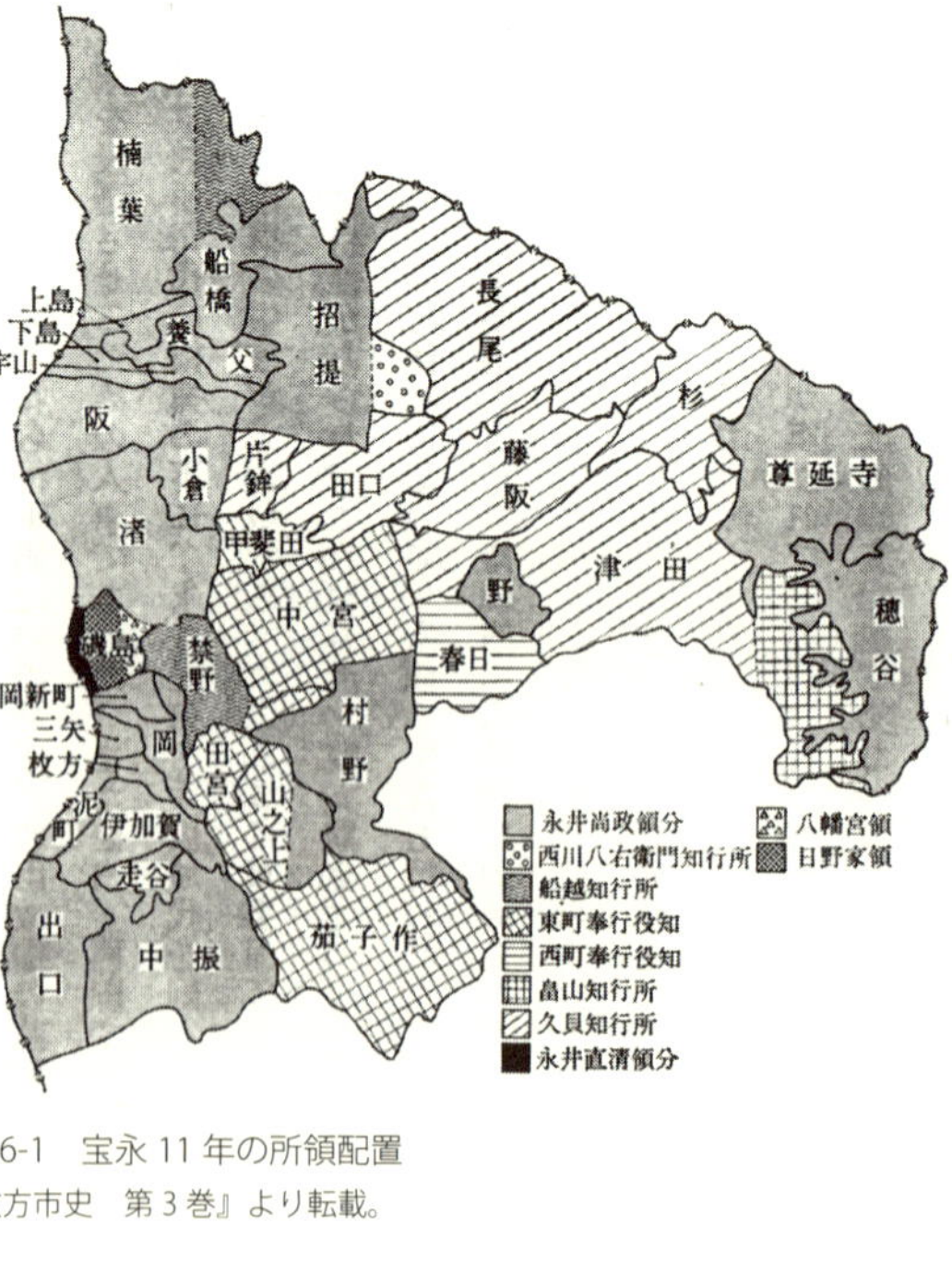

図6-1　宝永11年の所領配置
『枚方市史　第3巻』より転載。

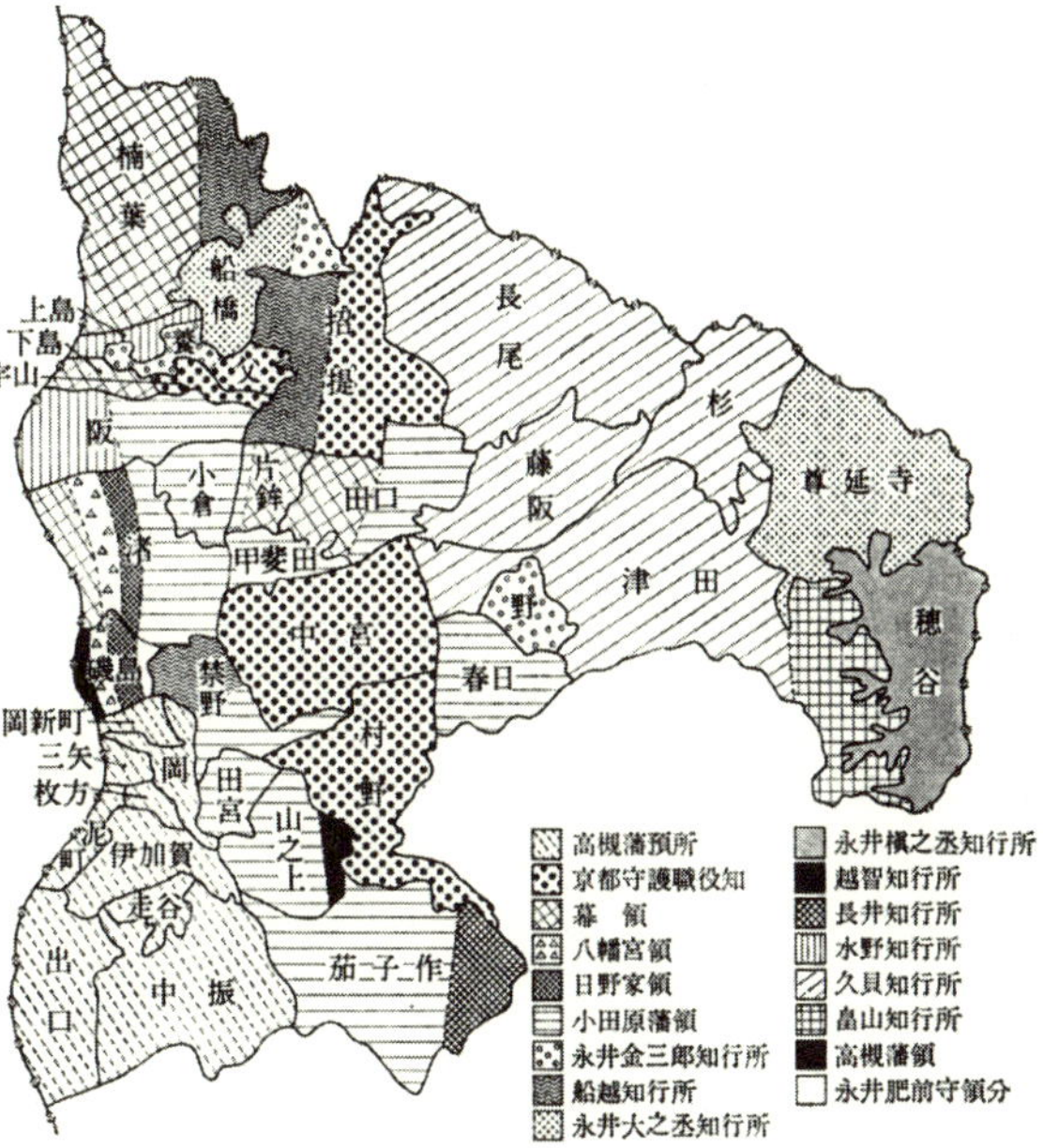

図 6-2　幕末期の所領配置

『枚方市史　第 3 巻』より転載。

（単位：%）

	幕府領	大名領	旗本領	寺社領	合計
交野郡	10.7	54.9	33.1	1.3	100
讃良郡	32.6	43.6	21.8	2.0	100
茨田郡	76.2	10.5	13.3	—	100

表 6-1　北河内三郡における所領構成

『旧高旧領取調帳』をもとに『角川日本地名大辞典』などで補足して作成。

杉・津田・田口・片鉾の各村が久貝《くがい》氏の領地であり、その拠点として長尾に陣屋が置かれた［枚方市史編纂委員会、一九九七年］。

村の成長

江戸時代は三都をはじめ、各地の城下町が政治・経済・文化の中心地として存在する一方で、全国には六万三五〇〇にも上る村が存在し、江戸時代はまさに「村の時代」であった。全国の村は平均すると、村高四〇〇～五〇〇石［石は容積の単位。詳しくは章末の補註を参照］・戸数一〇〇戸・人口四〇〇人となるが、実際には大小まちまちであり、その多様性が地域ごとに異なる文化を生む背景となった。枚方市域では江戸時代前半に三七カ村を数え、現在でも地域の小字などにその名前を残している。

ではここで、村の成立過程を見ていこう。多くの村が中世以来の系譜を引いているのに対し、江戸時代になって新たに開墾された村＝「新田村」は耕地・用水・耕作人のすべてにおいてゼロから出発した村であり、当時の村の成り立ちを見るのには恰好の素材である。枚方市域では福岡村（のちの長尾村）がそれにあたり、しかも「村の記録」「村のアルバム」とも言うべき、開発の記録がまとめられているので、それをもとに「村の成長」を見ていこう。

開発の端緒は寛永二十年（一六四三）、大坂東町奉行を務めていた久貝正俊が津田村の八田広という土地の開墾を命じたことが始まりである。もともとこの地は開墾されていたが、検地されていない隠田《おんでん》が一三五石あり、そのうち五二石が当初の村高となった。正俊は藤坂村の村人にさらなる開墾を命じたが、村人たちはこれを受け入れず、結局、大坂・京都・枚方から集められた一三人が開墾に従事することになった。

その後、村が成長するに伴って必要な設備も次々と整えられていった。たとえば、農業に欠かせないため池は正保二年（一六四五）からつくられ、最終的には一〇カ所を数えた。宝永年間（一七〇四～一一）には街道の整備も進められ、高野街道や招提街道、枚方街道が村内を通るようになる。また、村人の精神的支柱となる宗教施設として、寺や神社もつくられた。慶安二年（一六四九）には久貝家の菩提寺である正俊寺《しょうしゅんじ》が、承応二年（一六五三）には浄土寺（寛文元年に称念寺と改称）がそれぞれ建立された。慶安三年には氏神として天神社（現在の菅原神社）が勧請され、

図6-3　長尾村絵図に見える神社とため池
寺嶋嘉一郎氏所蔵。

村としての体裁を整えていった。

そして、貞享三年（一六八六）には福岡村から長尾村へと改名し、村高二四八石・家数二〇九軒・人口九八三人を数える、枚方市域でも有数の村に成長した。長尾村のみならず、村がその形を整えるには先人の並々ならぬ苦労があったに違いない。そうした苦労を考えながら、現在われわれが住んでいる地域を再度、見直してみることも必要だろう。

庄屋と百姓

領主にとって村は年貢賦課の基準であったため、検地がおこなわれ、村の土地基本台帳である検地帳が作成された。一方で村は自治が認められており、庄屋・年寄・百姓代といった村役人によって村政は担われていた。領主のなかには、庄屋の上に数カ村を取りまとめて支配する大庄屋を置いたり、さらには在地の事情に通じた庄屋を家臣（武士）として登用するものもいた。枚方市域においては、摂津・河内・大和で六五〇〇石（河内国では交野郡内に一五〇〇石）を知行する旗本船越氏の在地代官であった楠葉村の中井家がそれにあたる。江戸時代の農民は決して固定された身分ではなく、武士と農民の間に位置するような者たちが存在し、実際には彼らが領主支配を担っていたのである。

村役人の中でとくに庄屋は、村で生活する一般農民を管理・監督することが大きな役目であり、具体的な職務としては、年貢の取り立てや戸籍事務、諸願書の作成、争論の仲裁などがあった。また、村内で年貢の不足分があれば庄屋が立て替えることもあり、江戸時代初期には中世以来の有力農民が庄屋になることが多かった。庄屋は村を代表する一方で、領主支配の最末端であるという両面を持ち合わせており、年貢の支払命令書である「年貢免状」やその領収書である「皆済目録」に、「庄屋・百姓中」と書かれているのは、庄屋が一般の百姓とは異なる立場の存在であったことを示している。

庄屋のこうした二面性や庄屋が有力な農民から選ばれるという慣例は、一般農民が村政に参加できないという状況を創り出し、その不満から庄屋に対する批判が噴出するようになる。そして、その批判は村役人の排斥や村人による庄屋選挙制の導入といった要求として広がっていくことが多く、これを村方騒動と呼んでいる。枚方市域でも多くの村方騒動を確認できるが、ここでは経過が明らかな二つの事例について見ておこう。

村野村の村方騒動

元文五年（一七四〇）五月、村野村の庄屋甚左衛門が突然、庄屋を辞めたいと言い出した。村人は甚左衛門がこれまで一生懸命働いてくれていたので、このまま庄屋を続けるように説得するが、甚左衛門は頑として聞き入れなかった。甚左衛門がそれほどまでに固辞したのは、①

お触れを申し伝えるための寄合に遅刻したり、仮病を使って出てこない村人がいる、②神事において座配を定めているにもかかわらず、それを守らない者がいる、③養子を取った際には庄屋・年寄に知らせて宗門帳に記載することになっているにもかかわらず、それを知らせず、宗門帳に未登録の者がいる、④村方困窮に備え、頼母子《たのもし》講を作ったが、掛金がもったいないからやめた方がいいと言う者がいる、という理由からであった。村のことを第一に考え、これまでいろいろ尽力してきたにもかかわらず、このような仕打ちを受けることは納得がいかず、出訴しようかとも思ったが、そうすると争論が大きくなるので、その前に自分が庄屋を辞めるのが得策だと考えたと言う。

これを聞いた大津代官は甚左衛門と村人との仲裁に入り、村人全員が「庄屋・年寄に迷惑を掛けないこと」「徒党・公事沙汰・喧嘩・口論をしないこと」を誓うことを条件に、甚左衛門は再度、庄屋を引き受けることになった。

しかし、一〇年後の寛延三年（一七五〇）六月には同じメンバーによって、再び争論が引き起こされている。争論の内容もまったく同じであり、このときも村人全員による詫び状が庄屋甚左衛門に渡された。この事例は、庄屋に従わない百姓（文書の中では「悪敷《あしき》百姓」と呼ばれている）、すなわち経済的にも政治的にも成長した百姓が、旧来の規範に従わなくなっていることを示している。

養父村の村方騒動

養父村では文化七年（一八一〇）に騒動が起きている。庄屋作兵衛が倅《せがれ》作之丞に家督とともに庄屋役を譲ろうとした際、村人三人がそれに異を唱えた。彼らの言い分は、①自分たちが所持している隣村宇山村の土地の年貢を多く取ったのに作兵衛は返却しない、②水路となった土地の補償をしてくれない、③年貢勘定には村人が立ち会うことが決まりであるのに手紙で済ませている、というものであった。招提村庄屋半右衛門が両者の仲裁に入り、問題点の改善を約束したが、三人は庄屋役の世襲については断固として反対した。一方、訴えられた作兵衛はそれぞれの点について反論をおこない、とくに③については、これを主張した唯七の父親が庄屋役を務めていたときの書類が引き継がれておらず、唯七が庄屋役への復帰を狙っていると述べた。

この事例では、作兵衛・唯七ともに自らの家が庄屋にふさわしいと考え、「庄屋役の世襲」へ反発をみせている。また、庄屋役を務めるにあたっては、村政に関わる書類を引き継いでいることが重要な条件であったことがわかる。こうした動きの中から、有力農民が数年ごとに庄屋役を交代する輪番制や庄屋を投票によって選ぶ選挙制が生まれ、「開かれた村政」が実現することになる。

2　農業の発展と人々のくらし

河内のすがた

図6－4は近世の河内の姿を表した絵図である。これを見ると深野池《ふこのいけ》・新開池といった湖沼や淀川、大和川をはじめとする河川が複雑に入り組んでおり、その様子からこの地域が「川のうち」＝「河内」という国名になったことは至極当然のことと言える。

河内の様子は江戸時代の文献の中にも多く見られる。たとえば、『養生訓』を著した貝原益軒《かいばらえきけん》は畿内を旅行する中で、「凡河内国は木綿を多くうふ」（『南遊紀行』）と言い、喜田川守貞は『守貞謾稿《もりさだまんこう》』のなかで「今世河州を木綿の第一とし、又産すること甚多し」と、木綿作が盛んな様子を描いている。木綿は畿内近国を中心に大量生産が可能となったことから、庶民の着物に

図6-4　河内国絵図
『門真市史第３巻』より転載。

も用いられるようになり、それまで重用されてきた麻に取って代わることになる。江戸時代の半ばには、男性用の下着である褌《ふんどし》にまで木綿が用いられるようになり、庶民の生活には欠かせないものとなった。

こうした状況をふまえて、ここでは木綿作や菜種作といった商品作物生産の様子について見ていこう。商品作物生産にとって重要なのは田畑の等級＝田畑の質であるが、中河内の渋川郡や南河内の石川郡においては上々田と上田との合計が全耕地面積の五〇％を超えるのに対し、北河内の茨田郡では田畑の等級が低く、下田と下々田との合計が四五％となっている。こうした状況は当然、商品作物生産を大きく規定していくことになる。

商品作物生産

中河内や南河内で広範に展開していた木綿作は枚方市域ではあまり見られない。たとえば、寛政三年（一七九一）の津田村届書には「当村ニ而木綿織出シ売用仕候者一切無御座候、尤農業透ニ而者少々織候得共、我等家内着用之外木綿稼商イ等仕候者無御座候」とあり、農業の合間に木綿織をしていてもそれは家内消費分であるという。同様に天保十四年（一八四三）の田口村明細帳にも「田畑木綿作之儀者、土地不相応ニ御座候得共、地肥之ためニ仕候」とあり、土地柄が木綿作には適していないことがわかる。枚方市域を含めた北河内全体での木綿作は全耕作地の二～三割程度にとどまっている。

一方、木綿と並んで当時の商品作物として有名なのが菜種である。菜種はその実から油を採り、搾りかすは肥料となることから江戸時代においては重要な作物の一つであった。市域村々の様子を見てみると、寛政十一年の中振村では二二四石（村高の三九％）、天保八年の田口村では三三八石（同五五％）、十一年の甲斐田村では一六七石（同六一％）の菜種作が見られる。こうした菜種作の様子は今中楓渓《いまなかふうけい》が作詞し、東海林太郎が歌ったことで有名となった「野崎小唄」の歌詞、「野崎まいりは屋形船でまいろ　どこを向いても菜の花ざかり　粋な日傘にゃ蝶々もとまる　呼んでみようか土手の人」にも見られ、菜種は北河内を代表する商品作物となった。

木綿や菜種といった商品作物の生産は、農民個々人の生活に大きな変化をもたらした。現金が手に入ることにより、土地を集積する地主が現れる一方で、商品経済に巻き込まれ、否応なしに土地を手放さなくてはならない者も現れた。こうした状況をもっとも端的に表したのが、次に挙げた交野郡三八カ村申合書の一文である。「今日（百石持之）百姓明日無高ニ相成、今日無高之百姓翌日百石持ニ可相成とも盛衰難計候」というもので、今日どんなに隆盛を誇っている百姓であっても明日は財産をすべて失うかもしれず、反対に今日、財産のない百姓であっても、明日には大きな財を築く者がおり、今の世は栄枯盛衰が大変激しいと述べている。単に米作だけに頼る農業ではなく、商品作物を生産し、それを有利に売り捌く知恵と才覚が求められたのである。

家の相続

商品作物生産によって貨幣経済に巻き込まれていく農民たちは、家の相続を第一に考えるようになる。ここでいう「家」とは家屋敷という意味のほかに、そこで培われてきた家産・伝統を含み込んだものであり、「先祖から受け継いで、子孫へと渡す」、この悠久のバトンリレーが繰り返されて家は継続していく。家を継続するにあたり、様々な注意が「家訓」や「遺言」という形で伝えられ、その中に自家の経営を維持していくためのノウハウが詰め込まれたのである。たとえば、「博打のような勝負事には手を出さない」や「農業に精を出すこと」は大抵の家に伝えられ、冠婚葬祭にしても「分相応」が求められた。

また、家を継続するに当たっては男の子の誕生を第一とした。なぜなら、村社会は圧倒的な男性社会であり、村の寄合や神事などは男性でなければ務めることができなかったからである。しかし、いつも男の子ばかりが生まれるとは限らないし、男の子が生まれても無事に成長するという保証もなかった。そのときには、養子という選択肢が採られた。養子というシステムは男性が余っている家から足りない家へと補う、家を存続させる有効なシステムであったが、家の継続には養子となる男性の力量も問われた。

たとえば、招提村に住むある百姓は文政五年（一八二二）に下嶋村与兵衛のところへ養子に入ったが、身持ちが甚だ悪く「不行跡」であるので、与兵衛家を「不縁」となって、兄のもとへ帰ってきた。「不行跡」を改めるよう親類・村役人から注意を受けたが、一向に改める気配がないことから、「義絶」といって強制的に親族の縁を絶つ措置がとられた。養家だけでなく、生家からも勘当された彼はこのあと、生まれ育った村を出ていくことになる。

このように村からはじき出される者もいれば、村に受け入れられる者もいる。捨て子などはそれにあたる。享保七年（一七二二）十月、二歳ぐらいの女の子が中振村に置き去りにされたが、村では「村中で養育したい」と大津代官所に願い出、村内で身上の良い者が女の子を預り、村中で養育料を工面した。村の手厚い保護によって子どもの成長が担保されており、捨て子が見捨てられるというようなことはなかったのである。

家と村の様子

では次に、家や村の具体的な様子について見ていこう。まず家の規模については、江戸時代に大工組組頭を務めていた門真市の平橋家には「普請願書」といわれる、今でいうところの建築確認申請書が数多く残っており、それから知ることができる。枚方市域村々からの願書を見ると、梁間四間×桁行九間（一間は約一・八メートル）の家がもっとも多く、持高の多い家では梁間四間×桁行一一間という、規模の大きな家も存在した。家の規模に違いこそあれ、そこに住んでいる家族の人数は概ね五～七人で、夫婦と子どもという直系家族によって構成されていた。

より具体的な家族や村の様子は、慶応二年（一八六六）三月の「河州交野郡田宮村宗門御改帳」から見てみよう。田宮村は家数一六軒・二〇世帯ほどの小さな村であるが、家族の様子がよくわかる。この村の年齢構成は七〇歳代が二名、六〇歳代が五名、五〇歳代が六名、四〇歳代が五名、三〇歳代が一〇名、二〇歳代が一五名、一〇歳代が一六名、九歳以下が一一名と、三〇歳代以下が村全体の七四％を占める比較的若い層の多い村といえる。

夫婦の年齢差は夫が年上の場合、五～六歳が最も多い。なかには一九歳も離れているカップルもいるが、これは再婚である可能性が高い。逆に「姉さん女房」の世帯が三世帯あるが、この場合の年齢差は一～二歳であり、夫が年上の場合に比べその差は小さい。それは家の存続を考えたとき、女性が嫁として迎え入れられるためには、多くの子どもを生めることが一つの条件となっていたからである。

つづいて、母と子の年齢差を見てみよう。母と長子との年齢差は二〇～二五歳が最も多く、末子との年齢差は三〇～三五歳が多い。この村に住むある女性は二六歳で長子を出産後、三〇、三三、三六、三九、四一とほぼ三年のサイクルで六人の子どもをもうけている。新たに生まれる子どものために身体をいたわりながらも、農業や家事労働に従事していたことを考えると、江戸時代の女性たちは自らの身体をすり減らしながら、家を守っていたといえる。

ライフサイクル

生まれてきた子どもたちは親の庇護のもと成長していくが、ときには疱瘡《ほうそう》や麻疹《はしか》といった伝染病にもかかった。「疱瘡は器量を分かち、麻疹は生死を分かつ」や「赤疱瘡は器量を損ない、黒疱瘡は命を奪う」と言われ、伝染病の恐ろしさが強調された。疱瘡の見舞いとして赤い物が贈られるのは、赤い発疹であれば命には別状がないとの言い伝えからである。

子どもたちは少年から青年へと成長する過程で若者組に属し、村落共同体の成員としての自覚を身につけていくことになる。男性は一五～一八歳ぐらいで元服・改名をおこない、大人への仲間入りを果たす。中振村千之助の場合、文化十五年（文政元年、一八一八）四月に伊勢参宮をし、翌年正月の元服を経て、忠蔵と改名している。伊勢参宮をおこなうのは、少年から青年への通過儀礼としての役割を果たしているからである。元服の披露目の宴席には檀那寺である光明寺をはじめ、村人九名が呼ばれ、卵や酒切手（現在のビール券のようなもの）が贈られた。その後、三〇歳ぐらいで親の跡目を継ぎ、一家の長として家の経営を切り盛りしていくことになる。一方、女性はだいたい一六～一八歳ぐらいで結婚し、生まれ育った家を出ていくことになる。女性に関する史料は、生まれ育った家と婚家との両方に分散して残るため、一貫して女性の一生を追うことは難しく、なかなか等身大の女性が見えてこないのはこのような理由による。

人生の終盤、還暦を迎えるころには、子ども・孫も成長しており、家督を譲ることで自らは隠居の身となる。今村昌平監督の映画「楢山節考」では年老いた母を遺棄する信州の貧しい山村が描かれていたが、枚方地域はどうであろうか。山之上村に残る古文書には「山上村百姓庄兵衛祖母浄法　其方儀当卯及九十歳候ニ付、為御扶助年々米八斗充被下置候」とあり、九〇歳に達した老婆に領主から扶助米が支給されている。また明治元年（一八六八）、三矢村でも八八歳を迎えた老人に高槻藩から二人扶持（米にして約三石六斗）が支給されており、現在のような年金制度があることには驚かされる。

しかも領主から下げ渡される「八斗」は理由のある数字である。成人一人が三食とも米食であったとすると、一年間で一石一斗の米を消費するとされており、このことを考えれば、「八斗」の米は老婆が一年間暮らすには十分な量であったと考えられる。こうした領主からの扶助は長生きしている老人への尊敬の念と、それを支えて孝行を尽くしている家族への褒美として与えられたものであった。こうした行為は寛政の改革で老中松平定信が人々の思想教化を図ったことに起因しており、幕府をはじめ諸藩でも孝行者を書き上げた『孝義録』が競って出版された［菅野、一九九九年］。

3　産業の発達

商工業の様子

江戸時代の村人の生活は、なにも農業だけで成り立っているわけではなかった。領主からの触れや倹約令の内容を見ていると、諸稼ぎや諸商いを禁止しているものが多く見受けられるが、それは農業に支障をきたすほど広範に諸稼ぎがおこなわれていたことを示している。いいかえれば、江戸時代の村人の生活は農業のほかに、諸商いや荷駄運びといった日雇い労働的なものをうまく組み合わせていくことで、成り立っていたといえる。その証拠に天保十三年（一八四二）の招提村では、酒請売や米仲買をはじめ、綿繰・素麺仕入売・炮烙《ほうらく》仕入売などに従事する者が四五人もおり、彼らの数は村の全戸数の二一％に達した。十四年の田口村でも酒請売をはじめ荒物屋や小間物屋といった村人の生活全般に関わる商業が展開しており、村の全戸数の約一八・八％に当たる二一人が何らかの商売に関わっていた。

商人ばかりでなく、大工や木挽《こびき》といった職人も数多く存在した。とくに鋳物師《いもじ》であった枚方村田中家は、「河内国惣官鋳物師」として河内国内の鋳物師を統率するとともに、自らは梵

写真 6-1　田中家の鋳物工場

鐘・灯籠をはじめ、鍋・釜といった生活用具や鋤・鍬といった農耕具に至るまで広く鋳造していた。田中家の屋敷と鋳物工場は現在、藤阪天神町に移築されており、往時の姿を見ることができる。

酒造業

枚方市域は豊かな水と米があることから、早くから酒造業が発展した。幕府は当初、年貢米との関係から自由な酒造を禁止していたが、十八世紀に入ると米価が下落することもあって酒造を積極的に許可していくことになる。また、このころから冠婚葬祭には必ず酒が用意されるようになるという生活様式の変化もあり、需要は拡大していった。枚方市域では村野村徳三郎の四二〇石や岡新町村九右衛門の四〇〇石といった、かなり大きな酒造家を筆頭に、市域全体では二〇軒ほどの酒造家を確認することができる。

こうした大規模な酒造家では当然、専門の職人を必要とした。丹波や但馬から一定期間出稼ぎに来る酒造働き人と呼ばれる人々で、なかでも全工程の指揮を執るのが杜氏《とうじ》と呼ばれる職人であった。また、酒造には

写真6-2　酒造道具
伊丹市立博物館所蔵。

多くの道具を必要としたが、津田村為吉が提出した文書には、仕込みをするための桶が六本、米を蒸すための半切や甑《こしき》が三〇枚、釜一つが書き上げられていて、酒造道具の一端を知ることができる。

枚方市域での酒造業の特徴は、酒造高一五石の田口村新兵衛や五〇石の長尾村惣兵衛など酒造高が非常に少ない者がいることである。これは河内国全体を見た場合でも特殊であり、交野郡酒造家の平均酒造高は一四七石と、最も多い石川郡の二〇%にしかならない。また酒造は、小作人から納められた小作米を用いるなど自家米で賄うことが多いが、枚方市域での酒造は原材料である米を購入している点も特徴として挙げられる［福山、一九七六年：枚方市史編纂委員会、一九七七年］。

絞油業

江戸時代において菜種は灯火・食用・髪結いに利用され、搾りかすは肥料として用いられるなど重要な農産物であった。幕府は菜種油の安定的供給を目指して、大坂周辺の摂津・河内・和泉で作られた菜種油はすべて大坂市中へと送ることを定め、自由な売買を禁止した。しかし、農民の大規模な訴願運動によって、天保三年（一八三二）からは自由販売が認められるようになった。

枚方市域を含む北河内では、さきに述べたように、菜種作が広範に展開していたことを反映して、菜種を利用して水油を作る絞油業者が多く見られた。天保初年における枚方市域での人力絞り業者は二四軒、水車絞り業者は三軒存在し、茄子作村や長尾村、坂村では一村に三人の絞油業者がいたことがわかっている〔枚方市史編纂委員会、一九七七年〕。また、その原材料である菜種も絞油業者が存在する村の近隣において生産されている。

たとえば、文政十一年（一八二八）の岡村では三六石五斗の菜種が生産され、それを人力絞油業者である岡新町村の宮田屋儀兵衛と油屋伊右衛門に売っていることから、安定的な原材料供給が絞油業の盛行を支えていたといえる。

江戸時代の素麺業

酒造業や絞油業は他地域でもよくみられる農村工業であるといえる。ここでは、枚方市域に特徴的にみられる素麺と炮烙《ほうらく》の生産について見ていこう。いずれも市域東部の山際に位置する津田村で発展したものであり、農業生産を補うものとして始められた。

図 6-5 『広益国産考』に見る菜種の植え付けと油絞りの様子

津田での素麺業のはじまりは明らかではないが、江戸時代半ばの明和・安永年間（十八世紀後半）に山下政右衛門が寒中製造の開始と技術向上を図ったことから盛んになったという。販路は京都が主であり、天保三年（一八三二）には河内素麺仲間と京都仲買との間に約定が定められた。それによれば、京都仲買一六軒以外には売らないこと、仲買一六軒のうち七軒には入札価格より銀三匁《もんめ》引きで売ることなどが決められた。このとき、約定に連署した者は津田で二四名、杉で三名、長尾で三名、高田・村野・茄子作でそれぞれ一名ずつ、このほかに現在の交野市域である倉治・私部《きさべ》・私市《きさいち》・森で一六名、合計四九名を数えた。販路は近江や丹波・丹後へと広がり、品質も素麺作りで先駆的役割を果たしていた大和三輪《みわ》や播州揖保《いぼ》との交流をおこなうことで格段に向上し、最盛期には六〇〇〇籠・一二〇貫目の売り上げを記録した。

その後、素麺仲間から領主久貝氏に毎年銀七〇匁の冥加金が上納されるようになったが、幕末期には仲間に属さない無株の素麺業者が台頭してきたことから、仲間は弘化三年（一八四六）、これらの取り締まりを久貝氏に求め、同氏は素麺業者の統制に乗り出した。しかし、領主による取り締まりも効果は薄かったようで、元治二年（一八六五）に再度、取り締まりを求めている。このとき出された願書には「古規之指南をも不弁《わきまえず》候者」が「不実之致し方」で商売をしていることは「御領分之素麺職之汚名」になると強く取り締まりを求めており、新規で無株の素麺業者が増えることで旧来の素麺業者との間に軋轢《あつれき》が生じていたことがわかる。

明治以降の素麺業

明治に入っても素麺業は盛んで、生産者は明治三年（一八七〇）に七四人を数えた。江戸時代とは違い、誰もが簡単に素麺をつくれるようになったことで、粗製濫造が問題視されるようになり、五年には津田村を中心とする一二カ村の製麺業者が私欲にとらわれず、素麺製造に尽力することを申し合わせた。しかし、この申し合わせはあまり効果がなかったようで、十二年には「素麺営業申合規則」を定め、十八年には「河内国素麺製造組合」を設立した。この組合は交野・讃良《ささら》両郡の素麺製造業者が同盟して、「営業上ノ悪弊ヲ矯正シ、同業一般ノ福利ヲ増進スル」ことを目的とした。具体的には、河内素麺の品位向上のため製造用の油は胡麻と綿実のみとし、小麦の産地やその割合も厳密に決められた。製品管理においては検査制度を厳格化し、合格品には証票を貼ることを義務付けた［藤井、一九六七年］。

四十年になると同組合は組合区域を北河内郡全域に広げ、「河内素麺同業組合」となった。販路もそれまでの京都方面に加え、大阪市をはじめとする府下各市町村へと広く展開し、四十五年には製造戸数五八戸・職工数一三八人・生産量八万九一〇〇貫（一貫は三・七五キログラム）・売り上げ額五万八〇一九円にまで成長した［枚方市史編纂委員会、一九八〇年］。こうした素麺業の発展の影には、山下政右衛門・政太父子の尽力があった。大正三年（一九一四）一月、津田村では政太が地域の公共事業に尽力したことを称え、頌徳碑の建設を決議し、同年七月に完成をみた。頌徳碑は現在でも津田西町二丁目に残っており、碑文は地域の繁栄に尽力した政太の偉業を今に伝えている。

このように隆盛であった津田の素麺業も戦後はその数を減らし続けた。戦前には五〇軒以上あった製造家も、昭和三十年頃には二〇軒程度にまでその数を減らし、平成に入ってからは一桁にまで落ち込んだ。津田で長年、素麺作りに携わってきた女性は、「そうめん作りでいちばんたいへんで辛いことは、寒い夜に遅うまで起きてることです。寒い日にかぎって生地が堅いですねん。堅いと足で引っ張るのが暇いりますしな。そうめんに塗る油でコテコテにもなりますしな」〔京都橘女子大学女性歴史文化研究所、一九九七年〕と語っており、彼女の語り口からは冬期の重労働の大変さを窺い知ることができる。さらに、「女の人は毎日の家事もせななりません。そうめんの仕事がすんだあと、夜の一二時頃まで、手で洗濯したりするのは辛かったです」〔同前〕という言葉が示すように、家内工業であるがゆえに女性への負担は大きいものであった。また、別の女性が述べる「そうめんの後継者は、いちばん若い人で六〇歳。あとは、まぁ続かへんのと違いますか……」〔同前〕という一言は厳しい現状を物語っている。

写真 6-3　山下政太頌徳碑

炮烙の生産

炮烙は「ほうらく」とも「ほうろく」とも呼ばれ、素焼きの平たい土鍋で、火にかけて食材を炒ったり、蒸し焼きにするときに使う道具のことである。枚方市域では津田村や招提村でその生産がみられ、星ケ丘西遺跡からは炮烙焼の窯跡が発見されている。

津田での炮烙生産がいつごろから始まったか定かではないが、文化七年（一八一〇）正月の「口上書」には一六軒の「ほうらく屋」（炮烙仲買）が記され、京都や大坂において出土する津田製の炮烙もこの時期のものであることから、十九世紀初頭にはすでに生産がおこなわれていたと考えられる。大坂・京都・伏見といった大都市を中心に販路を広げ、生産枚数の九〇％を市域以外に移出し、最盛期には一一万枚の生産を誇った。個別家の生産枚数は前川家の一万六〇〇〇枚を筆頭に、与治兵衛ほか三人が一万三六〇〇枚でつづく。各戸の収益は生産枚数によって差があるものの、平均すると銀三〇〇匁、米にして五～八石に相当する収益があり、農間余業としては多額の利益を生んだ。明治期に入っても生産は続けられ、大正初年には九万枚、昭和初年には七万枚、戦後直後には五万枚と枚数を減少させながらも津田・招提両村で生産がおこなわれていた［難波、二〇〇一年］。

津田での炮烙生産が発展した背景には、胎土に砂を含まなかったことから、きめの細かい製品を生産することができ、市場での競争力を備えていたことにある。さらに、炮烙を作るための技術は比較的短期間で習得できるものであったことから、農閒余業として適していたこともその要因であろう。

また、招提村の赤井家が製作した炮烙は京都の壬生《みぶ》寺に納入され、壬生狂言で厄除けの儀式としておこなわれる「炮烙割」用の炮烙として用いられた。このように由緒ある枚方の炮烙生産であったが、需要の低迷により昭和三十五年から三十八年(一九六〇〜一九六三)にかけて、招提の赤井家・津田の前川家が相次いでその生産を終え、枚方の伝統産業の灯が消えることとなった。

4　村の文化

村人の娯楽

江戸時代の村では一年をサイクルとして、毎年決まった時期に同じような行事が繰り返される。それは農業を基本とする生産活動が、季節の移り変わりと切っても切り離せないからである。正月における一連の行事はもともと、年神を迎える祭りであり、一年の豊凶を占う儀式であった。春になると農作業がはじまり、田の神を招来する行事がおこなわれる。三月・五月の節句は今でもその風習を残すが、田植えの時期を迎えて物忌みをする日でもあった。六月には茅輪《ちのわ》くぐりに代表される夏越《なごし》の行事があり、八月には先祖を祀る行事として盆がある。これが済むと本格的な秋を迎え、収穫がおこなわれるが、秋の行事である十五夜や田の神が山へ帰るときにおこなう亥子《いのこ》行事なども、農業のサイクルと密接に結びついたものであった。

こうした行事は村人にとって楽しみの一つであったが、寺社の開帳やそれに伴って催される歌舞伎や浄瑠璃、相撲興行なども人気を集めた。寛政十年（一七九八）三月の中振村蹉跎《さだ》山天満宮（現在の蹉跎神社）の開帳では、境内に梁行一・五間×桁行二間の莚《むしろ》囲いの小屋が造られ、そこで子供狂言が上演された。また、津田村の庄屋の日記には「長尾村上ノ寺観音堂相建チ候ニ付、長尾村亀形と中人、相撲奉納ニ仕、相撲御座候、則拙者・周安同道ニて見ニ参リ申候」（文化十一年四月一日条）とあり、相撲を楽しみにしていた様子が窺える。枚方では相撲が盛んであったようで、勇獅子《いさみじし》市太郎や七松半右衛門といった親方がおり、村の墓地には力士の墓を見つけることができる［瀬川・櫻井、一九九六年］。

このほかには、四国金刀比羅宮《ことひらぐう》・信州善光寺などへの寺社参詣の旅も娯楽の一つと言えるだろう。江戸時代には物見遊山の旅は禁止されており、旅行の目的は必ず寺社参詣となっているが、実際には観光地をめぐる物見遊山の旅であった。中振村甚左衛門の通行手形の下書には当初、「善光寺江参詣仕、右序《ついで》ニ道中筋名所古跡順拝」と書かれていたが、庄屋忠兵衛は「名所古跡」を「神社仏閣」と書き換え、甚左衛門の旅が信仰心からきていることをアピールしている。

寺社参詣の旅の中で、最もポピュラーなのが伊勢神宮への参詣である。岡新町村に住む中嶋九右衛門の娘お休は、嘉永五年（一八五二）三月十五日から約二週間、伯母・従姉妹とともに伊勢参宮の旅へと出かけた。往路は京都・大津を抜けて多賀大社に参詣し、それから南に進路をとって十九日には伊勢外宮を参拝している。復路は伊勢から伊賀を抜け、大和に入り、長谷寺・三輪大社・東大寺・春日大社をそれぞれ参拝している。お休は日記に夫婦岩《めおといわ》を「暫く相眺見居申候」と記したり、旅館について「殊外丁寧成よろしきやどに御座候」などと記す。また、牡丹が花盛りである様子を見て「一同よろこび覚申候」と旅の様子をいきいきと記しており、一五歳という多感な時期の女の子にとって、この旅行が大きな思い出になったことはいうまでもない［中島、二〇〇三年］。

文化人の輩出

お休の日記からは、彼女が高水準の教育を受けていたことがわかるが、彼女のような裕福な家庭の子どもでなくとも、江戸時代には寺子屋で生活に必要な「読み・書き・そろばん」を習うことができた。幕末期の枚方市域における寺子屋は四一を数え、医師や僧侶などが在地の教育を担っていた。

寺子屋を終えた子どもの中には、より専門的な知識を学ぶために私塾へ通う者もあった。市域には中宮村の南明堂や坂村の言順堂があり、とくに南明堂は享保四年（一七一九）から明治五年（一八七二）まで続き、三代目塾主金子《かねこ》潜斎《せんさい》のときに最盛期を迎えた。和算を得意とする私塾であったため、北河内に住む在地代官・庄屋・医師・僧侶の子弟が入門し、その数は寛政二年（一七九〇）から文化十二年（一八一五）の間で一六一一人（うち、一一人が女性）を数えた〔中島、一九八四年〕。

こうした文化的基盤が形成されていたこともあって、市域からは多くの学者・文人が輩出されている。とくに和歌や連歌といった方面で活躍した人物が多く、招提村の河端己千《かわばたきせん》・貞与《ていよ》や船橋村二ノ宮神社の神官井上広仲《ひろなか》・充仲《みつなか》父子などはその代表格である〔瀬川・櫻井、一九九六年〕。また、天保六年（一八三五）に『河内往来』を編集した茄子作村の堀月下《ほりげっか》も忘れてはならない。『河内往来』はその名が示すとおり、寺子屋などでの初等教育用テキストとして編集されたものであるが、その内容は実に豊富である。紙面の上段には河内在住の人々による俳句・和歌・狂歌を季節ごとに並べ、下段には河内一六郡の寺社・仏閣・名所・古跡を巡覧できるようになっている。上段に和歌や俳句を載せる人の多くは茨田・交

写真6-4　金子潜斎の墓

野両郡に住む人々であり、この地域に俳諧や和歌の愛好者が多かったことを示している［藪田、一九九五年］。このことは、今日市域に点在する墓地に出向けば、連中・門人によって立てられた墓石や俳句を彫った墓石に出会うことからも、想像がつくだろう。

このほかに、延宝七年（一六七九）から享保五年（一七二〇）にかけて楠葉の久修園院《くしゅうおんいん》に住した宗覚《そうかく》律師がいる。彼は戒律の堅持に尽力し、密教への造詣が深く、久修園院の中興の祖と呼ばれているが、彼の業績はこれだけでなく、絵画彫刻に優れ、天文学・音楽にも通じており、今日、同院に残る両界曼荼羅《りょうかいまんだら》や愛染明王坐像《あいぜんみょうおうざぞう》、地球儀、渾天儀《こんてんぎ》などは彼の多技多能ぶりを示している。

補註　江戸時代は田畑の生産高を石・斗・升・合といった容積の単位で表し、一石＝一〇斗、一斗＝一〇升、一升＝一〇合とした。米一石は約一五〇キログラムで、米俵一俵は四斗詰めであることから、約六〇キログラムとなる。おおまかに言って、一反の土地からは一石の米が収穫でき、金一両で米一石が買えると考えればわかりやすい。

コラム　象がやってきた!!

京街道を通行したのは、なにも人間だけではなかった。八代将軍徳川吉宗の注文により交址《こうし》国（現在のベトナム）から渡来した象も通行しているのである。この象は享保十四年（一七二九）三月十三日に江戸へ向けて長崎を出発するが、その途中、四月二十四日に枚方宿で一泊した。

枚方の梶村丹治宅で象を見た狂歌師油烟斎貞柳《ゆえんさいていりゅう》は、象が水浴びする様子を「又やミん　かたのを通る　大象の　はなに水ちる　夏の明ほの」と詠んだ。また、大坂市中を通る様子を「大象も　まんちうくひたい　其時か　本町辺を　通りこそすれ」と詠んでおり、「饅頭食いたい」と象の心境を詠んでいる点はユーモラスである。「本町辺」とあるのは、饅頭で有名な虎屋（高麗橋三丁目）や羊羹《ようかん》で有名な駿河屋（淡路町）などの菓子店が、淀屋橋から本町周辺にかけて軒を連ねていたことによる。

ただ、象が饅頭など食べるのであろうか。その答えは四月二十五日に淀城下で象を見た淀藩士渡辺善右衛門の『象要集』に詳しく記されている。『象要集』は淀滞在中の象の様子や見物人の様子、象遣いとの問答などが書き留められているが、その中に象の食事についての記述があり、藁二〇〇斤（一斤は約六〇〇グラム）、米六升、笹の葉一五〇斤、橙一〇〇個にまじって、「あんなしまんちう　五〇」とある。しかもこの象は饅頭が大好物であったらしく、「新町之内ニてまんちう二ツ、小屋ニてまんちう、客屋前ニてまんちう二ツ」と、城下のあちこちで饅頭を食べている。

淀を出立した象は京都において「従四位広南白象」という位を与えられ、四月二十八日、朝廷に参内《さんだい》し、中御門《なかみかど》天皇・霊元《れいげん》上皇に拝謁した。将軍吉宗には五月二十七日、江戸城大広間前にて拝謁し、その後は幕府の手によって浜御殿（現在の浜離宮）で飼育された。吉宗はたびたび、江戸城に象を呼んで象見物を楽しんだが、寛保元年（一七四一）四月に中野村（現在、東京都中野区）の源助に下げ渡された。源助は象小屋を建てて、江戸の人々に見物させたり、象の糞を乾燥させて薬として販売するなどしたが、管理の悪さから翌年十二月に象は病死してしまった。

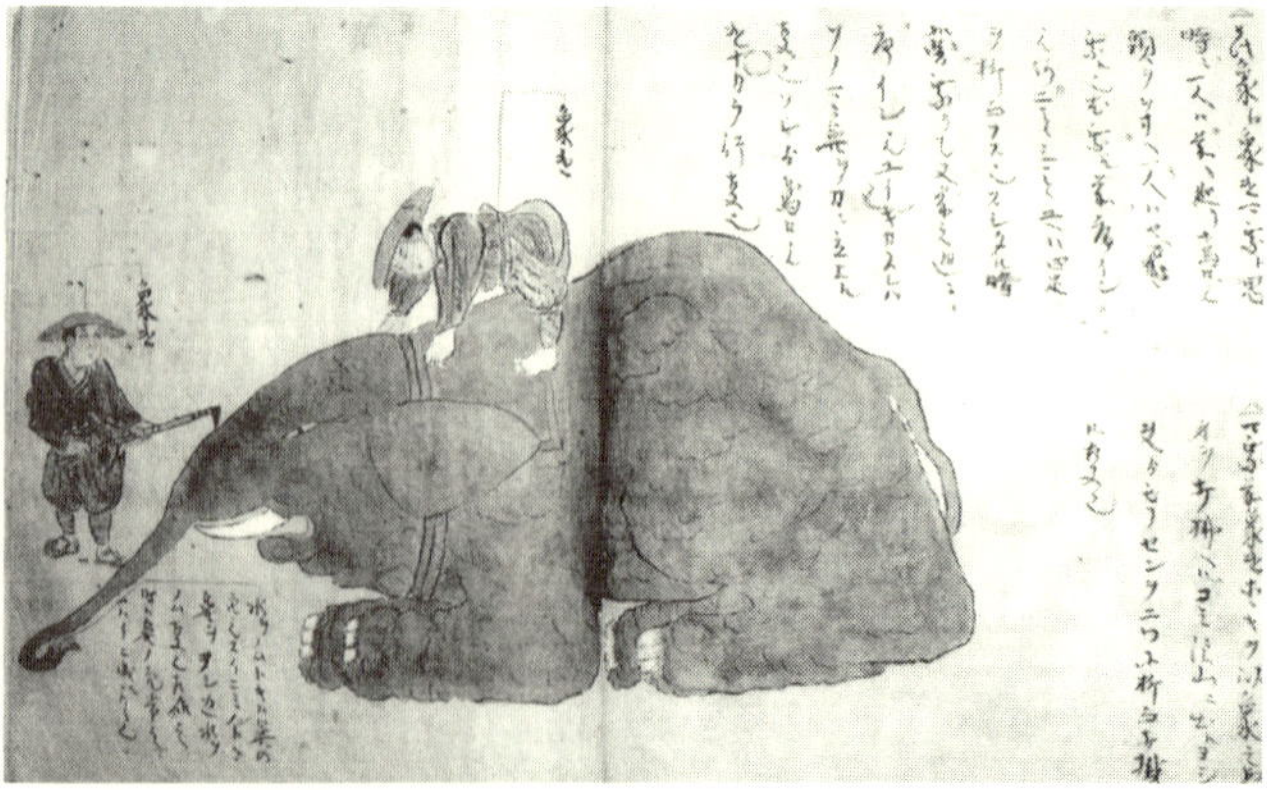
図 6-6 『象要集』に描かれた象と象遣い

第7章　幕末の世情と枚方の人々

1　天保の改革と領主財政の窮乏

天保の飢饉と天保の改革

天保期（一八三〇〜四四）を一言で言い表すなら、「天変地異・凶作飢饉の時代」といえるだろう。「天保」という元号は、『尚書』のなかの「欽《つつし》んで天道を崇《あが》め、永く天命を保つ」から考え出されたものであったが、その願いもむなしく、天保になってからは天候不順・飢饉が続いた。四年は全国的に低温多雨で、六月には東北で、十一月には関東で大洪水が起こった。七年には全国的な冷害に見舞われたため、農作物の成長もままならず、東北地方を中心に全国で五〇万人にも上る餓死者を出した。枚方近辺でも三年と七年に淀川が氾濫し、大きな被害をもたらしている。天候不順や災害によって米価は高騰し、大坂の米市場では四年に米一石あたり六〇〜八〇匁《もんめ》であったものが、五年六月には一四〇匁まで急騰した。六年には一旦下落したが、七年には再び一〇〇匁まで上昇した。天保期にみられる異常なまでの米価高騰は、単に自然災害によるものではなく、凶作を予測した米仲買商が米を買い占めたことによるものであった。

こうした状況の中で天保の改革は実施される。天保の改革とは、老中水野忠邦が天保十二年(一八四一)四月から着手した幕政改革である。天保の改革ではいくつかの施策がみられるが、最大の目的は財政再建と綱紀粛正《こうきしゅくせい》にあった。この時期、幕府は慢性的な財政危機に陥っており、財政の立て直しが急務とされた。そこで、幕府は改革の基礎作業として、全国の村高の実態を把握するため、郷帳と国絵図の調進を指示した。これまで正保や元禄にも郷帳・国絵図が作られたが、天保のものは新田などを含めた実際の村高の記載を求め、実態を正確に把握することで年貢増徴を企図した〔福島、二〇〇三年〕。なお、国絵図作成についてはその費用を「天保八酉年四月　御国絵図ニ付茨田郡中割」(関西学院大学図書館所蔵門真三番村野口家文書)から知ることができ、枚方市域を含む村々の負担額がよくわかる(表7―1)。

また、忠邦は物価高の原因が株仲間の独占にあると考え、天保十三年三月、生活の安定と物価引き下げを理由に株仲間解散令を出した。しかし、大した効果はなく、かえって物価の混乱を招いたため、幕府は嘉永四年(一八五一)に株仲間再興令を出した。

一方、綱紀粛正については倹約令が発布され、風紀の取り締まりが厳しくなった。長尾村に残る「倹約御触書」には「分限を相弁《わきまえ》、唐物・金銀・絹布類、髪飾ゟ《より》はきもの・小道具ニ至迄御停止」と申し伝えられ、日常生活には粗末な品で十分事足りるとされた。また、この「御触書」には「農業出精令」も同時に記されているが、その内容は村内に商人が増えることで村が「衰微」することを理由に、素麺販売や炮烙《ほうらく》仲買までもが禁止され、百姓には本業である農業へ立ち返るよう促している。この「御触書」からは、「倹約」と「農業出精」の双方を関連付けることで、改革の目的を完遂しようとする幕府の思惑を垣間見ることができる。

天保の改革が進んでいくなかで、天保十四年（一八四三）六月には上知令が発布された。幕府は上知によって、江戸・大坂周辺に散在している大名領・旗本領の入り組みを整理し、幕府領として一元支配をおこなうことで、幕府財政の立て直しと政治力の回復を目論んだ。畿内では大和・山城・摂津・河内・和泉の五カ国、計三二万八〇〇〇石がその対象となったが、上知反対の動きは畿内に飛び地を持つ大名や旗本をはじめ、上知対象の村々からも起こった。

田口村をはじめとする旗本久貝《くがい》氏の知行所村々からも、上知の触れに驚き、「百姓共末々至迄途方ニ暮レ、本意ヲ取失ひ、悲歎至極」と嘆きをあらわにしたが、本心は村々から領主に融通した多額の貸付金が返済されないのではないかという不安から上知反対を訴えたのであった。幕府はこうした世論の高まりを無視できなくなり、同年閏九月七日に上知令を撤回し、忠邦は失脚、天保の改革は終焉を迎えた。これに伴い田口村では、領主久貝氏から上知中止の祝儀として村人全員に鎌が配られた。

（単位：匁）

組名	構成村名	組高割	絵図 清書料割	平均割	合計
枚方	岡、岡新町、枚方	10.87	46.5	75	132.37
上庄	出口、中振、走谷、伊加賀、泥町、三矢	44.67	46.5	75	166.17
友呂岐	太間、木屋、石津、郡、田井、平池	50.25	46.5	75	171.75
九ケ庄	池田中、池田川、池田下、大利、点野、葛原、対馬江、高柳、神田、仁和寺、黒原	89.23	46.5	75	210.73
五ケ庄	横堤、諸口、浜、大枝、馬場、世木、北寺方、南寺方、焼野、藉嶋、東橋波、西橋波、土居、守口、今津	122.36	46.5	75	243.86
大庭庄	大庭一番～大庭八番、大庭北十番、大庭南十番、下嶋	90.7	46.5	75	212.2
八ケ庄	常称寺、打越、横地、北嶋、野口、上馬伏、下馬伏、巣本、上嶋頭、下嶋頭、岸和田、諸福、新田、太子田、三ツ嶋、氷野、赤井、御領、安田、下	150.28	46.5	75	271.78
門真庄	門真一番上、門真一番下、門真二番、門真三番、門真四番、桑才	55.1	46.5	75	176.6
合計		613.46	372	600	1585.46

表 7-1　茨田郡絵図作成費用の負担

「天保八酉年四月　御国絵図ニ付茨田郡中割」より作成。

領主の窮乏と「もの言う百姓」

江戸時代における農業生産力はすでに元禄～享保期（一六八八～一七三六）にかけてピークを迎えており、三大改革では年貢増徴策がとられたが、いずれの改革も十分な効果をあげることはできなかった。年貢が伸び悩む一方で、三都や各城下町での消費生活はますます奢侈《しゃし》なものとなり、支出ばかりが増えたが、領主は「御用金」や「冥加金」という名目で金銀を強制的に上納させたり、ときには領民に商人からの借金を肩代わりさせるなどして、財政難をしのぐあり様であった。領主層のなかでも旗本は財政基盤が脆弱で、大名に比べて早い段階から財政が窮乏化していた。

市域東部の藤坂・津田・杉・長尾などの村々を支配していた久貝氏は、江戸屋敷が焼失したり、屋敷替えに伴って新たに屋敷を普請するなどした結果、文化十二年（一八一五）には江戸での借金が六〇〇〇両、上方（京都・大坂）での借金が三〇〇〇両にも上った。久貝氏はこの借金を少しでも減らそうと村々へ御用金の賦課を触れたところ、村々からの強い反対にあった。村々の主張は、「これまで何度も御用金の賦課に応じてきたが、たびたびこのようなことがあるのは、江戸での生活費が非常に多いからである。殿様以下、家中の方々がこのままの状態で暮らしていれば借金が嵩《かさ》むのは当然で、もう自分たちにはどうしようもない」というものであった。しかも、借金が合計九〇〇〇両にも上ると聞いて、「村役人共一統驚入、当惑仕り罷居候」とその額の大きさに驚いた。

しかし、彼らは「殿様をこのままにしておくことはできない」と、文化十二年八月、百姓自らが領主である久貝家の財政改革案を作成した。それによれば、村方では庄屋・年寄の給料を五年間無給にするので、「御江戸表御借賄方并御家中様迄、五ケ年之間格別之御倹約被為成下」として、久貝家家中には扶持米の大幅カットを求めた。翌年七月の文書には「此度江戸表御暮方、御仕法之通御倹約被成下候」とあることから、久貝氏は百姓からの提案を受け入れ、改革を実行に移した。

このように領民を巻き込んだ改革であったが、結局は一時しのぎであったようで、文久二年（一八六二）の文書には「近年江戸表御勝手向御取締方御弛ミ被為在、年々御臨時御借財相嵩候ニ付而者、御際限も無御座」とあり、最近では家中の倹約の姿勢が緩み、再び借金が嵩んでいる状態に百姓たちは困惑している。

こうした状況はなにも久貝氏に限ったことではない。津田村に所領をもつ畠山氏も同様に窮乏していたようで、たびたび御用金の上納を命じている。しかし、逆に寛政三年（一七九一）三月には領主財政の引き締めを村々から求められた。また、嘉永五年（一八五二）十一月には、今までの陣屋が老朽化したので、新しく建設するための費用を村々に申し付けたところ、村人たちはいままで多額の御用金を上納してきたことを盾に難色を示した。さらに、陣屋の建設費をできるだけ節約し、今後建設費が不足しているからといって御用金を取り立てることのないよう、建て替え案の再考を迫った。このとき百姓たちが畠山氏に出した文書の末尾には、「奉縋《すがり》御仁政、上下和合之上、百性永続為仕度奉存候」という文言が付された。「仁政」とは領主が領民のことを考えておこなう情け深い政治のことであり、江戸時代の領主には絶えず「仁政」が求められた。しかし、今回のような御用金の賦課はそれにもとるような行為であり、今後は領主・領民が和合し、領民が安心して農業を続けられるよう、無理な御用金の賦課はやめるべきであると、領主に苦言を呈した。

以上二つの事例から、領主に対して「ものを言う百姓」が育っていたことがわかる。彼らが作成した文書には領主に対する尊敬語が多用されてはいるが、内容を見ると領主に対する明らかな批判である。具体的な財政改革案や「仁政」のような政治理念を語る百姓がいたということは、江戸時代の百姓が領主から過酷なまでに搾取され、虐《しいた》げられていたというイメージを一掃してくれる。しかも、領主はそれを受け入れなくてはならないほど、財政的にも政治的にも力を失いつつあり、幕藩体制はその根幹から崩れ始めたといえる。

2　村の変容と大塩平八郎の乱

地主の経営

第6章第2節「農業の発展と人々のくらし」で見たように、枚方市域においては商品作物生産が盛んであったが、商品作物生産には大量の金肥《きんぴ》（金銭を払って買い入れる肥料）を必要としたことから、農民を深く貨幣経済に巻き込むこととなった。このため、一部の農民は豊かになったものの、他方で没落する農民を生み出す結果を招いた。村によって階層分解のあり様は千差万別であるが、概ねどの村においても持高二〇石以上の地主と、地主から土地を借りて耕作する小作人とに分解することから、両者の関係が江戸時代後期の村落社会を大きく規定することになる。

ではまず、地主の経営についてみていこう。田口村奥野家は庄屋を務め、持高二五石を有する地主であった。同家の所有地はほとんどが田口村内に集中し、そこでは米・綿・煙草・菜種・麦と数種類の豆が栽培されていた。同家ではこうした農産物を販売することで利益を上げていたが、とくに慶応年間（一八六五〜六八）における米価の急騰は、同家に多くの利益をもたらした。慶応二年には前年の一五倍に当たる三六貫目もの利益を上げ、当主の口からは「誠以米売もの八悦ひの時節」という言葉が漏れるほどであった。

利貸経営の特徴としては、米穀販売で得た利益を土地の集積に振り向けるのではなく、利貸のための資本とし、貸付銀を増やしている点にある。貸付の範囲は近隣村々のみならず、伏見や八幡にまで広がっていた。また、同家の経営帳簿には貸付銀と借用銀の両方が記載されているが、これは債権者であると同時に債務者でもあることを示している。貸借の相手は近隣の地主であり、こうした地主同士の貸借は「銀行」のない時代にあって、自家の持つ資金を有利にかつ確実に運用するための方法として考え出されたものであった［福山、一九七五年：枚方市史編纂委員会、一九七七年］。

次に中振村の畠山家についてみておこう。同家は延宝の検地帳に持高二四石が記載されており、天保十三年（一八四二）には六四石五斗となっている。同家の利貸経営の特徴はほとんどが自己資本であり、奥野家のように地主同士の貸借はみられない。同家の貸付銀高は文政期（一八一八～三〇）に一三〇貫目にも上り、ピークを迎えるが、その後は減少していく。かわって損銀が増加する傾向にあるが、これは貸付銀を回収できずに不良債権化していったことを示している。不良債権化した貸付は主に村内の下層農民に対して貸出されたものであり、そうした貸付は同家が庄屋である以上、地域社会の安定を考えれば止むを得ないことであった［枚方市史編纂委員会、一九七七年］。地主といえども自家の経営拡大と地域社会の安定とを両立し、赤字を出さないように経営していくことは相当難しかったといえる。

小作人の生活

奥野家や畠山家のような地主はほかの村にも存在したが、それは村や地域全体が裕福になったことを示すものではなかった。小作人の中には借金を返済できずに「身体限り」になる者がいた。「身体限り」とは「身代限り」とも言われ、江戸時代においては借金の返済ができなくなった債務者に対し、領主の命令でその財産全部を債権者に与えて債務の返済に充てることを言う。

招提村に住むある百姓はもともと三石三斗を所持していたが、借金が嵩み、享和二年（一八〇二）三月ついに「身体限り」となってしまった。債権者である摂津国嶋上郡梶原村（現在、高槻市）半右衛門にはこの百姓からの質入れ地（二反二畝二五歩）が、船橋村久兵衛には居宅・土蔵・長屋がそれぞれ渡された。磯嶋村治兵衛にはふとんや茶碗などの生活道具のほか、屎担桶《こえたご》のようなほとんど価値がないような物までが渡されている。

このほかにも、文政四年（一八二一）十二月には招提村で、弘化三年（一八四六）十一月には田口村で「身体限り」となった百姓を見ることができ、「身体限り」は江戸時代の村において決して珍しいことではなかったことがわかる。彼らは家屋敷をはじめ、生活道具のすべてを失ってしまい、まさに「身ひとつ」＝「身体限り」となってしまったのである。

また、「身体限り」と同様に財産を処分する方法として「分散」があった。これは現在の破産に近く、「身体限り」のように法的な強制力を伴わない点に違いがある。その一例として、田口村に住むある女性の場合を見てみよう。彼女の夫は農業の合間に俵物の売買をしていたが、多くの借金を残して文政十二年（一八二九）十月に死亡してしまった。彼女は借金を返そうとしたが、すでに家屋敷は質入れされており、残った建物と家財道具を売り払うことで借金の返済に充てた。病気がちであった彼女は娘とともに、長尾村に住む親元へと引き取られることになったが、この事例は女性が一人で農作業をおこない、かつ借金を返済していくということが非常に困難であったことを示している。

村では没落する村人を一人でも減らすために倹約の申し合わせを作成し、共同体としてのルールづくりをおこなった。天保期以降は天保改革の影響や村内の階層構成の変化をうけて、とくに質素倹約を旨としたものが多く作られるようになるが、その内容は多岐にわたり、農業に精を出すことや年貢納入を励行することを第一に、諸商売の禁止、冠婚葬祭・神事の簡素化、衣服の制限など生活全般に制限が加えられた。たとえば、春日村の「村方式法之事」では嫁披露に際し、持高二〇石以上の農民は村人すべてを招待することができたのに対し、一石以下では村役人と神主しか招待してはいけないと記されている。それは百姓それぞれが「分相応」を守り、共同体の一員として没落することなく、「百姓成立《ひゃくしょうなりたち》」「百姓永続」することを目指したからである。

こうしたルール作りに加え、村では互助的な融通組織として頼母子講《たのもしこう》がつくられた。また、困窮人に対しては幕府や領主から施行《せぎょう》や夫食貸《ふじきがし》といった、米や金銀を貸与・支給する扶助方法が採られた。甲斐田村徳右衛門の場合、領主である小田原藩から無利息・年賦返済の「御仁恵銀」を借りたことで、二七二匁の余剰を生み出しており、様々な扶助が功を奏し、経営を立て直す小作人がいたことは注目に値する。

大塩の乱と深尾才次郎

天保期の閉塞した状況のなかで、「時ならぬ浪花の花火」が打ち上がる。「浪花の花火」とは天保八年（一八三七）二月十九日に起こった大塩平八郎の乱を指している。島原の乱から二〇〇年、泰平の世を揺るがすような乱に大坂はもとより、全国の人々は驚かされた。それは大塩が大坂町奉行所の元与力であったことに加え、多くの農民を指揮して起こした乱であったからである。

大塩は与力でありながら、洗心洞という私塾を開いており、門弟には与力・同心の子弟のみならず北河内に点在する豪農が多く含まれていた。枚方市域では天保二年に入門し、乱に参加した尊延寺村深尾才次郎が有名である。尊延寺村では才次郎とともに行動した百姓ら一一三人が処罰されたが、ここでは才次郎の乱当日の行動を村人たちの証言から振り返ってみよう〔国立史料館、一九八七年〕。

村人たちは乱当日の九つ時（正午ごろ）、次兵衛宅の半鐘が打ち鳴らされているのを聞いて集まったところ、才次郎が大小の刀を差して立っており、「西国から大坂に攻め上る者がおり、大坂市中が焼き払われた。師匠である大塩様はそれらの軍勢と一戦交えるつもりなので、加勢しなくてはならぬ。このままでは当村へもその軍勢が押し寄せてくることにもなろう」と言い、村人たちを動揺させた。そして、懐から「黄絹之袋」を取り出し、その中に入っていた文書を集まった村人に読み聞かせたが、聞きなれない言葉が多く、村人はその内容がよくわからなかったという。しかし、このとき才次郎が読み聞かせた文書こそが、「四海困窮いたし候ハ、」で始まる「大塩檄文」であったのである。

才次郎は鉄砲・竹槍に加え、「尊延寺村」と大書した白木綿の旗を用意し、大坂進軍の準備を調えた。主だった参加者には才次郎の母のぶが酒とぼた餅で接待をし、進軍していく息子を見送りながら、「才次郎ハ大名ニ相成候歟、又ハ御仕置ニ被行候歟、今日之勝負次第」と漏らしたという。この言葉からは息子を案じる母親の気持ちが伝わってくる。

準備を進める才次郎に対し、村役人らはそれを止めようとするが、才次郎は笑いながら、「勝って帰村した折には挨拶に参上する」と言い残し、村を出て行った。杉村や穂谷村からも加勢を得て進軍した才次郎は、途中主だった参加者に「大坂を焼き払い、豪商が蓄えた財産を貧民に分け与える」という大塩の計画を話したという。それを知った者たちは村に帰ろうとしたが、才次郎の気迫に押され、そのまま従ったという。

ところが、才次郎一行が守口白井家に到着したときには、大塩勢はすでに総崩れとなって敗走しており、それを知った才次郎は村人に帰村を促した。自らは大和国をへて、能登《のと》国羽咋《はくい》郡福浦村（現在、石川県羽咋郡志賀町）まで逃げたが、逃げ切れないと考え自害して果てた。才次郎の遺体は塩漬けにされ、江戸へ送られた。天保八年十一月七日のことである。

一方、村々では乱に加担した者の捜索に追われた。田口村では天保八年三月十日・十一日の両日、村役人をはじめ多くの村人によって村中が探索されたが、怪しい人物は見当たらなかった。同じころ甲斐田村でも探索をおこなっている。その後、二十七日になって、大坂油掛町（現在、大阪市西区）の手拭地仕入職・美吉《みよし》屋五郎兵衛宅に潜んでいることを突き止められた大塩父子は、美吉屋に火を放って自刃した。

幕府の裁決は翌九年八月に下るが、この間に取り調べを受けた者は一〇〇〇人にも上り、死罪四〇名、遠島は一八名を数えた。才次郎も死罪の裁決をうけ、塩漬けにされた遺体が磔にされた。このときの様子を中振村の庄屋畠山武兵衛は日記に、「（天保九年九月）十八日　極天気早朝ゟ伊兵衛連、出坂いたし、大塩一条御仕置在之、見物いたし、江戸屋ニて一宿いたし候」と記しており、武兵衛が乱の成り行きに興味を持っていたことを窺わせる。武兵衛が大坂に出かけたこの日は折しも、大塩父子ら二〇名が市中引き廻しの上、磔にされ、飛田で晒された最初の日であった。

大塩の乱に参加した人々は、それぞれの理由があって参加したのであろうが、天保の飢饉や米価の高騰によって困窮した人々に有効な手段を講じない幕府や領主に対する不満が、才次郎をはじめとする多くの人々を大坂へと向かわせたことは間違いない。

3　開国から維新へ

幕末の動乱

相次ぐ天災と改革の失敗により、天保は終わりを告げた。嘉永六年（一八五三）と翌七年の二度にわたるペリーの来航は幕府に開国の決断を促したが、そのことが国内の政局に大きな動揺をもたらした。また、禁裏御所《きんりごしょ》の炎上や度重なる大地震にも見舞われたため、幕府は改元によって災禍を払おうと考え、政情を安定させるという意味から新しい元号を「安政」と定めた。この元号は『群書治要』の中にある「庶人安政、然後君子安位矣」から選んだもので、「安政」「安位」となることを目指したが、それとは裏腹に幕府はその権威を失墜させ、幕末の動乱を迎えることになる。

ペリーによる開国に始まり、日米和親・日米修好通商両条約が締結されたことで、長州藩をはじめとする攘夷派は武力行使によって主導権を奪取しようとした。それが八月十八日の政変や蛤御門《はまぐりごもん》の変を引き起こし、ついには二度にわたる長州征伐がおこなわれることになる。こうした幕末の一連の動きは、政治の舞台を江戸から京都・大坂へと移し、枚方に住む人々の生活にも影響を与えた。なかでも、楠葉台場の建設は幕末の世情を具体化したものとして庶民の目に映った。

楠葉台場の設置過程

文久二年（一八六二）、攘夷の実行がいよいよ決定すると、朝廷は外国船の淀川遡上を危惧し、山城国の入口にあたる八幡・山崎周辺への台場修築を構想する。朝廷は十二月にこの構想に対する意見を雄藩に求めたが、川底の浅い淀川を蒸気船が航行するのは困難であるとして、概ねの藩は必要ないとの意向を示した。同じ頃、会津藩主松平容保《まつだいらかたもり》は京都守護職の任に就くため入京する。京都守衛の代表者ともいえる会津藩もその必要性を認めてはいなかったため、朝廷の台場構想案は沙汰やみとなった。

しかし、翌文久三年三月頃、松平容保はその姿勢を一転し、八幡・山崎への台場修築を幕府に対し建言する。その背景には、会津藩の尊攘派志士に対する施策の転換があった。当初会津藩は、尊攘派志士に対して温和路線をとっていたが、足利三代木像梟首《きょうしゅ》事件を契機に、尊攘派志士との全面対決の途をたどる。その志士対策の一環として、会津藩は出入りの激しい山城口の封鎖を目論んだのである。

会津藩の意図は、建言の内容に明確に表れる。外国船対策の朝廷案は水上防御に主眼があったのに対し、会津案ではそれに関門機能を加え、陸上の防御に重点をおいているのである。当初の攘夷対策という名目を前面に押し出すことによって、関門構築に対する尊攘派の反対意見を抑える政治的な意図もここにはあったと思われる。このように会津藩の構想は、台場を関門として利用するという極めて特異な意図をもって計画された。

会津藩の建言をうけて、幕府は台場設計の総裁に勝麟太郎《かつりんたろう》（海舟《かいしゅう》）を任じた。しかし、海舟は当時職務に多忙であったため、伊勢津藩の医者であった広瀬玄恭《げんきょう》と、京都で医業を営んでいた栗原唯一がその補佐役に任命された。広瀬は蘭学に通じており、多くの訳書がみられる。なかでも注目されるのが、ベクマンによる西洋流築城術の著書を訳した『築城新法』である。一方の栗原も外国語に堪能で、プチャーチンがロシア艦隊を率い大坂天保山沖に現れたときには、折衝役を務めている。彼らのほかにも軍学に通じている会津藩士が実務担当者に任じられた。

上記のような人選も五月まではおよそ調い、同月には海舟ら設計担当者だけでなく松平容保自身が現地を訪れるなど、本格的な設計も始まるかにみえた。しかしほぼ同じ頃から、会津藩は長州勢ら尊攘派と京都において熾烈な主導権争いを繰り広げることとなるため、事業は一時中断する。八月十八日の政変で、長州勢を京都から追い払うことに成功すると事業は再開し十月十三日には初の組織的な現地調査がおこなわれ、八幡のすぐ南にあたる楠葉に台場の用地が確定している。

しかし、十月末に再び事業は滞る。その後松平容保が京都守護職を更迭されることもあって、会津藩の台場普請に関わる動きはしばらく確認できない。翌年の元治元年（一八六四）四月に松平容保が京都守護職に復帰すると、幕府に対して台場の予算要求をしたり、大砲・石材を調達したりするなど、積極的な動きを再びみせはじめる。これは、京都を追われた長州藩が赦免運動をおこし、挽回をはかりはじめたことに呼応するものである。このような動向からも、会津藩による台場修築の真意は、長州藩をはじめとした志士対策としての関門機能にあったことは疑いない。

こうした努力にも拘わらず、着工直前の六月末、長州勢は山崎天王山に陣取り京都を攻撃する。いわゆる禁門の変である。結果的に台場修築は間に合わなかったが、長州勢撃退後、九月になってようやく着工に至り、翌年竣工した。

楠葉台場の構造と鳥羽・伏見の合戦

現在楠葉台場は、南側に残る巨大な堀を除くと旧状をほとんど留めていない。それは、明治時代における京阪電車の敷設の際に、土塁などが悉く土取りにあったためである。ただ、幸いにして設計図が残されており、ここから台場を関門として利用するという会津藩独自の構想をみてとることができる。また、平成十九年（二〇〇七）から二十年にかけておこなわれた発掘調査によって、地中に埋もれた遺構が確認され、ほぼその設計図通りに造られたこともわかってきた。

大坂方面から北上する京街道は、楠葉台場に突き当たるとそこを直角に右に折れる。旧来の街道はそのまままっすぐ北に延びていた。新街道は南側の堀に沿って進み、左折して土橋を渡る。そこが正面で、土塁と土塁に挟まれたところには二間幅の門が設置されていた。この虎口《こぐち》両側は、石垣で固められていたことが発掘調査によって確認されている。

台場の中に入ると、正面には「見切塁」と呼ばれる横一文字の土塁が遮蔽していた。したがって街道は左折・右折とクランクして進む。そこには番所があり、街道はその前を通過して北の橋本へ一直線に抜けていく。台場の北側の土塁と堀は南側の半分程度しかなく、申し訳程度のものであった。

このように、南からの進入ルートは何度も屈折しており、土塁・堀ともそれなりの規模を持っていたが、北側は一直線に進入でき遮蔽物も十分なものはなかった。当初から、京

写真 7-1　楠葉台場の虎口の石垣

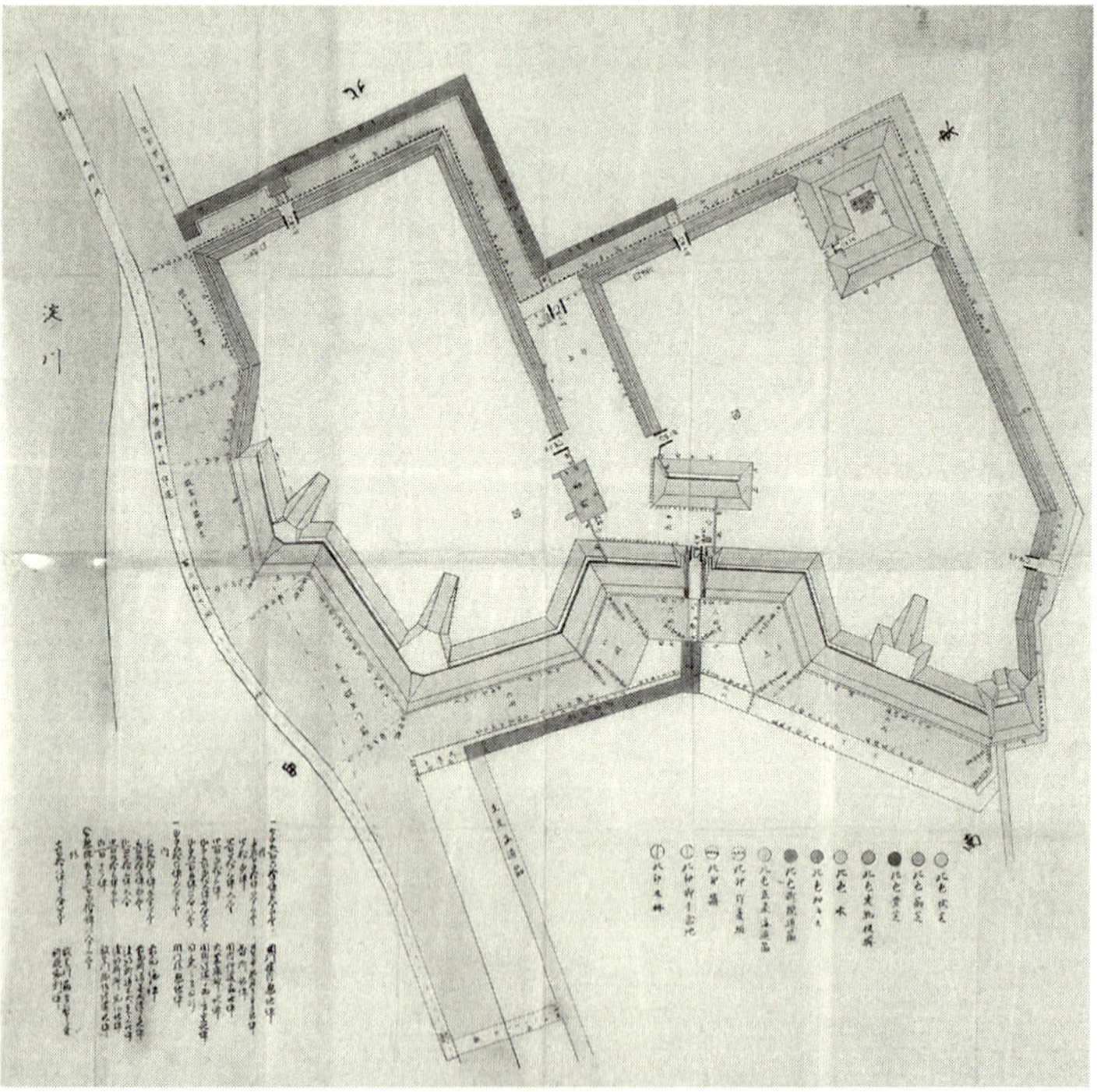

図 7-3 楠葉台場の設計図「河州交野郡楠葉村関門絵図一分計」
京都府立総合資料館所蔵。

都の防衛を意図した構築物であったので、南面しか防御を固めていないのも当然といえば当然といえよう。

しかし皮肉なもので、会津藩や幕府は、図らずもこの地で京都を守る側としてではなく、攻める側として戦うことになった。鳥羽・伏見の合戦である。一般にこの合戦では、楠葉台場を守る旧幕府軍と新政府軍に寝返った対岸の高浜台場を守る津藩の間で砲撃戦がおこなわれたといわれるが、それは史実としては正確ではない。たしかに旧幕府軍は楠葉の北、橋本に陣を構えているし、淀川を挟んで砲撃戦がおこなわれたのも史実である。しかし、楠葉台場は南側の防御しか考慮に入れていないことから、北向きで戦う旧幕府軍にとっては防御線として機能しないため、兵站《へいたん》基地としてしか使用しなかった。高浜台場と楠葉台場の砲撃戦劇は、淀川を挟んで砲撃戦をおこなったのならば、当然台場同士であろうという後世の安易な想像が生んだものと考えられる。

村々の負担

幕末の動乱は大名や旗本といった領主層のみならず、その支配下の村々にも大きな負担を強いることとなった。旗本久貝正典は時局に対応すべく、安政二年（一八五五）三月に領内村々から壮丁（青年の男子）を集め、農兵を編制し、銃砲の訓練をおこなった。このとき召集された人員は、倉治・田口・津田・藤坂・長尾の各村から選ばれた五八名であり、農業の合間に一カ月三回の割合で訓練をおこなうことが決められた。訓練は伝王仁《わに》塚の東側に位置する丘陵、現在の枚方国際ゴルフ場付近でおこなわれたようで、このとき使われた的が今でも津田元町の春日神社に残っている。訓練を積んだ彼らは、慶応二年（一八六六）六月から始まった第二次長州征伐に従軍することになる。このとき農民たちは苗字帯刀を許され、徒士《かち》格という「武士」として出陣するのだが、結局は戦うことなく、姫路から帰還した〔寺島、一九九九年〕。

幕府は文久三年（一八六三）十二月、軍制改革をおこない兵賦《へいふ》を創設した。その内容は、旗本に対し知行高五〇〇石では一人、一〇〇〇石では三人、三〇〇〇石では一〇人という具合に一五歳から四五歳までの壮強な者を選んで出仕させ、それを歩兵組として編制するというものであった。しかし、この兵賦も十分に機能したとは言い切れない。津田村に住むある百姓は旗本久貝氏からの兵賦として京都に詰めていたが、職務に怠慢な上、たびたび心得違いを起こし、ついには「兵賦を辞めたい」と言い出した。結局、庄屋とこの百姓の兄が歩兵四番小隊の役人に詫び状を入れ、代わりの者を差し出すことで事態の収拾を図っているが、この事例は農民を兵隊として編制することの難しさを示している。

幕末になると、農民は農兵や兵賦のほかにも御用人足として領主の御用を務めることがあった。京都守護職の役知となった村野村では、元治元年（一八六四）六月から九月までの三カ月間に、のべ一一六五人の人足（代金七貫三五八匁余）を差し出している。また、船橋村・養父村をはじめとする旗本永井左門家知行所村々でも、毎年のように御用人足を差し出したことから、その費用は莫大な金額となった。そこで、知行所一五カ村は文久三年（一八六三）八月、御用人足に関わる費用の減免を求めて永井氏へ嘆願をおこなった［門真市史編さん委員会、二〇〇〇年］。こうした事例から、人足の徴発が村々にとって過重な負担となっていたことがわかる。

さらに、村々には異国船への備えや長州征伐、江戸城の本丸普請などの名目で次々と御用金が課せられた。たとえば、嘉永三年（一八五〇）八月、異国船警備の任に就いた久貝氏は、田口村に対し「御手伝御用金」九〇両の上納を求めた。上納額が余りにも多額であったため、村でもすぐには用意できなかったようで、十月末になってようやく上納される始末であった。

人足の供出や御用金への出費など過度の負担は、村を困窮させていくものと考えられたが、幕府をはじめとする領主から御用金が返却されることはなく、わずかばかりの褒美銀が下されるに過ぎなかった。たとえば、文久元年（一八六一）八月の中振村では庄屋武兵衛の一三両二歩を筆頭に、村全体で七七両三歩もの大金が上納されたが、翌年五月に下された褒美銀は上納金の五％にも満たない金額であり、褒美銀がいかに少ないものであったかがわかる。このように負担が増加するに伴って、人々の不満も高まっていくことにな

写真 7-2　春日神社に残る鉄砲訓練の的

り、それが「ええじゃないか」や新しい時代を求める原動力となった。

明治維新

第二次長州征伐が中止となり、幕府の瓦解《がかい》が決定的となった慶応三年（一八六七）七月から十月にかけて、空から伊勢神宮などのお札が降ったとして、高揚した人々が女装して乱舞する「ええじゃないか」が全国的な広がりをみせた。枚方市域については、高槻藪家の日記に「先々日より東海道筋伊勢御祓并石清水御札・秋葉山御祓降申候て、御陰踊致し候趣を入代の方に確と承り候処、此節伏見、南山城高津屋・寺田・玉水、河内藤阪、都て右辺等仰山衣装飾、相踊り候云々」〔藪、一九三一年〕とあるように、南山城から十月十八日に藤坂村へと伝わった。十一月九日には枚方宿役人中嶋九右衛門宅にお札が降り、踊りに参加した人々で大変賑やかだったと記録されている。このとき岡新町村からは鏡餅が、三矢村の旅籠《はたご》からはみかんがそれぞれ届けられた〔宿場町枚方を考える会、一九九七年〕。

年が明けても「ええじゃないか」は続き、九月四日には中宮村勘兵衛宅にお札が降った。近隣から多くの人が集まり、踊ったというが、その回数は二十七日までに一九回を数え、このとき勘兵衛が要した接待費は米九石・酒六石・肴代四〇両に上ったという〔寺嶋、一九五一年〕。これを見ただけでも、勘兵衛がいかに人々の饗応・接待に苦慮したかがわかる。この中宮村の事例が北河内で見られる最も遅い事例であり、この四日後には「明治」と改元される。

藤坂村に「ええじゃないか」が伝わったころ京都では、一五代将軍徳川慶喜が大政奉還をおこない（慶応三年十月十四日）、二六五年にわたる江戸幕府の支配が終わった。しかし、武力をもって徹底的に幕府を壊滅させたい討幕派（主力は薩摩藩・長州藩）は十二月九日、クーデターを起こし、薩摩・土佐・越前・安芸・尾張の各藩が御所の宮門を警護する中、討幕派の公卿・藩主たちによって朝廷首脳の更迭と職制変更がおこなわれた。これが、いわゆる王政復古である。

次いで、彼らは慶喜に辞官納地（官位辞退と所領返納）を求め、慶喜もこの求めに従った。しかし、慶喜の辞官納地に憤慨した会津藩・桑名藩・旗本・旧幕府役人らは慶喜を擁して、慶応四年（一八六八）一月二日、薩摩藩討伐を掲げ、大坂から京都へ向かった。戦いは三日、京都の南方、鳥羽の地において火蓋が切って落とされた（鳥羽伏見の戦い）。戦局は一時、旧幕府軍が優勢であったが、最新兵器を揃えた新政府軍には到底及ばなかった。六日、慶喜は密かに大坂城を脱出、海路江戸へ向かった。

この間の様子を旗本水野氏の在地代官吉川惣七郎は日記に記している。それによれば、戦いの起こる前から、多くの軍勢が京街道を行き来し、枚方宿や出口村には歩兵が集まっていたという。三日から四日にかけては激戦となった伏見・淀の戦火が見え、六日には楠葉村や枚方宿で戦火による被害が出たと記している。また、中振村畠山文助宅では旧幕府軍の落武者が来て、食事を強要したという。七日朝からは新政府軍による残党の見回りがおこなわれ、下嶋・渚・長尾の各村で合計三人の残党が見つかった。

鳥羽伏見の戦いの様子は遠隔地にも伝えられたようで、摂津三田《さんだ》（現在、兵庫県三田市）の商人鍵屋重兵衛はその様子を自らの日記に書き留めている。そこには、「会津ハがんばり一戦も及と相待候様子也、一橋京戦ニもひらかた戦（にも）くづれ候ニ付、大坂城ヲ退キ泉州へ落る、（会津藩士は）一橋の腰抜けめと申、立腹致し候と申事」とあり、この戦いにおける一橋勢（慶喜の軍勢）のふがいない様子が記されている［桑田、二〇〇六年］。

後退する旧幕府軍に対し、新政府軍は進撃を続け、枚方・守口といった京街道の拠点を制圧し、九日には長州藩が大坂に入った。十日には征討大将軍仁和寺宮嘉彰《にんなじのみやよしあきら》親王が大坂城に入城したことで、京坂間での戦いは一応の終息をみた。枚方では十三日に長州藩の出張所が設けられ、一連の戦いで被害に遭った家には米三斗・金二朱が下付された。

大坂を制圧した新政府軍は江戸を目指して進軍するが、それに抵抗する佐幕派諸藩との戦いが全国で展開された（戊辰《ぼしん》戦争）。明治維新は当時、「御一新」と呼ばれ、この後、新政府による開明政策が矢継ぎ早に打ち出されるが、人々には比較的スムーズに受け入れられていった。また、日本は短期間のうちに列強の仲間入りを果たすことになるが、それは明治政府の政策を受容できるだけの素地が人々の中に培われていたからであり、江戸時代を生きた民衆の成熟度の高さを示すものであった。

コラム　久修園院《くしゅうおんいん》に残る「遺骨の受取書」

第6章の文化人で取り上げた宗覚《そうかく》律師が住職を務めた久修園院は、真言律宗の別格本山であり、古刹として有名であるが、同院には「遺骨の受取書」という一風変わった古文書が残されている。この古文書が作られた背景には、幕末維新の動乱のなかで最期まで武士らしく生きた男と、彼の死を四五年間忘れなかった〝少年兵〟との隠された物語があった。

鳥羽伏見の戦いに端を発した戊辰《ぼしん》戦争は、新型兵器を揃えた新政府軍の優位のうちに進んだ。第7章第3節でも述べたように、京都から進軍してくる新政府軍には楠葉台場も用をなさなかった。このとき、台場を守衛していた幕府軍歩兵指図役頭取・森田貫輔《もりたかんすけ》は新政府軍の攻撃を受けて深手を負ったため、近くにあった久修園院へと逃げ込んだ。もはや命は助からないと考えた森田は、「新政府軍に首を取られるよりかは自ら命を絶つほうが潔い」と覚悟を決し、自刃して果てた。森田に付き従った二人の少年兵は森田の首を介錯したが、それを新政府軍に渡してしまっては森田の覚悟を無にすることになると考え、同院の境内奥にある宝篋印塔《ほうきょういんとう》の傍らに埋めて、その場を後にした。

時は流れて大正二年（一九一三）の秋、二人の紳士が久修園院を訪れ、戊辰戦争の一件を住職に話したところ、住職は「昨年の台風で宝篋印塔が倒れてしまい、その修復の過程で誰のものかわからないが、なにか謂《いわ》れがありそうな遺骨を発見し、本堂で供養している」と伝えた。二人の紳士は「それがまさしく森田の遺骨であり、懇《ねんご》ろに供養したいから遺骨を引き取りたい」と申し出、その代わりに遺骨を受け取った旨の証文を置いて帰った。

このとき同院を訪れた二人の紳士こそ、森田の首を介錯した〝少年兵〟で、山内長人《やまのうちおさんど》と大森鐘一《おおもりしょういち》という政府の高官であった。彼らは維新後、明治政府に登用され、山内は陸軍中将・貴族院議員を務め、子爵となり、大森は京都府知事・東宮大夫を務め、男爵となっていたのであった。

その後、森田の遺骨は山内・大森の手によって、旧幕府軍戦死者が数多く埋葬されている淀の長円寺（京都市伏見区淀新町）に改葬された。現在、同寺には「森田貫輔首級」と刻まれた石碑とともに、明治四十年（一九〇七）に建てられた榎本武揚《えのもとたけあき》揮毫の「戊辰之役東軍戦死者之碑」が残っており、幕末維新という激動の時代を振り返る縁《よすが》となっている。

写真 7-3　森田貫輔首級の石碑

写真 7-4　戊辰之役東軍戦死者之碑

第8章　近代化の時代

1　新しい制度の導入と展開

行政区画の変遷

明治維新後の数年間、政情は混乱を極め、行政機構もめまぐるしく変化した。枚方地域を所管した機関は、慶応四年（一八六八）一月の大阪鎮台《ちんだい》を皮切りに、大阪裁判所を経て、同年五月には大阪府へとその所管を替えた。明治二年（一八六九）一月には河内県が置かれたが、早くも八月には廃止、堺県に合併されたため、枚方地域も十四年二月まで同県の所管となった。

枚方地域の内部に目を移しても、現在のように「枚方市」という単一の行政区画ではなく、いくつもの区画に分割されていた。七年に実施された大区小区制で枚方地域は第三大区という区に包括されたが、そのなかは四つの小区に分けられ、それがさらに四五の組に分割された。その後、この区分は十一年の郡区町村編制法によって解消され、町村が再び行政単位として復活することになった。

さらに、政府は二十一年四月に市制・町村制を制定し、地方自治の樹立を図ったが、一方で自治にふさわしいだけの資力を持つことを前提としたことから、町村合併が進められた。これにより枚方市域の三七カ村は、枚方町と蹉跎《さだ》・川越・山田・牧野・招提《しょだい》・樟葉・津田・菅原・氷《ひ》室《むろ》の九カ村にまとめられた（図8－1）。現在ではなじみのない村名もあるが、小学校名などにその名残をみることができる。

府県と町村のあいだには「郡」が設置され、枚方地域は枚方郡役所の所管となり、郡役所は三矢村の浄念寺に置かれた（のち、枚方宿の本陣あとに移転）。その後、三十一年に施行された郡制によって、大阪府には八つの郡が置かれ、枚方地域を含む茨田《まった》・交野《かたの》両郡は讃良《ささら》郡とともに北河内郡となった。

図8-1　明治22年頃の合併による新町村
『枚方市史　第4巻』第54図より転載。

村人が感じた変化

こうした行政区画の試行錯誤は人々の混乱を招いたが、「明治」という時代が江戸幕府・江戸時代のさまざまな制度・法律を否定するところから始まっているということを人々に印象付けた。たとえば、明治五年（一八七二）五月、各村で行政を執りおこなってきた庄屋や年寄が廃止された。これは庄屋の職務と、戸籍事務を扱うために新設された戸長の職務とが入り交じっていたのを解消することが目的であったが、従来から慣れ親しんできた庄屋が廃止されることは、時代の流れを感じさせた。

翌六年九月には旗本久貝氏の長尾陣屋跡地二町三畝一二歩が二〇八円で、八年八月には楠葉村にあった旧幕府の関門と船番所の跡地二町六反五畝二七歩が一七四円一六銭あまりで、それぞれ払い下げられた〔枚方市史編纂委員会、一九七七年〕。

人々の風俗・生活習慣に関しては、髷《まげ》をやめて散髪にすることや洋服を着ることが許されたり、暦制が改革され、祝祭日が制定されるなど、「富国強兵」や「西洋化」といったスローガンのもと、矢継ぎ早に改革が推し進められた。こうした庄屋の廃止や旧幕府関係地所の売却、旧習の否定などは、人々の目に見える形で大きな変革がもたらされるという印象を与えたが、「上からの風俗矯正」は当時の人々の生活習慣には馴染まないものであり、庶民の風俗が変化するにはかなりの時間を要した。

その後、明治半ばの二十年代になってようやく、大日本帝国憲法の発布と国会の開設が実現し、日本は近代国家としての要件を整えるに至った。町村においても町村会が設置され、町村会議員選挙がおこなわれるなど、条件付きとはいえ、一般の人々にも参政権が与えられたことは大きな進歩であった。

戸籍と徴兵

薩摩・長州両藩を中心とする明治政府は、財政的にも軍事的にもその基盤が脆弱であったため、早急に全国的な住民台帳をつくり、それを徴税や徴兵のための基本台帳として機能させる必要があった。そこで政府は明治四年（一八七一）四月に戸籍法を公布し、五年二月からの編成実施を求めた。この戸籍の特徴は苗字を必ず記載させたことにあるが、一方で氏神と檀那寺《だんなでら》とを記載することにもなっており、江戸時代の「宗門改帳」的な性格も持ち合わせていた。

また、政府は国家的な軍事力を高めるため、兵士の徴用をおこなった。三年十一月には八カ条からなる徴兵規則が制定され、全国から士族・庶民の区別なく身体強壮の者を兵部省に集めようとした。しかし、全国的な浸透をみなかったこともあり、六年一月には二〇歳の男子が常備兵として三年間徴兵されるという徴兵令が公布された。それでもなお、大阪鎮台では兵士が不足していたようで、六年に壮兵の募集がおこなわれ、片鉾《かたほこ》村からはこれに志願した人物がいた［枚方市史編纂委員会、一九八〇年］。

地租改正

明治に入って大きく変わったものに税制があった。財政基盤が脆弱であった政府にとって、農民からの地租収入に重点をおいた税制の確立が求められ、しかも、江戸時代とは異なる全国一律の基準に依拠した、金納による税制が模索された。そこで考え出されたのが、明治六年（一八七三）七月に公布された地租改正条例であった。地租改正では、それまで領主ごとにまちまちであった税率を地価の三％（のち二・五％）と定め、納税方法は物納から金納へ、納税者は耕作者から所有者へとそれぞれ切り替えられた。

かなり強引に進められた地租改正には反対する動きもあった。三矢村では堺県の収穫量査定に不満を持っていたようで、砂地で地味の悪いところや淀川沿いの水難場にも地租が掛けられていることは不当であるとして、税額の減免を求めて嘆願をおこなった［枚方市史編纂委員会、一九八〇年］。三矢村の嘆願は結局、実を結ぶことはなかったが、この村のように地租を過重に感じていた村は多かったはずである。

こうした偏重傾向に対し、二十年ごろには河内の地主たちによって主導された、地価修正運動と呼ばれる運動が盛んとなった。地租は地価を基準としていたが、その地価は地域によってまちまちであった。全国水準の二倍近い地価を設定されていた河内の地主たちにとって、地価修正は最も重要な関心事となった。地価修正は二十三年に設置された国会でもたびたび問題となり、枚方地域からは地価修正推進派であった深尾竜三が国会議員となって活躍した。深尾は安政五年（一八五八）尊延寺村に生まれ、氷室村長、北河内郡会議員を歴任した人物で、明治三十五年（一九〇二）の第七回総選挙では落選したものの、翌年北海道に渡って第二代根室町長に当選するという数奇な運命を辿った［枚方市史編纂委員会、一九八〇年］。

教育制度の変遷

明治時代には戸籍制度や税制の改革とともに、教育制度も大きく変化した。江戸時代までの民間教育といえば寺小屋が思い浮かぶが、そこでは「読み・書き・そろばん」といわれるように日常生活に必要な事柄を学ぶにとどまっていた。そこで、明治政府は西洋列強と同等の国力をつけるためには、教育の普及が必要不可欠と考え、明治五年（一八七二）に学制を公布し、各地に小学校を建設した。堺県では七三三校を設置することにし、枚方市域には八校が設置された。しかし、当時の就学率は低く、堺県では三六・八％、大阪府と合併した後も五〇％台であった。八年ごろの枚方校の調査によれば、学齢に達した児童が三二五人いるのに対し、不就学児童は一二三人と四割近くに上った。彼らが不就学である理由は、「農事手伝」「子守」「極貧」などであり、家庭の事情により就学できない児童が多くいたことがわかる。

十九年には小学校令が公布され、尋常《じんじょう》科四年・高等科二年となり、尋常科への就学は義務とされた。枚方市域で二十年に設置された尋常小学校は、枚方・中振・牧野・招提・楠葉・山田・津田・長尾・王仁《わに》・平松の一〇校であった。このうち、中振は蹉跎に、平松は氷室に校名を変更し、長尾と王仁が合併して菅原校に、交野郡私部《きさべ》（現在、交野市）にあった交南が川越村に校地を移して川越校となった。

一方、高等小学校は義務教育ではなかったため、進学する児童も少なく、各村に設置されたわけではなかった。二十年の段階で茨田郡には枚方・就将（中振村の蹉跎神社社務所に設置）の二校があったが、翌年統合され、新たに茨田高等小学校が門真一番上村（現在、門真市）に設置された。二十九年には枚方・蹉跎・友呂岐《ともろぎ》（現在、寝屋川市）を通学区とする分校が設けられ、三十四年に上友高等小学校と名称を変更した。交野郡には交北・交南・津田・平松があったが、津田・平松は二十一年に交北に合併された。

この後、二十三年には有料であった義務教育が無料となり、四十年には義務教育が六年となるなど、制度的にも確定することになった［籠谷、一九七八年：寺嶋、一九五一年：枚方市史編纂委員会、一九八〇年］。

いろいろな教育機関

このように各地に小学校が設置されたが、小学校を卒業してから実業に従事する者が、小学校教育の補習と職業に関する知識・技能を学ぶ場として、尋常小学校に併設される形で実業補習学校が設置された。枚方地域では農業補習学校が多かったが、なかでも山田村実業補習学校の歴史は古く、明治三十七年（一九〇四）に大字中宮で組織された夜学青年会と、三十九年に設置された私立池之宮農業補習学校をその淵源としている。

また、女子教育の場として、三十九年には枚方裁縫学校が、大正二年（一九一三）には蹉跎裁縫学校が、昭和八年（一九三三）には山田実科学校がそれぞれ小学校に併設された。昭和四年には、日本画家矢野橋村《やのきょうそん》によって設立された大阪美術学校が天王寺から牧野村渚御殿山に移転してきた。これらの学校は中等・高等教育機関への就学機会に恵まれない人々に「学ぶ機会」と「学ぶ場」を提供するものとして、重要な役割を担った。

写真 8-1　大阪美術学校新校舎
御殿山生涯学習美術センター提供。

高等教育機関としては、大阪女子高等医学専門学校（現在の関西医科大学）と大阪歯科医学専門学校（現在の大阪歯科大学）が昭和一一～一三年にかけて牧野村に移転してきた。昭和初期の京阪沿線には、七年に聖母女学院高等女学校（現在の聖母女学院中学校・高等学校）が、十六年に大阪偕行社中学校（現在の同志社香里中学校・高等学校）が、十八年に大阪市立中学校（現在の大阪市立高等学校）が相次いで移転・開校しており、これには京阪電鉄による積極的な誘致活動があった。京阪には、自社の所有地を廉価で売却したり、寄附したりしても、学校を誘致することで運賃収入や電気供給収入が見込めるとともに、沿線の文化向上と自社のイメージアップにつながるとの思惑があった［京阪電気鉄道株式会社、一九八〇年］。

四條畷中学校と枚方

このように枚方地域には各種の教育機関が設置されたにもかかわらず、不思議なことに中等教育機関は設置されなかった。たいていの郡では郡役所所在地に中学校が設置されたが、北河内郡の場合、郡役所のある枚方ではなく、甲可《こうか》村（現在、四條畷市）に設置された。明治三十六年（一九〇三）に開校した四條畷中学校（現在の大阪府立四條畷高校）がそれに当たる。甲可村に決定した理由としては、開校時期が日露戦争前の国威高揚の時期と合致し、同村が後醍醐天皇に忠誠を誓って戦った楠木正成《くすのきまさしげ》の長男正行《まさつら》（小楠公）ゆかりの地であることや、正行を主神に楠木一族を祀《まつ》る四條畷神社の存在が大きく影響したと考えられる［籠谷、一九七八年：寺嶋、一九五一年：枚方市史編纂委員会、一九八〇年：瀬川・櫻井、一九九六年］。

それは、四條畷中学校の開校を報じた三十六年六月五日付の『大阪朝日新聞』からも明らかである。開校式に臨んで知事が述べた「此地は小楠公の身を王事に致したる処にして、山河到る処忠臣義士の遺蹟ならざるはなく」という言葉や、開校式に歌われた「学びの庭こそ名もしるき　四條畷に開けたれ　今も昔の色かへぬ　楠の若葉は茂るなり　いざや進みて諸共に　忠と孝との道をふみ　文武を兼ねて修めつゝ　小楠公を学ばなん小楠公を学ばなん」という歌詞にもあらわれている。

また、枚方に中学校が設置されなかった理由として、枚方桜新地に遊郭が存在しており、青少年教育の場として風紀上ふさわしくなかったからとする説がある。これについては、史料的裏付けがないので何とも言いがたいが、甲可村と比べた場合、遊郭の存在は不利な要素であったといえるだろう。なお、枚方に中等教育機関が設置されるのは、昭和十八年（一九四三）の大阪市立中学校を待たなくてはならなかった。

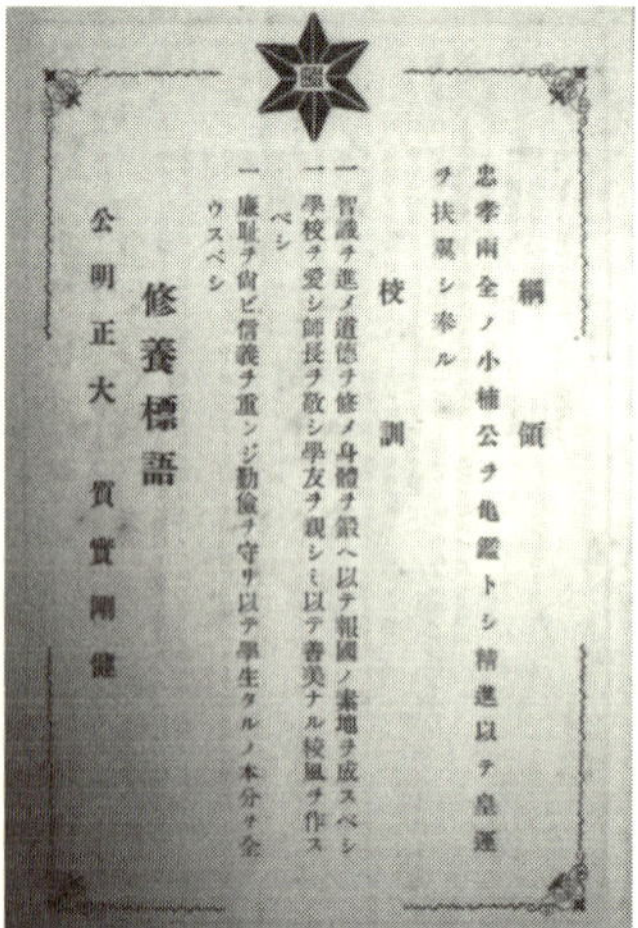
綱領

忠孝兩全ノ小楠公ヲ龜鑑トシ精進以テ皇運ヲ扶翼シ奉ル

校訓

一 智識ヲ進メ道徳ヲ修メ身體ヲ鍛ヘ以テ報國ノ素地ヲ成スベシ

一 學校ヲ愛シ師長ヲ敬シ學友ヲ親シミ以テ善美ナル校風ヲ作スベシ

一 廉恥ヲ尚ビ信義ヲ重ンジ勤倹ヲ守リ以テ學生タルノ本分ヲ全ウスベシ

修養標語

公明正大　質實剛健

1

図 8-2　四條畷中学校生徒日誌

2　農業の発展と社会生活

農業の振興策

第1節でみたように政治体制は大きく変わったが、庶民の生業という点では、さほど大きな変化があったというわけではなかった。第6章第2節では、江戸時代の枚方地域が米作と菜種作とを中心とする地域であったことを指摘したが、その様子は明治十六年（一八八三）の段階に至ってもほとんど変化がなかった。当時の耕作比率をみると、茨田郡では米作八八・一％、木綿作四・六％、交野郡でも米作六五・〇％、木綿作一〇・五％と枚方地域を含む両郡における米作の優位性は変わることがなかった〔北崎、一九五八年〕。

確かに主たる生産物に大きな変化はなかったが、当時の人々はただ漫然と江戸時代の生産方法を踏襲していたわけではなかった。十五年二月、大阪府下各郡に植物試験場を設置するようにと大阪府からの呼びかけがあり、茨田・讃良・交野の三郡では一年間の予算を二二六円と定め、枚方の伊加賀に試験場を設置した。設置に際しては、「米・麦・木綿等良種ヲ培養シ……農作ノ改良進歩ヲ計」ることを目的とし、「実地経験之上有益ト認ムルモノハ、其種類及栽培方・肥料・収穫等ヲ詳記シ、漸次各村ニ分配スル」ことで農業の振興を図ろうとした〔枚方市史編纂委員会、一九七七年〕。

その後、共進会・品評会・勧農会といった、政府の勧農政策に則った組織が設けられ、農業の振興に一定の役割を果たした。枚方においては、十六年に茨田・讃良・交野三郡町村連合の共進会が設置された。この会の目的は「優等ノ者ヲ賞シテ之ヲ奨励シ、他ノ農家ヲシテ相共ニ競進ノ志ヲ振作セシメ、付設スルニ集談会ヲ以テシ、平素ノ経験スル所ヲ談話研究シ、加フルニ種子交換ノ便ヲ得」ることとした〔枚方市史編纂委員会、一九七七年〕。翌十七年十一月には、津田小学校で米・綿・甘藷《かんしょ》（さつまいも）の品評会がおこなわれ、私立の品評会としては国内初のものであると報道された。観覧者は四日間で七三八五人を数え、盛況のうちに幕を閉じた〔明治十七年十一月

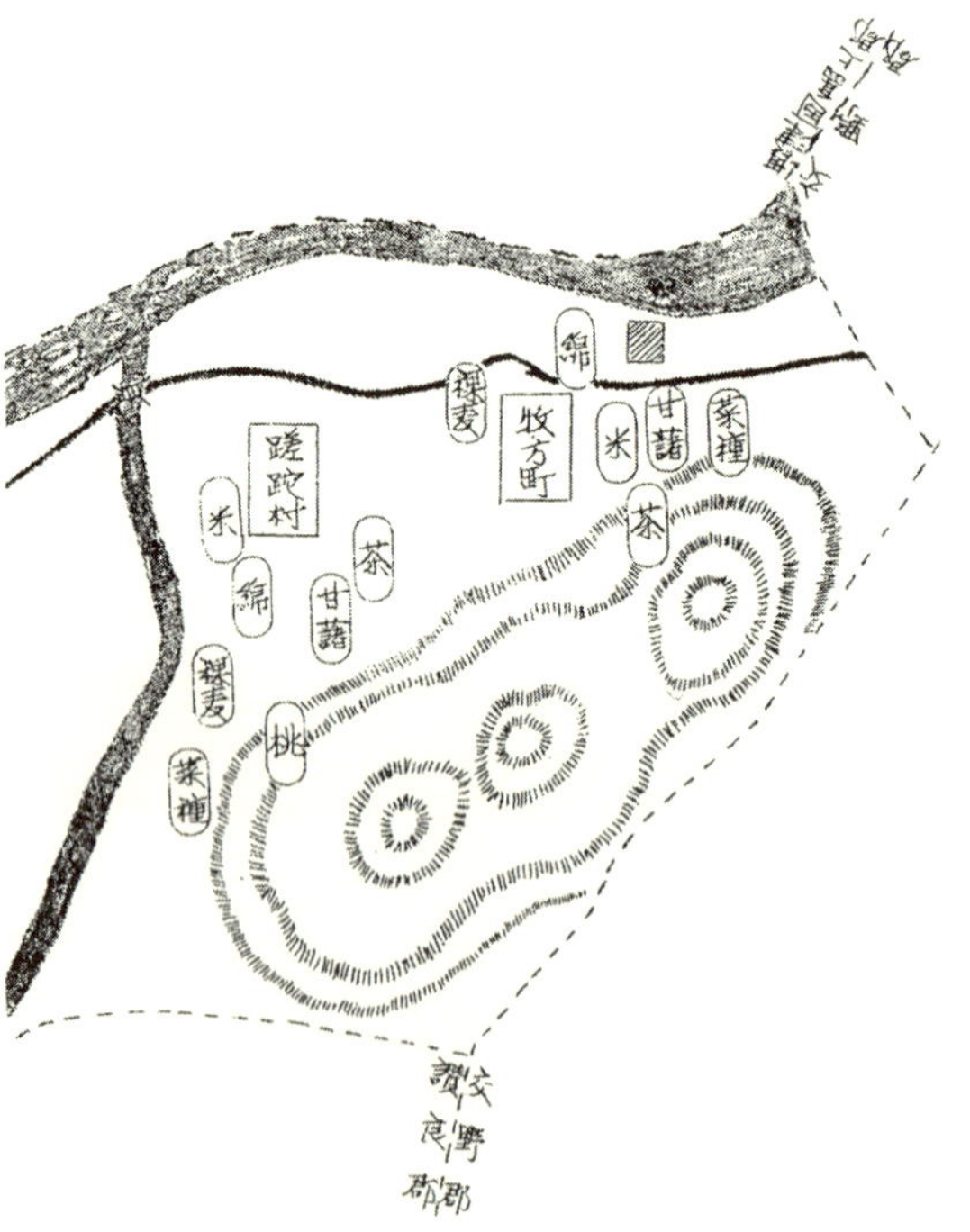

図 8-3　枚方付近の農産地図
農商務省編『農事調査　大阪府之部』より転載。

二十七日付『朝日新聞』〕。

また、米作改良・綿作奨励を主眼とし、家畜・家禽《かきん》（ニワトリやアヒルなど家で飼う鳥のこと）・肥料の共同購入、農産物の共同販売、害虫の予防・駆除を目的とする農会も各地に設立された。

木綿と茶の生産

政府の勧農政策もあって、江戸時代の枚方地域では芳しくなかった木綿生産も、明治半ばには徐々に見られるようになった。国産綿糸は幕末の開国で安い輸入綿糸に押されていたが、明治十三〜十四年（一八八〇〜八一）ごろには国内に紡績業が興ったことから、国内生産と需要の双方が伸びる傾向にあった。春日村でも十六年に作付面積三七町、生産量一万三三二〇貫、価額四四三六円であったものが、二十年にはそれぞれ五〇町、一万八〇〇〇貫、七二〇〇円へと増加した〔枚方市史編纂委員会、一九八〇年〕。

木綿のほかに当地で盛んに栽培された商品作物として茶がある。茶は木綿とは反対に輸出品の最たるものとして開国以後、各地で栽培された。枚方の製茶業は明治になって興ったものではなく、その起源は江戸時代の明和期（一七六四〜七二）まで遡ることができる。

北河内の茶は良質であったようで、三十年には地方税から六〇〇円の補助を受けて川越村に輸出向紅茶伝習所が設けられ、紅茶の製造が始められた。ただ、実状としては「近来追々上達の成績を呈し、露国輸出向の良品を出すこと尠《すく》なからねど、養蚕等の事業に比しては利益薄しとて志願者甚だ少く、稍《やや》不振の景況」であった〔明治三十年五月二十・二十三日付『大阪朝日新聞』〕。このような状況に対し、大阪府茶業組合連合会議所は三十七年七月に招提村をはじめとする五カ所に茶樹模範園を設けて、より良い栽培方法を茶業従事者に提供し、農談会や品評会を開くことで茶業のてこ入れを図った〔明治三十七年七月十九・二十日付『大阪朝日新聞』〕。

大阪府における製茶業の様子は、四十年五月の『大阪朝日新聞』からその一端を窺い知ることができる。記事に取り上げられた府下五郡（北河内・南河内・三島・豊能《との》・泉北）のうち、北河内は茶園一反歩あたりの収入が五〇円二〇銭と五郡のうちで最も多いが、収支は一反歩あたりの純益で見た場合、北河内は三円七五銭と豊能の四円三五銭、南河内の四円一銭についで三番目となっている。こうした差が生じた最も大きな要因は、茶揉人夫の賃金にあった。豊能・南河内が四〇銭であるのに対し、北河内ではその一・五倍の六〇銭を計上しており、品質の良い茶を支えていた茶揉人夫の高給が、結果的には利益を下げるという悪循環を生み出していた。

一時は隆盛を誇った商品作物生産も明治末期には衰退し、その傾向は枚方地域においても顕著にあらわれた。木綿は外来綿への転換が進み、その生産を減少させていった。また、菜種は石油の輸入と石油ランプの使用によって、菜種油の需要が格段に減少したことから、北河内郡における作付面積は明治前期の半分から三分の一にまで落ち込んだ。製茶業においても同様の傾向がみられ、大阪府下の作付面積は三十年代の半分となり、招提村では純収入が四十年の一〇一八円五〇銭を最高に、それ以後この水準を超えることはなかった〔枚方市史編纂委員会、一九八〇年〕。

小作争議の頻発

商品作物生産の衰退は農家の経営を圧迫した。大阪府は全国のなかでも小作人の割合が高く、とくに枚方市域を含む茨田郡は、明治二十二年（一八八九）の調査で五四・二％と北河内三郡のなかで最も高い比率を示した（大阪府全体では四〇％、交野郡では一八・四％、讃良郡では四三・六％）。それ以後の調査においても、北河内郡の小作人の割合は五〇％を超えた。当然小作地の割合も高く、六五〜七〇％という大変高い数値を示し、寄生地主制が早くから進展していたことを窺わせる〔枚方市史編纂委員会、一九八〇年〕。

こうした事態は、地主と小作人との軋轢《あつれき》を生んだ。三十年には招提村において、小作料の引き下げをめぐる争いで地主が襲われた。三十二年十二月には、津田村字春日の小作人二〇人が小作米の減額を求めて地主と直談判に及ぶという事件が起きた。この地主は減額に応じたが、ほかの地主に属する小作人が騒ぎ立て、「瓦十余枚を投付け、又は五貫目程の石一個を投付けて、門扉の中央に五、六寸の穴を明け、裏門へも瓦石を投じて破損」するという暴挙に出た。

警察は暴動を起こした一五人を地方裁判所に送致したが、地主側の要請により、枚方警察署からは警官が派遣され、小作人の説得が続いた〔明治三十二年十二月十五日付『大阪朝日新聞』〕。

この後、小作人の地位向上と小作料減免をスローガンに日本農民組合が結成され、枚方地域でも大正末年から昭和初年にかけて、各地で小作会が結成されるなど、小作争議も組織的におこなわれるようになっていった。

明治十八年の大洪水と淀川改修

枚方の農業が大きく発展したのは、淀川の豊かな流れの賜物であったが、一方で古来より幾度となく、洪水の被害を受けてきた。近代に入って最も大きな被害をもたらしたのが、明治十八年（一八八五）六月十八日の明け方に起こった大洪水である。前日から降り続いた豪雨で、淀川の水位は四メートル五〇センチを超え、水の勢いに耐え切れなくなった堤防は、十八日午前三時ついに決壊し、枚方は一面湖のようになった。堤防の切れたところから入り込む水の様子を新聞は、「白浪を打ち、ガウ〳〵と鳴響」と表現し、その凄まじさを報じた〔明治十八年六月二十一日付『朝日新聞』〕。

取り急ぎ応急措置が施され、大阪の藤田組から二〇〇人、茨田・交野・島上各郡から雇い入れた人足七五〇人が切口に杭を打ち、土のうを積み上げたが、藤田組の工夫以外は工事に不慣れな農民ばかりであったため、工事は思うように進まなかった［明治十八年六月二十一日付『朝日新聞』］。結局、水が引くのに約一カ月を要することになった。

では、この洪水は枚方市域にどれほどの被害をもたらしたのであろうか。洪水から約三カ月を経た九月二十日付の『朝日新聞』は、茨田郡での浸水戸数は七〇〇〇戸、死者は二七人、交野郡での浸水戸数は六五〇〇戸と報じた。走谷《はしりだに》村では、この洪水によって人口一八〇〇〇人のうち、四五〇人が「極貧窮」と判断されたにもかかわらず、「此辺にてハ絶て救助に来る人もなく、僅に米商より一度飯を恤《めぐま》れたる事ありしのみ」という状況で、ほかの村でも「施与《ほどこし》の白米を両手に掬《すく》ひ、其儘口に入れて生米を食ふ」様子や、「三日三夜ハ食はず飲まず」といった惨状が見られた［明治十八年六月二十七日付『朝日新聞』］。

この年の洪水は淀川沿岸の村々のみならず、流末の大阪市内にも大きな被害をもたらした。その後も二十二年・二十九年に大規模な洪水が起こったことから、大阪府では府民一丸となって淀川改修運動を盛り上げていった。大阪府民のこうした動きに呼応して、政府も二十九年から一五年間にわたって、川幅の拡張や堤防の増

写真 8-2　明治十八季洪水碑

高を主とする淀川改修工事を進めた。

さらに、上流の瀬田川では洗堰《あらいぜき》を設けて、琵琶湖から排出する水量を調整し、下流では長柄から大阪湾までの約八キロメートルを掘削して、直線で水が落とせるように新たな水路を設け、現在のような流路が確定した。旧淀川については、オランダ人技師ヨハネス・デレーケによって設計された、流量を調整するための閘門《こうもん》が毛馬に設けられた。これ以後、枚方市域をはじめ、大阪市内が大規模な洪水に見舞われることはなくなった［淀川百年史編集委員会、一九七四年：枚方市史編纂委員会、一九六九年：瀬川・櫻井、一九九六年］。

伝染病の流行と衛生行政

淀川の洪水は単に水害をもたらすのみでなく、伝染病の発生・拡大を引き起こす可能性をはらんでいた。人類の歴史は、さまざまな病気との格闘の歴史だとも言われ、明治から昭和初期にかけては、とくにコレラ・赤痢《せきり》・天然痘《てんねんとう》との闘いに苦慮した時期であった。たとえば、明治十九年（一八八六）に流行したコレラでは茨田郡全人口の約一％が罹病し、罹病者の死亡率は七〇％を超えた。予防法や治療法が十分に確立されていない当時にあっては、一旦発生すると大流行を招いたため、避病院の設置や清掃・消毒の励行などその対策に追われた。

二十四年に定められた「大阪府交野郡山田村衛生組合規約」によれば、「人民各自ノ健康ヲ保持シ、悪疫予防法ノ周到スルヲ目的」とし、組合員は「家屋ノ内外ヲ時々掃除スル事」や「種痘《しゅとう》ヲ怠ラザル事」など一七にものぼる規約を守るように求められた〔枚方市史編纂委員会、一九七六年〕。

二十八年には赤痢とコレラが同時に流行したことから、大阪府は各地に避病院を設置させた。津田・菅原・氷室・山田・招提の五カ村は共同で、菅原村藤阪に敷地七〇〇坪、木造瓦葺平屋建ての避病院を建設した。枚方町でも二十九年に設置したが、病舎が狭く、設備が不十分な上、計画中の遊園地に隣接することから、患者の受け入れが困難となり、蹉跎村と共同で四十二年八月、蹉跎村走谷に新たな病院を設置した。なお、これら避病院は昭和二十四年（一九四九）、枚方市立市民病院が開設されるに伴って、その役目を終えた〔寺島、一九九九年〕。

3　交通網の整備と発展

蒸気船の就航

江戸時代、京都−大坂間の交通は三十石船を代表格とする舟運によって担われており、それは明治に入って導入された蒸気船にも受け継がれた。明治初年には、それまでの風力や人力に頼る和船に替わって西洋船の外輪船が登場し、多いときには一日一〇〇人もの旅客を運んだ。

好評を博した汽船営業は新規参入が相次ぎ、乗客を奪い合う過当競争が繰り広げられた。なかには「三銭汽船」と呼ばれる法外に安い値段で運行する業者もあらわれ、共倒れになる危険性をはらんだことから、各社を統合するかたちで明治二十年（一八八七）五月、淀川汽船会社が発足した。同社は一一隻の船を擁し、行楽シーズンである三～五月には多くの旅客を運んだ。

また、枚方浜では旅客のみならず貨物も取り扱っており、米が移出され、肥料・油粕といった農業に必要な品物が移入された。貨物の担い手もやはり汽船が主であったが、和船も現存していた。和船は江戸時代に比べ、七～八割にまで減少したが、貨物輸送の手段として命脈を保っていたのである。その和船が明治末期、再度旅客用として注目されるようになる。それは、四十三年に地元と京阪電鉄との共同出資によって設立された枚方遊船合資会社が、枚方の観光を振興するために仕立てた遊覧船としての復活であった。

写真 8-3　淀川を航行する蒸気船
淀川河川事務所提供。

関西鉄道の開通

明治後半になると、都市間交通の担い手として鉄道が注目されるようになった。当初は投機的な路線が乱立状態にあったが徐々に整理され、枚方市域では現在のＪＲ学研都市線（片町線）の敷設が具体化された。この路線は、明治二十六年（一八九三）に浪速鉄道が完成させた、大阪相生町（片町）と四條畷とを結ぶ路線が最初である。三十年には、浪速鉄道を吸収合併した関西鉄道が四條畷－木津間の工事に着手、三十一年四月には四條畷－長尾間が、六月には長尾－木津間がそれぞれ開通し、大阪市内と京都府南部が一本の線路で結ばれた。

鉄道の敷設が村の発展につながると考えた津田村長河崎利三郎と菅原村長笹田荘重郎は駅の誘致に乗り出し、駅用地を寄附することと引き換えに、線路を山寄りのルートに変更させた。そのおかげで沿線村々は、石清水八幡宮や交野山山麓にある源氏の滝への観光客で賑わったという［枚方市史編纂委員会、一九八〇年］。

京阪電車の開通

淀川における汽船営業の成功や、明治三十八年（一九〇五）に大阪出入橋と神戸雲井通間を結んだ阪神電気鉄道の成功は、都市間輸送需要の掘り起こしにつながった。関西の財界ではいくつもの電気軌道路線計画を申請したが、そのうちのひとつが枚方を通り、大阪と京都とを結ぶ京阪電気鉄道であった。

京阪は三十六年に大阪高麗橋《こうらいばし》－京都五条間の電気軌道敷設を出願し、三十九年には敷設の許可を得た。四十一年には起点を高麗橋から天満橋へと変更し、四十三年四月十五日に天満橋－五条間で開業をみた。枚方市域には香里・枚方（現在の枚方公園）・枚方東口（現在の枚方市）・牧野・樟葉の各駅が置かれ、運賃は枚方－天満橋間が一五銭、枚方－五条間が二五銭で、大阪－京都間を約一〇〇分で結んだ〔京阪電気鉄道株式会社、一九八〇年〕。

写真 8-4 開業時の天満橋駅と電車
京阪電気鉄道株式会社所蔵。

枚方町議会では京阪開通の当日、「大字三矢字御殿山ニ、大国旗ヲ樹立シ、球燈ヲ吊リ飾ル事」「大字岡新町天ノ川堤防電鉄線路上ニ、大緑門ヲ建設スル事」「本町地内電鉄線路両側ニ樹立シアル電柱ヲ利用シ、両側悉皆《しっかい》国旗・球燈ヲ以テ装飾スル事」を議決し、その費用として二〇〇円の支出を認めた〔枚方市史編纂委員会、一九七七年〕。このことからも、当時の人々が京阪の開通をいかに心待ちにしていたかがわかる。

また、枚方と京阪のつながりは、ただ単に「電車が通る」ということだけではなかった。京阪は大阪と京都の中間に位置する枚方町岡六〇四番地（現在の岡東町）に会社の「本店」を置いた。「本社」は大正七年（一九一八）、天満橋に移るが、枚方町では税収の減少を懸念し、「本店」の存続を嘆願した。結果、いまでも登記上の「本店」は枚方にある［宿場町枚方を考える会、一九九七年］。

開業後の京阪と国鉄（現在のＪＲ東海道線）との乗客数を比較してみると、四十三年（一九一〇）には五六万人対一〇六万人であったものが、四十四年には八九万人対一〇三万人、大正元年（一九一二）には一〇三万人対一〇一万人と乗客そのものが増えるとともに、国鉄から乗客を奪う形で増加し、大正元年にはついに逆転した［大正二年四月三日付『大阪朝日新聞』］。乗客を増やすことに成功した京阪にとって、スピードアップが次なる課題となったが、「京阪電鉄カーブ式会社」と揶揄《やゆ》されるほどカーブが多く、スピードアップには問題があった。これは道路と線路とを併用する軌道が二九％を占め、阪神や大阪電気軌道（現在の近鉄奈良線）と比べても併用軌道率が高かったからである［三木、二〇〇三年］。

なお、枚方市駅と交野市の私市《きさいち》駅とを結ぶ交野線は、枚方と奈良県の生駒とを結ぶ予定であった信貴《しぎ》生駒電鉄枚方線として供用を開始した。しかし、私市－生駒間の鉄道敷設は頓挫し、昭和十四年（一九三九）には交野電気鉄道株式会社の路線となった。同路線が京阪電鉄交野線として、現在のように京阪が運営するようになるのは、二十年五月になってからのことである〔京阪電気鉄道株式会社、一九八〇年〕。

道路網の整備

鉄道の整備に比べて道路の整備は遅れた。現在、国道一号や三〇七号、府道京都守口線（旧国道一号）が通る枚方市域は、江戸時代から交通の要衝であったが、淀川水運に恵まれていたこともあり、明治前期の道路の様子を記した『偵察録』を見ても、「京街道　守口町ヨリ仁和寺村ヲ経テ枚方村ニ向フ　道幅二米五十ヨリ二米八十」という程度で、三メートルにも満たない貧弱なものであった。その後、明治十八年（一八八五）には五・四メートル、二十八年には六・一メートルへと拡幅されたが、京阪間の交通を担うには不十分であった。

道路整備が本格化するのは、自動車そのものの発達と自動車による輸送が盛んになる大正末年から昭和初年にかけてのことである。枚方市域を通る京阪国道（国道一号の一部。東京－大阪間が国道一号と呼ばれるようになるのは、昭和二十七年からである）の改良は、昭和二年（一九二七）四月に大阪府側が着工、京都府側もほぼ同時期に工事を始めた。六年四月には大阪市から枚方までが完成、八年四月には京阪間全線が開通した。これにより、それまで三時間かかっていた京阪間は、わずか五〇分で結ばれることになった〔和田、一九三三年〕。

これに関連して、枚方－高槻間を結ぶ枚方大橋も昭和五年に建造されたが、完成までには紆余曲折があった。枚方町議会では明治四十二年（一九〇九）九月、大阪府に対して架橋を請願したが、その理由としては、「船脚遅々タリシ渡船ハ、近年淀川改修ノ結果川幅広大ニ変リタルヲ以テ、船ノ発着ハ旧時ノ倍時間ヲ要スル」ことに加え、「両郡（北河内郡と三島郡）ニ往来スル人馬・車輌ノ頻繁益々激甚ヲ加へ、到底姑息《こそく》ナル渡船ニテハ是等ノ用ヲ敏捷《びんしょう》ニ充シ難ク」というものであった［枚方市史編纂委員会、一九七六年］。さらに、四十三年四月には橋本（現在、京都府八幡市）で渡船が暴風によって沈没するという事故が起きたことから、架橋が急務とされ、枚方町は三〇〇〇円の寄附を申し出た。

しかし、架橋は遅々として進まなかったため、大正十二年（一九二三）に淀川両岸の一五カ町村が集まって、再び請願書を提出した。その後、十四年に至ってようやく架橋の目途が立ったが、それは陸軍高槻工兵隊重架橋中隊が演習のため、架橋に伴う機械や労働力を無償で提供してくれることになったからであった。昭和五年（一九三〇）二月には橋脚が、七月には骨組みが、十月十日には橋そのものが完成し、淀川両岸の物流が促進されることとなった。なお、初代の橋は京阪電鉄の宇治川・木津川鉄橋を転用したものであった［宿場町枚方を考える会、一九九七年］。

コラム　枚方と菊人形の歴史

平成十七年（二〇〇五）十二月、九三年間続いた枚方の菊人形はその歴史に幕をおろした。「枚方と言えば菊人形、菊人形といえば枚方」と言われるほど、全国的に有名であったこともあり、最後の年は別れを惜しむ約七〇万人もの人々がひらかたパークを訪れた（詳しくは、第12章第4節参照）。

枚方での菊人形は大正元年（一九一二）が最初であるが、京阪電鉄による菊人形は同社の開業間もない明治四十三年（一九一〇）十月、香里遊園地においてであった。春の行楽シーズンに客足が伸び悩んだことから、同社は秋に菊人形の開催を計画、往復乗車券を購入した乗客は入園料を無料とするなどした結果、好評を博した。ただ、四十五年三月には香里遊園地が住宅地として開発されることとなり、用地が売却されたことから、京阪では現在の枚方公園駅付近に約一万平方メートルにも及ぶ遊園地用地を買収、「ひらかた菊人形」と銘打って第三回を枚方で開催した。

その後、大正八年（一九一九）から十一年までは興行主との関係から宇治でおこなわれたが、十二年からは再び枚方で開催された。十四年には遊園地内にボート池・飛行塔・滑り台・ブランコなどの遊具を備えるとともに、菊人形を展示する施設も整えられた。

当時の内容構成は「見流し」と「段返し」の二本立てで、「見流し」とは観客が各場面を見て歩くのに対し、「段返し」はいくつかの場面を一つのステージ上で展開する方法で、背景や人物がストーリーに合わせて動くというものであった。「段返し」の場面構成は次第に豪華になり、一五段返しというものまで登場した。また、当時、京阪は電力供給事業に力を入れていたこともあり、電気仕掛けによる三段返しや白熱灯による夜間営業が菊人形の人気をより一層盛り上げた。

このように人気を博した菊人形であったが、日中戦争から太平洋戦争期には戦時色の濃い展示があらわれ、国威高揚に利用された。戦局が悪化していくなか、菊人形は昭和十八年（一九四三）十〜十一月の開催を最後にやむなく休止、ほどなく菊人形館は軍需

写真 8-5　枚方で最初の菊人形展（大正元年）
京阪電気鉄道株式会社所蔵。

資材に、遊園地は食糧増産のための農地にそれぞれ徴用された。

戦後、菊人形は吹田の千里山遊園地で復活したが、「菊人形は枚方で」という声が高まり、二十四年からは再び枚方で開催されることとなった。それ以降、平成十七年までの五六年間、菊人形は秋の風物詩として枚方のまちを彩りつづけたのであった。

第9章　戦争の時代と枚方

1　産業の発展と社会生活

蝶矢シャツと倉敷紡績の工場進出

明治後期の関西鉄道と京阪電鉄の開通で、枚方では舟運のほか鉄道による人と物資の大規模輸送が可能となり、大正期に入って繊維産業を中心とする工場進出が目立つようになる。その主要なものが蝶矢シャツと倉敷紡績であった。蝶矢シャツ（現在ＣＨＯＹＡ）は大正七年（一九一八）以降、工場建設とその稼働を進めたが、第一次世界大戦による大戦景気に陰りが見え始めたことが影響し、大正十年（一九二一）七月に倒産してしまった。しかし、同年十月には、幸いにも銀行の支援を受けて会社の経営を再開できるようになった。ほぼ同じ頃の大正九年には日本メリヤスの工場が誕生したが、こちらも経営不振になり大正十三年に倉敷紡績に工場を売却した。その後、倉紡の工場は戦時期に軍事工場として使われたりもした［枚方市史編纂委員会、一九九七］。

昭和六年（一九一三）から一五年間、蝶矢シャツで働いた女性によると、就業時間は午前八時から午後五時までで昼に休憩が一時間あった。この昼休みに工場内の売店で買うお菓子が楽しみだったという。最初の二、三年は人が帰った後も電気も暖房も切れたなかで仕事をした。女性は「それがいちばん辛かった。それが嫌やっちゅうて辞めた子もぎょうさんありますがな」とふり返り、蝶矢シャツでなければ働くところがないために「私は辛抱しましたけど、ちょっとハイカラな子は辞めて、寝屋川とかの食堂へ働きに出たらしいでっせ」と語った［京都橘女子大学女性歴史文化研究所、一九九七年］。現在ＣＨＯＹＡと倉敷紡績の工場は、ともに枚方市外に移転しており、倉紡跡地には関西医科大学附属枚方病院が建っている。

大正期には、全国的な工業の発展により枚方でも工場が建設されたが、農業はなお主要な家業であった。そして、大正後期から昭和初期にかけては地主と小作人が対立する争議が頻発し、小作人は地主に小作料減免などさまざまな要求を突きつけた。

小作争議の激化

大阪府の農家戸数は、大正元年（一九一二）に九万五九七七戸でその割合は全体戸数の一九・四％であったが、北河内郡のみの数字を見ると、農家が一万一八九二戸で七七・七％と高い割合を示していた。その後、大正十一年（一九二二）には府全体の農家割合が一五・二％、北河内郡は六〇・八％に低下したが、郡内ではまだ戸数の半分以上が農業従事者であった。大阪府内の小作争議が激しくなるのは、大正十年（一九二一）頃からで、同年秋には川越村と蹉跎《さだ》村に小作人組合と地主組合が結成され組織的な活動が展開された。

当時の地主と小作の関係について、大阪府の分析内容はおおよそ以下のようであった。工業の発展にともない農業経営が不振で、農具代や肥料代が高くなり小作収益が減少したことに加え、物価全体の上昇により、わずかな小作料収入では生活が苦しくなった。また、鉄道の整備が進んだことは、農村部から大阪市内への遠距離通勤を容易にし、転業しやすい環境を生むこととなった。小作人の一部は、根本的な地位向上を求める主張をしていて、事態は広がりを見せる状況ではあったが、争議を継続する強硬派は少なく、地主が特別な解決策をとった例もなかったという〔大正十一年一月十一日付『大阪朝日新聞』〕。

ところが、大正十一年以降も各地で争議は起こり、同年には津田村や牧野村、樟葉村でも小作人組合がつくられた。また、四月には日本農民組合（日農）が結成され、北河内の人々も多く参加した。支部は、津田・春日・野・片鉾《かたほこ》・甲斐田・中宮・田口・村野・養父・郡津（交野《かたの》）と広範囲に及んでおり、日農の支部で構成する日農北河内連合会も組織された。北河内は大阪府内で初めて支部がつくられた地域であり、農民運動の先進地となっていた。

このように、小作人の活動は小作料の減免に向け活発化し、地主はその対応に苦慮した。両者が直接交渉するほか、村長や警察署長らを間に入れることもあった。その解決事例を見ると、減額の範囲はそれぞれ異なるが、川越村で大正十三年十二月に解決したものでは「二割八分五厘引ヲ以テ解決。干害ノ分ニ対シテハ案分ヲ以テ減免」という結論になった。また、津田村のある事例（大正十四年十二月に解決）では「甲乙丙ノ三種ニ区分シ、甲ニ対シテハ一石ニ付三斗、乙ニ対シテハ二斗、丙ニ対シテハ一斗ノ旱害《かんがい》の補助ヲナス。外ニ、全部ニ対シ平均一斗ヲ前記三区別ノ上ニ減米ヲ贈与」というように地主側の譲歩による解決であったことがわかる［枚方市史編纂委員会、一九七七年・一九八〇年］。

町村合併

枚方市域での町村合併は、明治二十二年（一八八九）の町村制施行以後、昭和に入るまで実施されていなかった。しかし、昭和十年代には、財政上の問題や戦時体制への移行などを背景にして各地で合併がおこなわれた。なお、町村の上位に位置した郡である「北河内」は、大正十二年（一九二三）施行の郡制廃止法によってなくなったが、地域の呼称としてその名は使われた。

市域での合併はまず、昭和十年（一九三五）二月、牧野村と招提村が一つになり殿山《とのやま》町が発足した。この新町名は牧野村の御殿山の名が由来となっている。両村を合併に向かわせた大きなきっかけは、前年に発生した自然災害であった。九年九月に上陸した室戸台風は、近畿圏に大打撃を与え、牧野小学校では職員二名、児童一五名の犠牲を出し校舎も倒壊した。招提小学校も被害を受け、復旧工事が必要となった。新校舎の建設という財政問題と以前から懸案であった通学区域改善の問題をうまく解決する方法として、合併の話が進められた。現在の感覚では、学校整備のために合併までするのかと思ってしまうかもしれないが、当時の町全体の歳入に占める小学校建設費はたいへん大きなものとなっていた。昭和十年三月に示された建設費用を見ると、一二万三六四九円のうち一一万四〇〇〇円を起債に頼るという厳しい状態であった。十一年の町歳入は、一七万九五〇六円であるから建設費の負担の重さがよくわかる。殿山町は、両村の懸案打開のために誕生したが、その後わずか三年あまりで新たな合併問題が浮上することになった。

昭和十三年（一九三八）十一月、枚方町と殿山町、蹉跎村、川越村、山田村、樟葉村が合併した。町名は枚方町となり、新聞記事では「大枚方町」と紹介された。合併の背景については、まず、前年の日中戦争の開始による財政安定化の促進があげられる。次に、禁野の陸軍施設の問題があった。殿山町と山田村では、両町村は施設の求めに応じ、そこで働く人を確保する仕事を担当していたが、小さな町村の事務としては重荷となっていた。そのほか、学区問題や住宅問題など、各町村の抱える問題は多種多様であった。同年二月頃から始まったという合併計画は、七月の時点でも参加町村数が流動的で、九月ごろになってようやく六町村での合併方針が固まった。「大枚方町」の実現が決まったことで、新聞では、豊能郡池田町や三島郡高槻町と比べて少し小さい「商・工・農の理想的総合都市が建設される」〔昭和十三年九月八日付『大阪朝日新聞』〕、淀川対岸の高槻とともに「大大阪新興産業の中枢地区となる見込である」〔昭和十三年九月二十九日付『大阪朝日新聞』〕などと報じられ、新町への期待が高まっていった。

さて、明治の町村制施行により、現在の市域では一町九村が誕生したが、明治以来合併を経験していないのは、津田村と氷室村、菅原村のみとなった。しかし、この三村も合併に関心がなかったわけではない。例えば、昭和四年（一九二九）の『大阪朝日新聞』は、三村の「合同後の新役場位置の点で行詰ってゐるとはいへ、合併実現につとめ」ていて、磐船・交野の両村についても交渉を重ねていると書いていた〔昭和四年二月十五日付『大阪朝日新聞』〕。一時はこの五村での合併も検討されたが、結果として十四年に磐船と交野が一つとなり交野町が発足した。そして、昭和十五年（一九四〇）十月に津田村、氷室村、菅原村が合併し津田町が誕生した。これにより現市域の範囲は、枚方町と津田町の二町に再編された〔枚方市史編纂委員会、一九八〇年〕。

2　軍事施設の整備

禁野火薬庫の完成

明治二十九年（一八九六）、軍の施設である禁野火薬庫が完成した。現在の城東区にあった大阪の砲兵工廠と宇治の火薬製造所との間に位置したことから、日清戦争が勃発した二十七年に整備が始まった。創設当初は敷地約二万五〇〇〇坪、二〇棟に満たなかった施設は、昭和十四年（一九三九）には敷地約一二万四〇〇〇坪、火薬庫・弾丸庫など一〇〇棟を数え、ピークを迎えた［財団法人大阪府文化財センター、二〇〇六年］。

日本は日清と日露の両戦争において優位に立ち、枚方でも戦争祝賀会や凱旋祝賀会が盛大に開催された。また、明治三十七年（一九〇四）二月には、北河奉公義会（会長・北河内郡長）が結成されて、出征軍人の慰労や戦死者遺族への支援、軍資金の調達などをおこなった。

禁野火薬庫の爆発

火薬庫はその名の通り火薬を扱うため、厳重な管理を必要とするが、完成から閉鎖までに大きな爆発が二度ほど発生した。明治四十二年（一九〇九）と昭和十四年（一九三九）の事故である。明治四十二年八月二十日、ダイナマイトの自然発火による爆発が起こり「天地も一時に裂けんばかりの一大音響」とともに周囲に大きな被害を与えた。午前二時すぎということもあり死者こそ出なかったが、軽傷者が一〇名といわれ、大破した家屋が約二五戸、小破家屋が約一四七〇戸に達したという。また、牧野小学校ではすべての教室で天井が落ち、破れたガラスが山のような形をなしていた。高槻では落雷と思って外に飛び出した人も多く、当時の大阪市内でも「微弱たる音響」と「一道の火光」に気付いた人がいたという〔明治四十二年八月二十一日・二十二日付『大阪朝日新聞』〕。この爆発に対して、軍は被害を受けたと認める者へ見舞金を渡し、大阪府は米の支援をおこなった。また、火薬庫については、軍とは別に民間が管理する施設も点在し、住民からは移転や撤去を求める声が上がっていた。その後、禁野火薬庫は明治四十四年（一九一一）に拡張したうえで復旧した。

二度目の大爆発は、昭和十四年（一九三九）三月一日午後二時四〇分頃に起こった。倉庫で砲弾の信管除去作業をおこなっている最中に引火し爆発したのである。この時に炸薬（火薬）が飛び散り、また、強風なども影響し火の手が拡大したため多くの犠牲者を生むことになった。午後三時半頃には再び大爆発を起こし、赤熱した弾丸の破片が各所に飛散して、たび重なる爆発やさまざまな施設への延焼を引き起こした。破片の拡散は周囲二キロメートルに及び、消火活動は遅々として進まず、三日の正午頃になってようやく爆発が収まり、翌四日に鎮火した。

この間の救援活動について『枚方警察署沿革誌』によると、枚方署が電話通報を受けた後、管内の消防隊に出動を命じて、全署員三一名のうち二四名が警備にあたった。現場では、五台のポンプを使いおよそ三、四〇名の隊員が消火作業をおこなった。一時的に火の勢いは衰えたがポンプの送水が止まってしまい、その後、三時三〇分と推定される時刻の大爆発で消火の協力や指揮をしていた署員の三名が殉職した。四時二〇分ごろからは、府内や京都から派遣された警察官が作業に加わった。夕方にさしかかっても火勢は収まらず、中宮・禁野・天の川・渚の各地域では「全く火の海と化し」、危険なためどうすることもできず自然鎮火を待つ以外に方法がなかった。また、停電も発生し、山田・殿山・枚方では日没までに復旧できずに暗闇が広がった。その一方で軍の倉庫では爆発が頻発していて、「火炎天に沖し、言語に絶するの景観を呈する」状態であった。負傷者の手当ては、警察署に救護本部を置いて実施され、大阪帝国大学附属病院や大阪市医師会などから人員が派遣された。警察官の配置状況は初日が約一五〇〇名、翌日一三〇六名、三日目六二五名、四日目六二九名、五日目五六五名、六日目に一七〇名が配置された。そして、六日目にようやく京阪電車と京阪国道の

写真 9-1　昭和 14 年の爆発直後の火薬庫敷地
枚方市教育委員会文化財課市史資料室所蔵。

警戒制限が解除された。

被害者数については、種々の数字が残されているが『禁野倉庫災害事故総合報告』の「死傷者ノ状況」によれば、軍や消防・警察関係などの殉職者が八五名、付近住民については、避難中に落下した弾片による死亡・重傷者が約五〇名、軽傷者は約五〇〇名と報告されている。また、前記の『沿革誌』には死亡者九四名、負傷者六〇二名、住まいなどの焼失五一〇棟、半焼九棟、全半潰七五九棟、家具の損壊は七七〇二戸と記録されている。そして、被害者に対して、軍は予算を勘案しながら慰謝料を算定し、大阪府は義援金の募集を決定し、枚方町は復旧資金の融資制度を整備するなどさまざまな措置が講じられた。この事故から五〇年が経過した平成元年（一九八九）、枚方市は三月一日を「平和の日」に制定し、この惨劇を戦争を知らない世代に伝え、市民一人ひとりが平和の尊さを考える日とした［枚方市企画調査室、一九八九年：枚方市史編纂委員会、一九九七年］

火薬庫で働いた人々

大規模な爆発事故は、軍施設と周辺に甚大な被害をもたらした。火薬庫は危険な施設であったが、情勢に応じ日常生活で軍とは直接関係のない人々も火薬などの製造に携わっていた。では、その様子を、二つの事故のほぼ中間の時期に実施された山東出兵を例に挙げて見ることにしよう。

出兵は昭和二年（一九二七）と三年におこなわれ、中国の山東省に軍を派遣し国民政府による北伐を阻止しようとするものであった。そして、昭和三年の五月三日には省都済南で両軍が衝突する済南事件が起こった。この不安定な成り行きのなかで、禁野火薬庫では、弾薬生産を急ピッチで進めるべく態勢を整えていった。弾薬などの増産のために、枚方町、川越村、樟葉村からおよそ一〇〇人の臨時職工が集められて、五月十日から作業を始めた。監督担当の中尉は「村の世話役が夜おそく、寝入ばなを襲ふてまで、勧誘してくれました御蔭で、こんなに沢山来てくれました」と語った。また、朝七時から日暮れまでの作業について、新聞では「汗と塵にまみれて働いてゐるさまは、さすがに異常時を思はせる」と伝えている。そして、職工については、年齢性別に関係なく「爺さん・婆さんからみめよい十七、八の河内娘にお主婦さんと若衆をまぜこぜにした賑やかな一隊」だったという〔昭和三年五月十三日付『大阪朝日新聞』〕このように、時の状況次第で多数の一般住民が軍関係施設で働いたのであった。

写真 9-2　禁野火薬庫作業室の様子（昭和 14 年）

枚方製造所と香里製造所の建設

枚方には、禁野火薬庫のほかに陸軍施設として枚方製造所と香里製造所があり、兵器や火薬を製造していた。枚方製造所は、日中戦争勃発の翌年昭和十三年（一九三八）に開設され、昭和十八年から火薬庫の爆発跡地に新しい工場が増設された。香里では昭和十四年に製造が始まり、枚方は軍需産業の栄える町になっていった。第二次大戦の末期には、枚方地域をはじめ、そのほかの地域から多くの人々が動員され兵器や火薬の製造に従事した［枚方市史編纂委員会、一九八〇年］。

3　戦争と住民生活

町内会と隣組の制度化

昭和十五年（一九四〇）十月、第二次近衛文麿内閣のもとで大政翼賛会が組織された。九月には、内務省が部落会や町内会などの整備要領を出していて、十八年三月には改正町村制が公布された。この過程で町内会は翼賛会の末端組織として位置付けられ、枚方町では翌四月に町内会規定が施行された。その目的は「隣保団結ノ精神ニ基キ、町内住民ヲ組織結合シ、地方共同ノ任務ヲ遂行スルト共ニ、万民翼賛ノ本旨ニ則リ、国策ノ完遂ニ協力ヲスル」ことであった。会の結成基準はおよそ二〇〇世帯であり、そのなかに隣組が設けられて、こちらは一五世帯前後をひとまとまりとした〔枚方市史編纂委員会、一九七六年〕。十五年には町内会数一四六であったものが、十八年には五四に再編され、体制の強化が図られた。さらに、同年、町内会長あるいはその指導者が軍の部隊に二日間入営する行事が実施された。「国運興隆」の原動力は指導者に期待するところが大きいというのがその目的であった〔枚方市市民情報課、一九九五年〕。町内会は大政翼賛会の下部組織として機能し、翼賛会解消後も昭和二十二年（一九四七）まで存続した。枚方町では、町内会制度廃止後新たに区長制度を整えていった。

配給制度の拡大

戦争中は物資の不足が問題であったが、東京に立て看板「ぜいたくは敵だ」が置かれたのは昭和十五年（一九四〇）夏のことであった。マッチと砂糖の切符制が同年に実施され、翌十六年には米穀の通帳制が都市部で始まった。これらの物資は切符や通帳がなければ入手できなくなり、その後も配給となる品目数は年々増加していった。砂糖や米のほか、みそやしょうゆ、塩、酒、肉や魚などの食料品、石けんや電球、薪などさまざまな日用品が配給制となった。そして、昭和十八年（一九四三）には、枚方と津田の両町でその種類の多さから、各配給通帳を一つにした総合通帳が発行されたという〔枚方市史編纂委員会、一九八〇年〕。このように、物資不足は年を追うごとに深刻なものとなっていった。

戦時下の学校

教育機関における体制強化も次第に進み、大阪女子医専は、昭和十六年（一九四一）に帽章を「M」（medicine の頭文字）から「医」に変更した。さらに、英語科は廃止され、そのほか授業中の外国語使用を必要最小限のものにしたという〔昭和十六年六月十一日付『朝日新聞』〕。そして、聖母女学院では「外国のミッションですので、戦時中は軍の弾圧がひどかったですよ」と卒業生は語った。「シスターたちも目をつけられて、スパイ扱いされていました」「教会にも軍人が入ってきて、パッと門に立ってねぇ、怖かったです」と回想した〔京都橘女子大学女性歴史文化研究所、一九九七年〕。

また、昭和十六年四月には小学校が国民学校と呼ばれるようになった。その目的は「皇国」（天皇が治める国）にふさわしい国民の育成（錬成）であった。その実践の一例として、昭和十九年（一九四四）の氷室国民学校の様子を見てみよう。朝の登校時には「決死奉公」のはちまきをしめて進軍訓練をおこなう。校長は「教室は戦場だ」「アメリカの子供に負けてはならぬ」と教え、始業前一時間にわたり訓練を実施し、担架搬送の訓練や軍歌行進などもおこなった

〔昭和十九年二月五日付『朝日新聞』〕。また、同年には都市部の児童が地方に疎開する集団疎開が実施された。北河内地域では大宮国民学校（大阪市旭区）の子どもたちを受け入れ、児童は複数の寺に分かれて教員と寮母らとともに疎開した。そのうち約三五人を受け入れた寺の住人によれば、十月に四年生以上が、翌年の春には一年生も来るようになった。引率の教員は、子どもたちがこちらの生活の邪魔にならないよう、とても気を使ってしつけをしているようだったという。児童のなかには「一番先にお母さんがみえる」といって一日中石段に座って道を見ている一年生の子がいた。また、別の寺で過ごした児童の一人は、「一カ月に一度の面会がなによりの楽しみと勇気づけでした」とふり返った〔京都橘女子大学女性歴史文化研究所、一九九七年〕。子どもにとって親と離れて暮らすことはつらい日々であった。

中等学校などの生徒は生産性向上のため軍事工場に動員された。枚方唯一の中学校であった大阪市立中学校は、昭和十六年（一九四一）に大阪市内で開校し、十八年に中振へ移転した。陸軍の枚方製造所で働いた生徒の回想には、授業が一時停止となり工場で弾丸を製造したとある。休みはほとんど取れず「くる日もくる日も鉄くずと油にまみれて日夜を問わない重労働」であったとふり返っている〔大阪市立高等学校記念誌編集委員会、一九九一年〕。

このほかにも、寝屋川高等女学校や泉尾高等女学校の生徒も軍施設など枚方町内の工場に動員された。香里製造所で働いた泉尾高女の卒業生によると、一二人位あるいは八人部屋の寮に入り「昼夜兼行で、働いて、夜勤の人が又昼間そこで寝ていました」「昼夜交替で使用していた」という。仕事は昼夜どちらも七時からであった。食事については個人によりさまざまで、白飯、豆ご飯、キュウリの炊いたもの、玉ねぎやキャベツを煮たものなどであった。おかずはとても食べられるものではなかったという。そして、工場では爆弾づくりに従事した。一トン爆弾の製造工程に携わった人は「火薬のかたまったものを成型して、それに和紙をはって「にかわ」をぬって、それを木箱にいれてという作業です。できあがったものに木綿を詰めて、大八車で倉庫に運びました」と語っている。手榴弾を作っていた人は「ケースの中に上からどろどろに溶けた爆薬を注入する。それが臭くて、目が痛くてたまりませんでした。上の方に男子があがって、ときどき混ぜる。上から男子がいれる、下で自動販売機のようにうける。そういう仕事もしました」と話している〔大阪府立泉尾高等女学校戦争体験を語る会、二〇〇七年〕。戦時下の子どもたちは、軍事教練や疎開、動員といった学業以外のことに追われて勉強に専念することはできなかった。

空襲と枚方

戦争中は連合国軍の空襲により全国各地に大きな被害をもたらした。第一次の大阪大空襲は昭和二十年（一九四五）の三月十三日・十四日にあり、終戦までに府内のさまざまな地域が空襲の被害を受けた。枚方地域（枚方警察署管内）については、六月七日に全焼九戸、半焼一七戸、死亡者二名、重傷者六名、軽傷者三名という被害にあった。十五日には全焼一三戸、半焼三戸、軽傷者一名、そして、二十六日には投弾数が五個に及び、一二戸の半壊（小破）、一名の死亡者、二名の軽傷者を出した。この二十六日の第五次大阪大空襲の際の報告には人々の心情について次のように記されている。

一般ニ沈黙ヲ守リ、表面鎮静ヲ装ヒ、特異ナル事象認メラレザルモ、底流面ノ仔細ニ洞察スル時、沖縄戦局ノ決定的現実、累次空襲ニヨル被害ノ激増ニ伴ヒ、戦局ノ前途ニ自信ヲ失ヒ、諦観的ナルモノヨリ、漸次悲観的傾向ノモノ増シツツアルヤニ窺ハレ、注意ヲ要スルモノアリ

同月二十三日には沖縄戦で日本軍が全滅し、組織的な戦闘は終結していたとされている。その直前には映画『ひめゆりの塔』などでよく知られる「ひめゆり学徒隊」の戦死、自決という悲惨な出来事が起こっていた。そして、全国の都市部では大規模な空襲を受けた結果、中心地を始めとして焼け野原が広がる状況であった。

枚方では町全体が炎に包まれるようなことはなかったが、七月にも航空機の襲来による被害はつづいた。九日にはP51が枚方町で機銃掃射をおこない、一名が死亡した。二十二日にも同じくP51により枚方町と寝屋川町、香里陸軍病院が銃撃を受けて、死亡者と軽傷者各一名、全

焼一戸の被害があった。さらに、二十四日には小型爆弾によって枚方製造所が爆撃され、半焼二戸、死亡者五名、重傷者一二名、軽傷者三名、軍施設の一部が焼失した。そして、三十日には枚方の水田に爆撃が加えられ、国道上のトラックが銃撃された。これにより重傷者が二名発生した。枚方では大阪市とその周辺部ほど甚大ではないが、空襲による被害を受けていた［松原市史編さん室、一九七七年］。

昭和二十年（一九四五）八月十五日、日本は終戦を迎えた。敵機に備えて夜間に実施されていた灯火管制も二十日に解除された。その後も戦災者や引き揚げ者への対応、物価の高騰や住宅問題など課題は多かった。しかし、人々は、平和な日々をめざし復興に向けた第一歩を踏み出したのであった。

コラム　戦時下の「ひらかた遊園」

第一回の菊人形が開催されたのは明治四十三年（一九一〇）のことである。香里、枚方、宇治を経て、大正十二年（一九二三）に枚方へ再び戻ってきた。昭和初期の興行内容を見ると「仮名手本忠臣蔵」（昭和二年）、「太閤記」（昭和四年）などであり、夏には花火大会なども開催されていた。ところが、昭和十年代には時代情勢を反映して、菊人形や博覧会など遊園地での催しには戦争を前面に押し出すテーマが多くなっていった〔京阪電気鉄道株式会社、二〇〇五年〕。

昭和十二年（一九三七）七月七日、日中両軍が衝突する盧溝橋事件が発生し、これを契機に日中の全面戦争へと拡大していった。当初は「北支事変」と呼んだが、九月二日に「支那事変」に改称された。そして同月の下旬、「ひらかた遊園」に「支那事変館を特設」することが報じられた。会場では「無敵皇軍の活躍を偲ばす場面を多数並べ」、特設館では「皇軍将士の忠烈を物語る遺品」などを陳列すると伝えられた〔昭和十二年九月三十日付『大阪朝日新聞』〕。この年以降、遊園地では戦時色の強い催事が目立つようになっていった。翌十三年の四月一日は、国家総動員法が公布された日である。この日、遊園地では「躍進日本航空博覧会」の開会式がおこなわれた。会場で人気を集めたのが「支那事変」で活躍したという重爆撃機であった。国防婦人会や愛国婦人会などが団体で訪れ、初日だけでも一万五〇〇〇人の来場者でにぎわったという。同年秋の菊人形について、新聞記事では「今年は特に全場面に聖戦と日本精神をもり上げ」「壮烈な皇軍の進撃を巧に表現してゐる」と紹介された〔昭和十三年四月二日・十月一日付『大阪朝日新聞』〕。昭和十四年四月には「輝く郷土部隊武勲博覧会」が始まり、会期途中からは戦車の演習がおこなわれた。その様子は「グラウンドに設けられた鉄条網や戦車壕を轟々と乗り越え、実戦さながらの壮烈さ」であったという。秋の菊人形では「聖花に燦たり日本精神！」と書かれた新聞広告が掲載された〔昭和十三年四月十一日・九月二十六日付『大阪朝日新聞』〕。

十五年の菊人形は「小楠公の奮戦」「南京政府成立」「南進政策」などが題材となった〔昭和十五年九月二十九日付『大阪朝日新聞』〕。同年三月、日本に協力的な汪兆銘は南京で政権を樹立し、十一月に日本と日華基本条約を結んだ。また、日本軍は九月に北部仏印（フランス領インドシナ）、十六年七月には南部への進駐を開始した。同時期にはアメリカやイギリスなどによる日本資産の凍結や石油の禁輸措置がとられ始め、年末の十二月八日には太平洋戦争が始まった。日本は世界規模の戦争へと突入していったのである。昭和十八年（一九四三）十月からは「戦力増強士気昂揚決戦菊人形」が開催された。会場では同年五月に全滅したアッツ島日本守備隊の遺品などが展示されたという〔昭和十八年十月十七日付『朝日新聞』〕。戦時下の菊人形には、娯楽的側面のほか、その年の政治的・軍事的な事件がいち早く取り入れられ、国の方針を一般国民へ簡潔に伝える役割も持っていた。「ひらかた遊園」での菊人形は、日中戦争開始後も毎年おこなわれたが、戦況の悪化で昭和十六年の開催が戦中期の最後となった。

第10章　枚方市の誕生と戦後復興

1　市制施行と地方自治

戦後改革

終戦からおよそ二週間後の昭和二十年（一九四五）八月二十八日、厚木にアメリカ軍がやってきて、三十日にはダグラス・マッカーサーが到着した。そして、降伏文書が調印された九月二日から連合国軍総司令部（GHQ）による間接統治が始まったのである。これは昭和二十七年（一九五二）四月二十八日のサンフランシスコ平和条約発効による日本の独立までつづいた。翌十月には五大改革（婦人参政権の付与・労働組合結成の奨励・教育の自由主義化・秘密警察の廃止と司法制度の再編・経済の民主化）の指令が出され、その後もさまざまな制度の刷新がおこなわれた。

農地改革の指令は十二月にあり、昭和二十一年（一九四六）から日本政府によって第一次改革がおこなわれたが、その内容にGHQは満足せずに同年十月から昭和二十五年（一九五〇）年にかけて第二次改革が実施された。枚方市における買収・売渡面積は田で約五〇％、畑で八〇%台を示し、津田町では田畑とも五〇%台前半であった。そして、枚方市では、自作農家の割合が三九・一%から五四・三%となり、自作兼小作農家とともに増加した。一方の小作農家は二九・五%から五・四%となって、小作兼自作農家とともに減少した［枚方市史編纂委員会、一九八四年］。この改革により地主は農地の売却に迫られ、その結果、多くの自作農家が生まれたのである。

地方自治の浸透

昭和二十二年（一九四七）五月三日、日本国憲法と地方自治法が施行された。新憲法は地方自治に関する章を設けている。これによって、地方公共団体の自主性が強化され、都道府県知事や市町村長は、中央の任命ではなく住民による直接の選挙で選ばれることになった。住民の意思が地方行政に反映しやすい環境が整備されたのである。さらに、憲法の規定に基づき地方公共団体の組織や運営を大まかに定めたものが地方自治法である。

警察も新制度に移行し消防組織が分離されて、自治体警察と国家地方警察に再構成された。昭和二十三年（一九四八）三月施行の警察法により、自治体警察は市と人口五〇〇〇人以上の町村に置かれた。市町村長の所管で公安委員会が設けられ、諸経費は各自治体の負担となった。現在の市域では枚方市警察と津田町警察の二つが発足した。しかし、その運営は地方の財政基盤の弱さなどから困難な状態であった。そこで、二十六年の法改正で町村警察の存廃を住民投票に委ねることが可能となり津田町でも実施された。結果は廃止賛成の多数で廃止が決定したのである。さらに、昭和二十九年（一九五四）には、警察法の大幅な改正で中央集権化が進み、自治体・国家地方警察がともに廃止され、都道府県警察に一元化された。これによって、枚方市警察は大阪府枚方警察署となった。

枚方市の誕生

昭和二十二年（一九四七）八月一日、枚方市は大阪府内一一番目、戦後二番目の市として誕生した。戦時中にも枚方町は、市制施行に関する陳情書や意見書を作成しており、市制実施への動きは見られたが、実現には至らなかった。市制・町村制が実施された明治二十二年（一八八九）、府内の市は大阪と堺の二市のみであった。大正期に入り岸和田が市となり、昭和戦前期には多くの市が生まれ、豊中、布施、池田、吹田、泉大津、高槻、貝塚が市制をしいた。そして、二十一年に戦後初めての市として守口市が生まれた。その翌年、枚方町は、他市町村との合併はおこなわずに単独で市制を実施し、枚方市となったのである。

市制をしいたとはいえ、終戦からまだ二年しか経っておらず、政治経済、生活の混乱はつづいていた。そのため、市政運営には多くの課題が山積していた。市長は、昭和二十三年

（一九四八）年頭の所感で次のように述べている（なお、引用文には適宜句読点を付けた）。

先づ新開墾事業の奨励、用排水事業の促進、適当なる家庭工業の指導等を計り、警察、行政を市の特異性に鑑み産業経済と結び合せ市の興隆の為に寄与せしめる方針に向はしめたい。交通の面に於ては国鉄を市に配線し貨物輸送の便を講じ、併而分譲住宅の建設、市民病院、定時制高等学校の建設、並に商工会議所の新発足を機会に市民諸君の衆智を得て、新なる機構建設に邁進し、愈々益々生産枚方市の完備に努力する覚悟である［『自由タイムス』昭和二十三年一月上旬号］

市長の言葉には、住民生活の安定に欠かせない基本的な事項が並んでいて、前途多難の様子が伝わってくる。さらに、この頃の財政はたいへん厳しく、例えば、市制施行後の一般会計決算額を見ると、昭和二十二年度（一九四七）から三十三年度までは歳入より歳出の方が多かった。歳出増加の主な理由は、戦後のインフレや担当業務の増加にあった［枚方市役所市長公室市史編さん室、一九六八年］。このような状況でも、二十三年三月の自治体警察発足、翌年の保育所開所、二十五年の市民病院設置などに取り組んでいった。また、学校の建設は、人口増加と相まって戦後は恒常的に市の重要施策として位置付けられることになった。

2　教育の民主化

教育改革

GHQは、終戦からおよそ二カ月が経った昭和二十年（一九四五）十月二十二日、教育制度についての指令を出し、軍国主義的・超国家主義的な教育を禁止した。三十日には教育関係者の除外、いわゆる教職追放の指令を発した。十二月に入ると、十五日に軍国主義と強く結び付いた国家神道の廃止、三十一日には修身・日本歴史・地理の授業停止と教科書回収の指令を出した。また、九月の文部省の通達によって、戦時色が反映する教科書の記述に墨が塗られるようになった。教育勅語謄本や天皇・皇后の御真影の返還、それらを安置していた奉安殿の撤去も順次進められた。

昭和二十二年（一九四七）三月、教育基本法と学校教育法が公布された。これらの法律で教育の機会均等や九年間の義務教育、男女共学などが規定され、新体系である単線型の六・三・三・四制が確立した。国民学校は小学校となり、同年四月には枚方町と津田町にそれぞれ一校ずつの新制中学が開校した。両校とも校舎の確保に苦労し、枚方では枚方製造所青年学校の建物を利用し、津田では小学校の一部を借りるという状態であった。新制高校は翌二十三年に発足し、大阪市立高校が旧制中学から移行した。同年七月には教育委員会法が公布され、都道府県と市町村に公選制の教育委員による教育委員会が置かれることになった。枚方市と津田町はともに昭和二十七年（一九五二）に発足させた。しかし、この公選制は、昭和三十一年（一九五六）に首長の任命制へと改正されたのであった。この間の二十九年には、教育公務員の政治活動禁止や教育の政治的中立確保などを定めた、いわゆる教育二法が施行されるなど、教育の国家的な統制が進行していった。三十一年から三十四年にかけては、教職員の勤務評定が全国的に問題となり、市の教職員組合においても勤評反対闘争が活発に展開された。

男女共学の実施

教育基本法で示された共学規定は義務教育と並ぶ大きな特徴の一つであろう。共学実施後の学校は、どのような状況だったのだろうか。男女が同じ教室で学ぶことについては、反対意見や戸惑いがあったという。その様子の一端を、枚方市立中学校新聞部の『枚中新聞』と、大阪市立高校新聞班の『ひらかた学報』の記事から拾い出してみたい。

枚方市立中学校の場合

昭和二十三年（一九四八）の『枚中新聞』第四号（一月十一日）には「男女共学是非論」という見出しがある。この記事には、二年生のある組で男女共学が良いか悪いかを調べた結果が載っている。その詳細は次のようであった。

良い者―わづか三名
理由―男女共良い所を見習い欠点をなおし合えるからよい
悪いと思ふ者―三十六名
理由―a　女の先生の時間は大変さわぐから勉強がしにくい（女子）
b　不真面目でかえつて女子に迷惑をかける（女子）
c　男女共学だと思うことも充分云えない、本を読むのがはづかしい（男女）
d　一寸したことでもすぐに先生に云いに行く女子は大変気が小さい（男子）
e　小学校からの共学ならよいが大きくなつて急に共学はよくないと思う（男女）
f　裁縫など別にやらなければならないからよくない（男子）

このほかに、どちらでもないと答えた者が二名いた。この記事の担当者は、最後に「男女共学は是非しなければならない」と記し「皆さんの組も調べて見て下さい。そして私の組の様でしたら大いに反省して下さい」と結んでいる。このクラスでは、記者の考えとは正反対に悪いとの答えが多かった。しかし、「思うことも充分に云えない」「急に共学はよくない」などの理由は、生徒が男女間の接し方に慣れていなかったから、新しい環境に戸惑っているから、とも受け取れる。

大阪市立高校の場合

昭和二十三年（一九四八）四月、新制の大阪市立高校が設置され、それと同時に暫定的な中学校が併設されて順次新制学校へと移行された。つまり、旧制中学の五年生が新制高校の三年生へ、四年生が二年生、三年生が一年生、そして二年生が新制中学三年生となったのである（くわしくは文部省『学制百年史』表34「新学制実施の経過一覧」等を参照）。女子生徒が実際にやってきたのは六月になってからであった。桜宮や扇町など六つの女学校などから生徒を迎え、最終的に高一が二一名、中三が二五名となった。男子の一五五名、一七三名と比較すれば少数であったがともかく共学は始まった。

『ひらかた学報』第六号（六月二十五日）には、「新しい学校風景」と題する囲み記事がある。そこには、自治会の委員長選挙と男女共学の様子が書かれている。入学後の感想としてある女子生徒（一年）は「今迄私達は男の方は乱暴者ばかりと思つて居りましたが大変私達に親切ですし補習授業迄して下さいますのに女生徒である私達は非常に嬉んで居ります」と語っていた。市立高校の場合、共学になじんでいく際に、ＳＰＣ（Study Promotion Club）という会が役立っていたようである。同号の記事によると、この会は高一と中三で構成され、週に三回、月・水・金曜日の放課後に勉強をして「勉学にも共学による好成績を見せてゐる」と書かれている。生徒の付き添いとして、ともに移動してきた女性教員は「女子生徒の不安は勿論のこと、その父母たちの不安も大変なものであった」と述べて、次のように回想している。

何分経験のないことであり、学校としても心配の種は尽きないのであったが、特に女学校側の気の配り方は並々ではなかったようである

六月中旬に女子生徒より少し遅れて私が着任してみると、激変した環境の中で彼女たちはそれでも元気で私を見つけて歓声をあげて走りよってきてくれた

朝礼台に立って全校生徒に着任の挨拶をした時、「いよう、おばちゃん」という男子生徒の勇ましい掛け声が飛んできたので、これは貞淑な女学生とは少々趣が違うなと思った［大阪市立高等学校記念誌編集委員会、一九九一年］

また、女子生徒との接し方を模索する男性教員もいた。このように、生徒と同じく教員にとっても未経験のことが多く、先の『ひらかた学報』とこの一部分の抜書きからでも共学初期

の雰囲気が伝わってくる。

市立保育所の整備

戦後、社会福祉に関する法整備が進展し、昭和二十二年には児童福祉法が制定された。二十四年五月、市内で最初の市立保育所として中宮保育所が設立された。収容定員は一〇〇人であったが、開所時の幼児数は五〇名、年末には九二名にまで増えた。前年二十三年に市議会で保育所設置が決まったが、その背景には、市内では当時三六〇の生活保護世帯があり、その多くは母子家庭という事情があった。そのため、保育所は母親が仕事をする上で必要不可欠な施設であった。開所日に施行された「枚方市立保育所規則」では、入所年齢三歳以上、保育時間は午前八時三〇分より午後五時まで、給食の実施（当分の間は間食）、保育料は一カ月一名につき三〇〇円と決められた。また、家庭生活との関係が深い保育料について詳しく見ると、一家族で複数の入所や病気といった特別な事情があると認められる時は金額を減免することができるなどの規定が設けられていたことがわかる〔枚方市史編纂委員会、一九七六年〕。

さて、この頃を回顧した座談会が『中宮保育所四〇周年の歩み』（一九九〇年）に収録されている。ここから「はじめの頃の様子」について、その一部を紹介してみよう。なお、語った参加者は、開所以降昭和三十年代にかけて勤務していた職員である。

まず、入所年齢について、規則では三歳以上となっていたが「困っている人の子供は、みんな引受けようという感じでした」と話し、実際にはそれ以下の子どもたちもいたという。そして、保育時間についても、早朝六時半頃に子どもが来たり迎えが遅くなったりしていたため、規則より柔軟な対応をしていた。帰りが遅い母親の仕事内容は「いろいろでしたが、病院勤めや、日雇いの人が多かったですね。肉体的な労働者が」とふり返った。また、食事については「パンを焼いて、脱脂粉乳をたいてもらって、おかずは一品で、じゃがいも、人参、玉ねぎがたいがいはいっていました」「おやつは、カンパンでした」と回想した。ただ、保育所に来る子どもたちがすべて生活保護世帯だったわけではなかった。当時は市立幼稚園も一カ所のみで「子供達の行く所が無いのね」とも語った。

保育所ができたことで、子どもは安心して遊べる場所ができ、母親は仕事に専念できる環境が整っていった。このように、保育所が市民生活の安定に果たした役割は大きかったといえる。これ以後は、昭和二十六年（一九五一）の阪保育所を始めとして、公立、私立の保育所が順次開設されていった。

写真 10-1　中宮保育所

3　社会情勢の変化

枚方遊郭の転換

さて、ＧＨＱは婦人参政権の容認など男女平等に向けさまざまな政策を指示・実施したが、公娼制度の廃止もその一つであった。昭和二十一年（一九四六）一月には日本政府に対する公娼制度廃止の覚書を公表した。ところが、戦後の混乱のなかで徹底することができず、多少の制度改変のみで事実上存続することになった。枚方にも遊郭があり、ここでも営業はつづいていた。遊郭は明治後期に集団移転し、その場所は桜新地と呼ばれ賑わいを見せていた。昭和五年（一九三〇）には、貸座敷三五軒、娼妓《しょうぎ》約一一〇名とされ、四十年頃にかけては、芸妓《げいぎ》約五〇名、娼妓約一五〇名であったという。そして、終戦後の二十年末には芸妓一八名、娼妓五二名であった［枚方市史編纂委員会、一九八〇年］。しかし、覚書が発せられた後もいわゆる赤線、青線などといわれたように、売春をして生活をする女性、そこに出入りする男性がいた。

写真 10-2　意賀美神社秋祭で御輿をかつぐ桜新地の芸娼妓

昭和二十四年（一九四九）二月二十日の『自由タイムス』に「桜新地の寸景」という見出しがある。記事によれば、業者が三十数軒で娼妓が七五、六名とあるが「全く昔日の面影」はなくなったという。つづいて、記者と客引きとの一問一答が掲載されている。記者の「どんな人が」という問いには「二十五才から三十ぐらいの下流会社の社員さんが多まんな、土地柄農家の人もきますけど商売人は案外少ないでな、なかには十七八の中学生や六十ぐらいのおぢいさんもきやはります」と答えた。昭和二十年代後半には一八〇名もの娼妓がいたというが、昭和三十年代に入り状況は一変した。昭和三十一年（一九五六）五月、売春防止法が公布されたのである。この法律により、売春を助長する行為等は処罰され、売春をおこなうおそれがある女性に対しては、補導処分、保護更正の措置がとられることになった。昭和三十三年（一九五八）の法律全面施行に合わせて枚方でも転廃業の選択を迫られ、業者は下宿業や旅館業、飲食業などへの転換を図った。

枚方事件の発生

昭和二十七年（一九五二）六月二十四日の夜から二十五日にかけて、いわゆる吹田事件、枚方事件が発生した。朝鮮戦争の勃発からちょうど二年の月日が流れていた。二十七年は戦後日本にとって大きな転換点となる年で、四月二十八日、サンフランシスコ平和条約と日米安全保障条約が発効しGHQは廃止された。これにより、現在につながる国際関係の基本的な枠組みが整えられた。日本は、その後の発展に向け新たな一歩を踏み出したのである。その一方で、国内では皇居前広場で血のメーデー事件（五月）、名古屋で大須事件（七月）があり、デモ隊と警官隊が衝突する事態となっていた。このような状況のなかで、六月に大阪（吹田・枚方）でも事件が起こった。

『朝日新聞』の六月二十五日付夕刊は「朝鮮動乱記念日　デモ隊　警官と衝突」「列車から火炎ビン」「国鉄吹田駅　警官応射、乗客大混乱」との見出しで吹田事件のことを報じた。これはおおむね吹田でのことを指しているが、当日の騒然とした事態が伝わってくる。二十四日の夜、豊中の大阪大学で「朝鮮動乱記念日」の前夜集会が開かれて、学生や労働者、在日朝鮮人の人々が一〇〇〇人以上も集まっていたという。それが終わると、デモ隊を編成して国鉄吹田操車場や吹田駅などで行進をおこなった。その途中に警察官派出所を襲ったり、駅では停車中の電車にデモ隊の一部がまぎれこんだりして大混乱に陥った。

枚方での事件については「枚方でも発砲」の見出しが付けられた。二十五日の午前二時四五分頃、枚方市の会社社長宅の「玄関へ火炎ビン二本が投込まれフスマなどを焼いた。また同家のガレージにも火炎ビン二本が投げ込まれ、乗用車のエンジンを焦がした」という。記事には、抵抗する者たちに警察官が威嚇射撃をして逮捕者は一三名になったとある。事件の背景には、旧軍用地の転用問題があった。当時、小松製作所が枚方製造所の払下げを申請し、同年秋頃には工場再開の見通しとなっていた。ところが、同社には春頃、朝鮮戦争の特需でアメリカ軍から大量の砲弾を受注し、それを枚方で製造するという計画があった。住民の間には、兵器製造に反対する声が聞かれ、市内の各地で反戦と平和を求める集会が開かれていた。放火された家の住民は、旧軍用地への企業誘致に関わっていて、放火事件に巻き込まれてしまったのである。

さらに、この放火騒動以外にも時限爆弾の設置事件があった。それは二十三日の夜から二十四日の未明にかけて実行された。枚方製造所の工場内に侵入し、兵器製造に必要であった設備に爆弾をしかけたのである。この時に置かれた爆弾は爆発したが、不発に終ったものもあった。時限爆弾は、二十六日なってようやく発見され、二十七日付の『毎日新聞』は次のように伝えている。

二十六日午後二時ごろ枚方市中宮町元枚方工廠――近畿財務局所管――プレス工場内の五百

写真 10-3　旧枚方製造所

馬力三連プレンジャー（水圧ポンプ、高さ二メートル）に桜印ダイナマイト六本をしかけ二十メートルのコードで目覚時計を連絡させた時限爆弾が不発に終っているのを守衛が発見、枚方署に届出た。同署で調べたところ、ダイナマイトは一本の長さ十五センチ、直径一センチで、目覚時計は丸の中にMと書いたマークの日本製で時計の目覚し用の針は飛んでいた

また、同日の『朝日新聞』には、ダイナマイトの直径が三センチメートルでそれを「油紙でつゝみ、これをヒモでしばり、細い電線で丸型四個、角型二個の乾電池に連結」されていたとある。

最後に枚方事件の裁判の経過についてふれておこう。昭和三十四年（一九五九）十一月、大阪地方裁判所で第一審判決が下された。その内容は六名が無罪、七名が実刑判決、四〇名以上が執行猶予という判決であった。その後、三十九年（一九六四）一月に第二審判決、四十二年（一九六七）九月に最高裁判決が出された。しかし、その結果に大きな差はなく、二十七年の事件発生から一五年を経て、ようやく裁判は終了した［西村、二〇〇四年］。

コラム 京阪電鉄のテレビカーと枚方のテレビ普及率

昭和二十八年（一九五三）二月一日、東京のNHKでテレビの本放送が始まり、テレビ時代の幕が開いた。そして、同じ年に国産第一号のテレビが発売された。二十九年ごろから、日本テレビ（二十八年八月二十八日開局）が積極的に展開した街頭テレビが話題となり、プロレス、野球といったスポーツ中継が人気を得た。大阪では東京に遅れることおよそ一年、二十九年三月一日に本放送開始の日を迎えた。それからまもない翌四月に、京阪電鉄はテレビ搭載の電車を試乗招待者に公開した。本放送前の実験放送の段階で特急にテレビを設置する構想を示していたからであった。この公

写真 10-4　昭和 32 年（1957）頃の京阪テレビカー
京阪電気鉄道株式会社所蔵。

開が好評を博したため、五カ月後の九月よりテレビカーの営業を始めたのである〔京阪電気鉄道株式会社、一九八〇年〕。

営業開始を前にした八月三十一日、天満橋―枚方間で試運転がおこなわれ、この様子は『毎日新聞』（九月一日）に掲載された。記事によると、試運転では七時のニュースや中日球場での中日―巨人戦が放送されて、テレビの映り具合は「まあまあといった成績」だったという。同年、枚方市のテレビ登録台数はわずか四〇台、割合にすれば二八六・八三世帯に一台であり、テレビはまだたいへん珍しいものであった。昭和三十一年（一九五六）、『朝日新聞』（十月二十三日）は関西私鉄五社の乗客サービスを比較する記事を載せた。そのなかで、京阪電鉄については「テレビや雑誌で」の見出しで、テレビカーは好調、特急三八本にテレビが備え付けられていると紹介した。このように、テレビカーは京阪電鉄を代表するサービスとして人気を集めたのである。また、御殿山では、同年三月にテレビが備え付けられた「テレビ住宅」の展示会が開かれた。四四戸を建設し、購入申し込みは、現地案内所のほか天満橋の京阪電車土地住宅案内所などで受け付けられたという〔昭和三十一年三月十八日付『朝日新聞』〕。同年において、市内のテレビ登録台数は六〇〇台を数え、一二三・六七世帯

年	世帯数	登録台数	1台あたりの世帯数
1953年（昭和28）	11241	16	702.56
1955年（昭和30）	13931	138	100.95
1960年（昭和35）	19496	12831	1.51
1965年（昭和40）	33451	23672	1.41

表10-1　テレビ登録台数の移り変わり
『市制二十年のあゆみ』より作成
世帯数は12月31日現在、登録台数は年度末の数字。

に一台となっていた。わずか二年の間に台数が一五倍に増えたのである。

枚方市における昭和三十八年度（一九六三）のテレビ普及率は全国五位、ラジオを含めても全国八位であったという。『市制二十年のあゆみ』には、普及率が「文化程度を示す一つの指標になるとすれば、本市の文化水準は、全国的にみてかなり高い位置にあるといえよう」と記されている。昭和四十年（一九六五）には一台あたり一・四一世帯、およそ七割の世帯でテレビが普及した。そして、昭和四十年代以降、白黒テレビに代わってカラーテレビが各家庭に普及し始めた。その後、一家に一台の時代から二台、それ以上の時代へと移り変わり、現在では携帯電話やゲーム機器でもテレビが観られるという時代になった。

第11章　高度成長と都市化

1　枚方市と津田町との合併

昭和の大合併

昭和二十八年（一九五三）十月、町村合併促進法が施行されて全国的に町村合併が進められた。地方行政の基盤強化のために町村規模の適正化が必要といわれ、人口八〇〇〇人程度を基準とした。この人数は、一つの中学校を設置管理するために必要とされる数であった。また、町村数を三年間でおよそ三分の一に減少させることが目標とされて、政府や都道府県は関係市町村に積極的な働きかけをおこなった。この法律の有効期間が過ぎた後、三十一年には新市町村建設促進法が施行された。町村合併の次の段階である新しい市町村の建設を目指して引きつづき合併がおこなわれた。その結果、二十八年十月に全国で九八六八あった市町村は、昭和三十七年（一九六二）十月までに三四五三となったのである。

津田町との合併

この「昭和の大合併」という流れのなかで、枚方市は昭和三十年（一九五五）十月十五日、東部に接する津田町との合併を実現したのである。この年の年頭の辞で市長は、次のように述べている。

> 市政におきましては今年は昨年にもまして財政面の不自由を覚悟しなければならないのでありますが「大枚方市」建設のために地方財政の確立・教育施設の整備強化・産業の振興・保険衛生事業の拡充・土木事業の完全化・上水道の拡張・平和産業並びに市営住宅の誘致・失業者の救済――津田・交野両町及び星田村との合併促進などなすべき主要な仕事が多々あります〔枚方市、一九五五年〕

この言葉にあるように、枚方市は前年四月、津田町・交野町・星田村に合併を申し入れていた。その後、二月の市議会では、津田町との合併を優先することが決まった。そして、態度を保留した一町一村については、引きつづき働きかけていく方針となった。その間、合併反対の運動も展開されたが、最終的に津田町を編入するかたちで落ち着いた。

法律の施行と合併促進の背景には、地方公共団体がおこなう事務作業の増加と、それに伴う財政規模の拡大があり、行政事務を合理的におこなうためには合併が必要とされた。戦後、新憲法により地方自治は重視されたが、財政的な保証は十分とはいえなかった。そのため、全国で多くの団体が緊縮財政、赤字財政に苦しんでおり、枚方市も例外ではなかった。このような状況で町村合併促進法に定められた特例、とりわけ、地方債の起債や地方財政平衡交付金（二十九年より地方交付税に改称）の交付など、財政運営に直結する特例は、財政難の団体にとって魅力的なものであった。枚方市もこの特例について考慮していた。『枚方市民時報』第四六号（一九五五年二月）は、「津田町との合併計画」の欄でこのことにふれている。特例により学校建設や土木、衛生事業が実施され、行き詰っている事業がスムーズにでき、難局が打開される

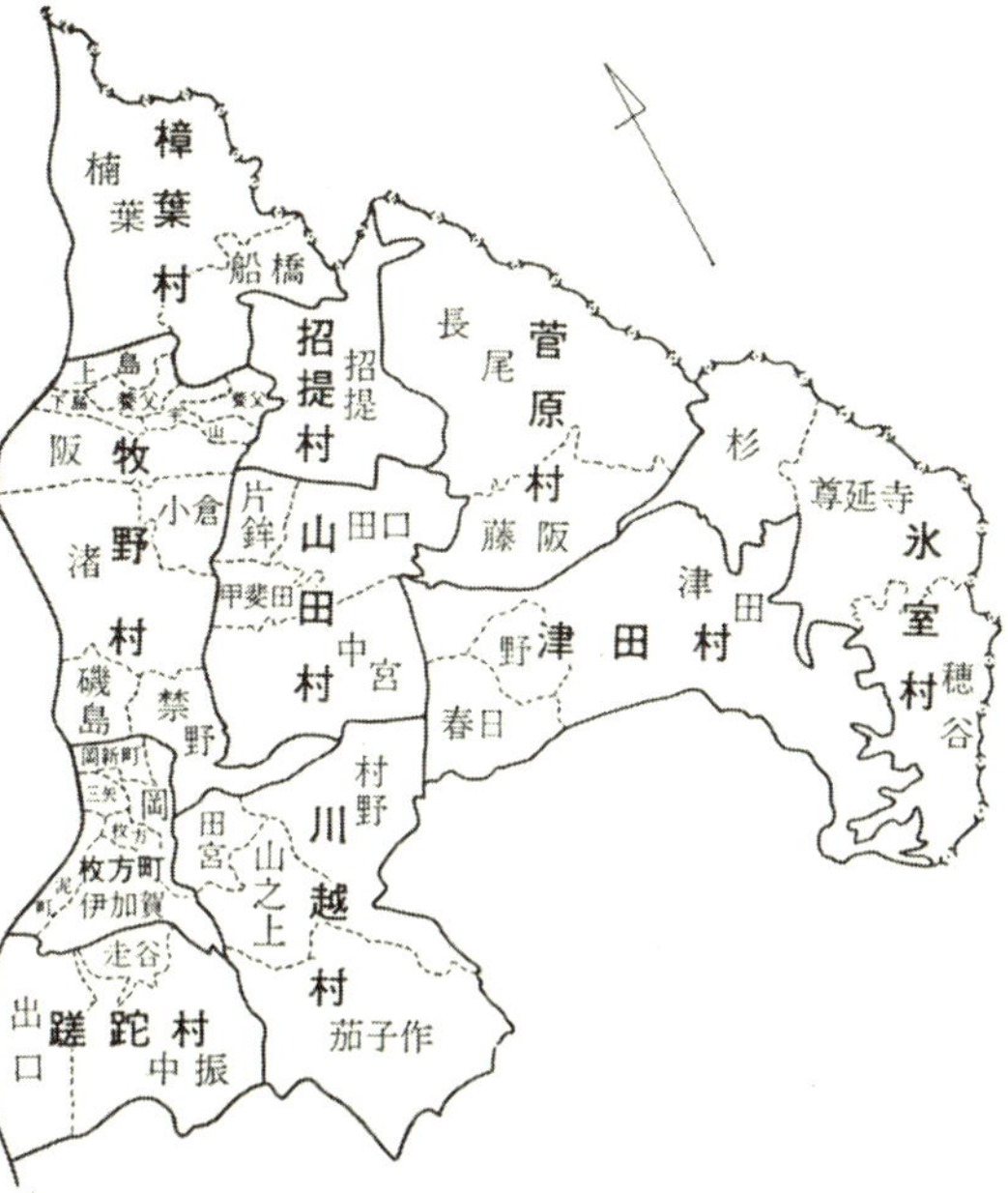

図 11-1　明治 22 年以降合併による新町村
『枚方市史　第 4 巻』第 54 図より転載。

と記している。また、枚方特有の問題として「香里製造所の払下げも促進出来るのでありま す」と述べている。香里製造所の跡地利用については、火薬工場、学校や住宅地への転用案などがあり、火薬製造をめぐっては、激しい反対運動が起こっていた。終戦後一〇年が経過しても、この問題はまだ解決しておらず、枚方市の重要課題であった。

財政再建団体への指定

町村合併は、地方行政の効率化のために進められたが、その財政は依然として深刻な状態にあった。昭和二十九年度で都道府県の約七〇％、市町村の約四〇％が赤字となっていた。昭和三十年（一九五五）には、地方財政再建促進特別措置法が施行され全国的に財政再建への取り組みが本格化した。枚方市も翌三十一年にこの法律の適用を受けることを決定し、財政再建計画の立案に着手したのである。計画では六年で再建するとされたが実際は四年で終了し、再建後の三十五年度からは、香里団地の受け入れなど人口増加に対応するため積極的な財政運営を展開していった［枚方市史編纂委員会、一九八四年］。当時の市職員は「再建の頃は、ほんまにしんどかった。給料は遅配になって、生活の苦しい人は申し出るようにというようなこともありました」と語っている［枚方市職員労働組合二十五年小史編集委員会、一九七七年］。

2　日本住宅公団の団地建設

公団住宅の建設

日本住宅公団は、昭和三十年（一九五五）に設立された。戦後、さまざまな公団、公社がまちづくりに携わってきたが、住宅公団はその名の通り、住宅建設の推進が大きな目的であった。戦後復興期から高度成長期へ移り変わるなかで、大都市圏の人口増加が目立ち始め住宅の確保が大きな問題となっていった。この住宅難を解消するための主要な政策として、日本住宅公団の公団住宅や地方自治体の公営住宅、住宅金融公庫の公庫住宅の建設が各地で進められたのである。枚方では大規模な公団団地として、中宮や香里の団地などがつくられた。

香里団地の造成

現在の香里団地が広がる地域は、香里製造所の転用によって開発された。先の合併計画にあったように、昭和二十年代にはそのほとんどが払下げをされずに残っていた。しかし、払下げを求める活動は終戦まもない頃からおこなわれていた。また、平和条約の発効前後の昭和二十七年（一九五二）には、兵器用火薬を製造するための払下げ申請があった。賛成派と反対派の両者が対立したが、住民の反対が強いということで立ち消えになった。この後も住宅や学校の用地としての申請がおこなわれた。そして、三十年の住宅公団発足後、香里が開発の候補地となり、ようやく転用の目処がついたのであった。三十一年に入ると公団の香里宅地開発事務所が設置された。ちなみに、中宮の第一・第二団地は同年に完成している。そして、三十二年七月に事業計画が認可された。三十三年一月には起工式が実施され、九月に第一次の入居募集が始まった。

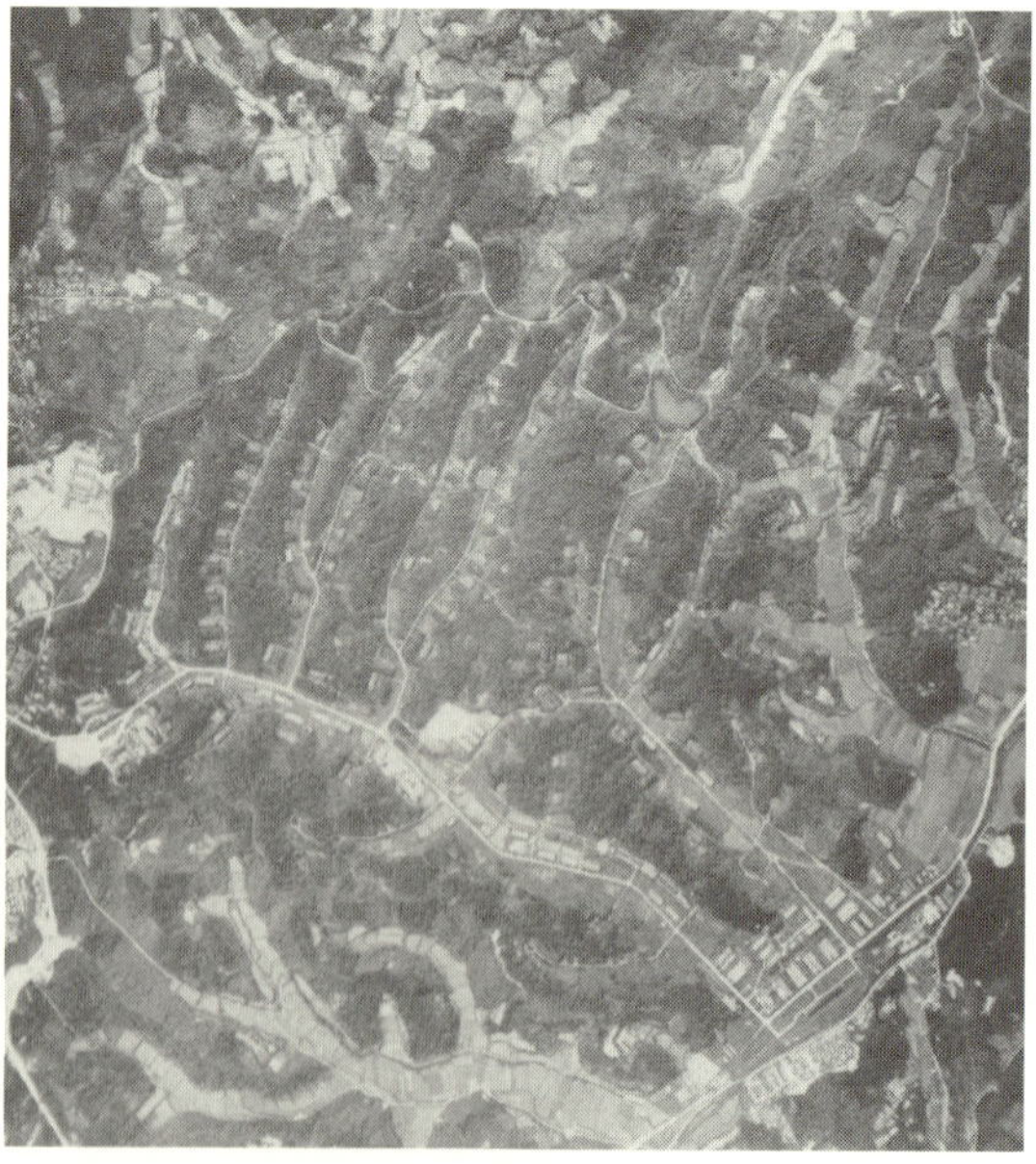

写真 11-1　香里団地着工前の香里ヶ丘地区

建設が始まった頃、一戸の間取りは2DKが一般的で、六畳・四畳半の二部屋とダイニングキッチンが配置されていた。各戸に設けられたガス風呂や水洗トイレは当時の先進的設備であった。２ＤＫの間取りになったのは、食事と就寝を別の部屋でおこなうという食寝分離の考え方を取り入れたためである。また、畳は狭い室内に合わせ、団地サイズという通常のものと比べひとまわり小さいサイズのものが用いられた。しかし、その後の公団住宅の人気や家族構成の多様化により２ＤＫ以上の部屋に対する需要も高まっていった。団地の入居者は「団地族」と呼ばれて注目を浴び、「ニュータウン」という言葉も次第に定着していった。昭和三十六年（一九六一）八月には、公団大阪支所で初めての、六畳・四畳半が各二部屋、合計四部屋を備えた間取りの入居者募集が始まった〔昭和三十六年八月一日付『朝日新聞』〕。そして、翌九月には第一〇次の募集を迎えたのであった。

宅地分譲

住宅公団では賃貸住宅建設のほかにも分譲宅地開発をおこない販売していた。公団宅地の分譲第一回目の募集は昭和三十三年（一九五八）十一月に実施された。口数三一口に対して応募数は八二名で、倍率は二・六倍であった。第一回目から三十四年九月の第五回目までには、一九八口の分譲に八一〇名の応募があり、そ

写真 11-2　香里団地第１期工事

の平均倍率は、四・一倍となった。そして、分譲価格は、一坪あたり三六〇〇円から四四〇〇円の間で推移した。この宅地分譲者のうち一三八名についておこなわれた調査結果を示すと次のようになる。女性が三名でその他は男性であった。サラリーマンが九〇%を占め個人営業者は一〇%にとどまり、その勤務地は大阪市を中心とする者が九〇%となっていた。月収は四万円以上六万円以下の層が三九%と最も多く、次に二万円以上四万円以下が三五%、六万円以上が二三%、二万円以下が三%とつづいた。年齢は三〇歳以上が八〇%、三〇歳未満が二〇%、家族数は三名以上が八一%、二名が一九%であった［草野、一九五九年］。その後、公団団地の整備が進むと、その周辺でも住宅地としての価値が上昇し、民間企業による宅地開発が盛んにおこなわれた。公団による大規模な宅地造成は、その造成地の周辺地域にも影響を与え、枚方の都市化を加速させたと言えるだろう。

香里団地の完工式

昭和三十七年（一九六二）五月には、一部建設工事を残しながらもほぼ完成したということで完工式がおこなわれた。この時までにつくられた団地内施設の状況は次のようになっていた。市役所の出張所や警察の派出所、郵便局、診療所、バスターミナルが置かれた。そして、幼稚園や保育所、小学校、中学校が整備された。さらに、スーパーマーケット、市営の公設市場、個人店舗が営業をし、店舗の業種は、食料や衣料、飲食、理容・美容など多岐にわたっていた〔日本住宅公団大阪支所、一九六二年〕。

団地に住む女性の一日

ここまで香里団地について述べてきたが、中宮団地のことにもふれておこう。中宮団地では、昭和三十一年（一九五六）に第一団地、第二団地が完成した。第三・第四団地の建設は、昭和四十年代に入ってからであった。団地は、サラリーマン家庭が多いと同時に、夫婦共稼ぎの家庭も少なくなかった。女性たちは、専業主婦のほか内職をしたり働きに出たりしていた。次に記すのは、子どもの教育のために仕事をし始めたある女性の一日である。

第一次ベビーブームの世代が中学、高校に入学したのは昭和三十年代後半であった。子どもの教育に関心を持つ母親のなかには、自分で働き教育費を準備しようとする人たちがいた。昭和三十九年（一九六四）五月十日の『朝日新聞』は、中宮団地で内職する女性の様子を紹介している。記事によれば、近隣地域のおよそ三〇〇人の母親が内職あっせん所を通して仕事をしていた。おおかたの人は、生活費というよりも教育費のために内職をしていた。そのなかの一人、会社員の夫と高校一年、小学校三年の娘二人を家族に持つAさんは、昭和三十七年（一九六二）に内職を始めた。夫の月給は、五万円で生活に困る金額ではなかったという。始め

写真 11-3　中宮第１団地

写真 11-4　中宮第２団地

た理由は、下の子どもが小学校へ通うようになり時間ができたからであった。しかし、娘が高校に進学して気持ちが変化していった。教育費が増え、ピアノなどのお稽古ごともさせたいという思いから「せめて教育費ぐらいは……」と考えるようになった。内職で得た収入は、少ない時で一カ月に三〇〇〇円、多い時には一万円を超えたという。このAさんのある一日を記事は次のように記している。

　毎日主人や子供を送り出すと、九時ごろ自転車で家を出る。グループのつくった品物をあっせん所へ運び、代りに材料を受取る。三十分がかりで家へ帰るとお昼。それから四時ごろまでグループに材料をくばったり、自分の分の内職をする。仕事は手さげカバンづくりや、スリップ、袋物などのししゅうなど。夕方になると市場へ買物に行き、夕飯の支度。夜はつとめて仕事は避け、昼間できない子供の相手をしてやるようにしている

　Aさんのような団地に住む母親は、教育費を得るために仕事をする傾向が強いといわれた。同じ紙面には、大阪府の福祉課が実施した調査結果が掲載されている。府内一〇カ所のあっせん所で、母親が働く理由を調べた。その結果は、約半数の四八・六％が生活のためであって、教育費のためという回答は二一・二％にとどまっていた。

変化した風景

中宮団地が完成してしばらくの間、市民病院はすでにあったが、団地周辺地域にはまだ多くの緑が残っていた。昭和三十五年（一九六〇）頃に団地へ引っ越してきたという女性は「その

頃はまだ田園都市の名にふさわしく田あり野池あり、自然が一杯の静かな環境でした」と当時をふり返り、次のように述べている。

放課後になると団地の前の池にはチビッ子太公望たちの、ザリ蟹つりの釣竿がずらりと並びます。近くの農業用水の溜池には、毎年つゆの頃になるとたくさんの鮒が淀川からのぼってくるのです。（中略）田ん圃の中に浮ぶ、松や灌木を程よく繁らせた盛土は昔の塚だと教えられました。それらしいものがところどころに点在していた青田の連りも、今はすっかり宅地に変ってしまいました。［『まんだ』、一九七八年七月］

そして、最後に「十年に満たないあっという間の変わり様でした」と結んでいる。高度成長の時代、中宮に限らず市内各地で木が生い茂る風景、田畑が広がる風景が失われていった。

3　京阪電鉄の沿線開発

くずはローズタウン

京阪電鉄は、昭和戦前期までに香里園住宅地をはじめとする沿線の土地経営事業をおこなっていた。昭和三十年代に入り、日本住宅公団の香里団地造成で沿線の住宅地開発が活発化した。そして、京阪は昭和三十五年（一九六〇）頃以降、行政とともに京都府八幡町（現在の八幡市）へ公団団地の誘致を始めた。この誘致活動は、後に男山団地の完成により実を結ぶことになった。ところが、建設にあたっては、解決すべき問題がいくつか存在した。開発地区は枚方市と八幡町にまたがり、行政区域が異なっていた。さらに、湿地帯が多いがゆえの排水問題を抱え、民間での開発には困難が予想された。そのため、開発基本計画の策定は、日本都市計画学会に委嘱された。基本計画は、昭和三十九年（一九六四）に出され、枚方市と八幡町、住宅公団と京阪電鉄が一体となり、新しいまちづくりを進めていった。

造成用地の買収は、昭和三十六年（一九六一）から四十二年に

写真 11-5　ローズタウン起工前の楠葉地区

かけておこなわれた。買収面積はおよそ一三六万平方メートル、土地所有者は五四一名にもなったという。造成工事の区域は六つにわけられ、分譲が始まるまでには、一区からそれぞれ美咲・朝日・並木・花園・青葉・光と名付けられた。命名の理由は、ローズタウンのキャッチフレーズが「花と緑と太陽の街」となっていたからであった。また、ローズタウンの名称は、京阪電鉄が経営するひらかたバラ園の名がその由来であった。分譲の開始は、二区の朝日（四十三年十一月）を皮切りに美咲（四十四年十一月）、花園（四十五年十月）、青葉（四十八年十月）、並木（四十九年二月）、光（五十一年十月）とつづいていった。そして、昭和六十二年（一九八七）、明野住区の分譲が始まった。

くずはモール街

昭和四十六年（一九七一）二月、樟葉駅東側に広域型の商業施設をつくることになり工事が始まった。この時期、樟葉駅では移転工事がおこなわれ、新しい駅が完成したのは、六月のことであった。そして、新駅の竣工と同時に京阪電鉄初となる自動改札機の使用が始まった。先の基本計画には、駅前にローズタウンと男山団地の地区センターの配置が盛り込まれていた。そのため、京阪電鉄はショッピングセンターの建設を決定したのであった。この施設名は、くずはモールに決まり「木陰のある散歩道」という意味もある「モール」（mall）の語が用いられた。翌四十七年四月、くずはモール街がオープンし太陽・花・緑の各モールと汽車のひろばで構成された。汽車のひろばには昭和十二年（一九三七）製造の蒸気機関車D51が展示された。平成八年（一九九六）五月には、くずはコートがオープンしファーストフード店などが営業を始めた。利用者アンケートでの要望と学生の利用を見込んでのことであった。コートの南側には、大阪歯科大学の移転が決定していた。その後は店舗構成の調整、モール街の改装などをおこなってきたが、諸施設の老朽化が目立ってきたため、平成十七年（二〇〇五）に大規模な改修がおこなわれ、京阪百貨店を中核テナントとする一大ショッピングセンターへと変貌を遂げた［京阪電気鉄道株式会社、一九八〇年・二〇〇〇年］。

4　工業化と公害問題

企業団地の造成

香里や樟葉の住宅開発が進むなか、国道一号線のバイパス工事や枚方大橋の付け替えが実施されるなど交通網が次第に整備されていった。昭和三十年代、高度成長の時代を迎えるなかで、大阪市内の中小企業は交通渋滞による非効率な業務や公害の問題に直面していた。これらの問題を解決するため、市内から河内や泉州地域などへ集団移転する計画が企業の間に広がっていった。そして、しばらくすると、枚方市内やその周辺地域の企業にも集団化する動きが見られるようになった。枚方市では、昭和三十二年（一九五七）に工場等誘致条例を定めて企業誘致に努めていた。企業団地の造成は、枚方における特徴の一つであり、昭和三十年代から四十年代にかけて多くの団地が完成した。

この頃、中小企業庁は中小企業の事業共同化を団地の造成によって促進させようと考えていた。昭和三十六年度（一九六一）において、各地域からの申請にもとづき全国一〇カ所の団地に補助金の交付を決めた。そのなかに枚方の大阪既製服団地（紳士服団地）が含まれていたのである。大阪府以外の地域では、北海道・千葉・静岡・愛知・岐阜・富山・岡山・福岡の各道県が選ばれた。また、大阪府も独自で企業団地の建設を計画し堺市内で用地を確保する方針を決定した（「昭和三十六年八月五日付『朝日新聞』」）。

写真 11-6　既製服団地

大阪既製服団地の協同組合は、大阪市の谷町の業者を中心に構成された。昭和三十五年（一九六〇）から枚方市役所と話し合いを始め、府内では郊外移転の一番手であった。大阪府の担当者は「枚方移転がテストケースで、これがうまくいけば、刺激されてあとに続く業種がふえるだろうし、そうでないときは、名乗りをあげているところもシリ込みするだろう」と述べている。この既製服団地の成り行きは、府内の先行事例として注目を集めたのである。造成にかかわった協同組合の男性は「とくに用地買収はイバラの道だった」「今後は国や公共団体がちゃんと造成した土地を用意してくれなければ」［昭和三十七年八月五日・昭和三十八年四月十四日付『朝日新聞』］とふり返り、この言葉からは計画初期の苦労がうかがえる。

一方、大阪府が昭和三十七年（一九六二）に始めた独自の取り組みが大阪府中小企業団地開発協会の設立である。政府の助成制度が整えられていっても、府内すべての中小企業が助成対象となる基準を満たすわけではなかった。協会の設立により、自社での移転がむずかしい企業に対する支援体制が整えられた。そして、協会が最初の事業としたのが、枚方中小企業団地（枚方企業団地）の造成であった。以上の二団地ほか、枚方には家具団地、鉄工塗装団地、枚方工業団地、東部企業団地もつくられていった。なお、この四団地のなかには、公的支援を中心としない自主団地も含まれている。

さらに、産業立地の集団化は農業にも見られた。昭和四十年（一九六五）前後には、杉地区にスモモ生産団地が整備され、畜産では宗谷と穂谷の畜産団地が造成された。宗谷畜産団地は、枚方市内の業者が組合を結成し移転したが、平成五年（一九九三）には解散するに至った。他方の穂谷畜産団地は府内の業者が集団移転した。四十二年に穂谷へ移ってきた女性は、その当時を思い出して「毎日毎日ブルドーザーで土地をならし始めたんです。最初は、雨降ったらもう田植えできるくらい泥沼でね。車を二台ダメにしましたよ」と語っている［枚方市史編纂委員会、一九九五年：京都橘女子大学女性歴史文化研究所、一九九七年］。

深刻な公害問題

高度成長期に入り、枚方市域でも工場の操業や自動車の交通量が増えてきて、公害が見られるようになった。その被害に対し住民は、個別に行政や企業に改善を求めたり調査をしたりした。そのほか、事態が深刻になるにつれて、住民同士が団結し公害反対運動を展開するようになった。昭和四十六年（一九七一）の五月には、「枚方から公害をなくす市民の会」の結成集会が開かれて運動は全市的な広がりを見せた。さらに、工場以外でも高層マンション建設の反対運動やボウリング場規制運動、駐車場設置反対運動など生活環境を守ろうとする運動が盛んにおこなわれた［枚方市史編纂委員会、一九八四年］。ここでは昭和四十五年前後を中心とした中宮と磯島、蹉跎《さだ》での事例を見てみよう。

中宮地区の場合

多くの住民が密集する中宮地区では、昭和四十二年（一九六七）ごろから近隣の工場から出る騒音や悪臭、粉じんが問題となり始めたという。『広報ひらかた』第二七三号（一九七〇年十一月）では、この地区の住民運動を特集した記事が掲載されている。これによると、公害の発生源は小松製作所と小松化成と記され「公害とみられる事実」として住民の声が紹介されている。「くもっている日には、子供がせきこんだりします。近所のお子さんも同じだと聞いてびっくりしています。ほんとうにこわいことだと思います」（中略）「車を駐車場に置いておくと、翌朝、車の上に油のようなものが付着して簡単にとれません」などと訴えた。また、強風やくもりの日の悪臭、子どもの発疹に悩むという声もあり、人々が不安を感じる状況となっていた。昭和四十三年（一九六八）十月には住民が枚方市へ陳情し、これを受け市は工場に指導、四十四年夏には再指導をおこなった。しかし、四十五年の夏になっても大きな改善は見られなかった。七月の末から八月初旬にかけて集められた署名は二六〇〇人を超え、多くの人が何らかの公害対策を求めていた。記事には「もう住民はしんぼうしきれません」とあり、住民の我慢は限界に達していた。

公害問題の解決に向けて住民は団結した。昭和四十五年（一九七〇）九月二十七日、地区内の四つの自治会は中宮公害対策連合会をつくり生活環境の改善をめざした。十月一日には枚方市への陳情を終えて、十四日に大阪府と枚方市、住民の代表らが小松化成で調査を実施した。調査後の話し合いは「企業をつきあげる極めて活発なもの」であったという。そして、二十八日には小松製作所の騒音測定が実施された。これは、午前〇時から二時間三〇分の間、北ケ丘地区を中心におこなわれた。前掲の『広報ひらかた』には「測定器を設置するまでもなく「何機ものジェット機が遠くを飛んでいるような単調で継続的な音」が聞こえたと記されている。測定器を使わずに夜間において耳に入る音は、騒音といえるだろうし、「単調で継続的な音」であれば周辺住民のいら立ちはさらに増したことだろう。これらの調査結果をもとに企業は、解決策の検討を始めるに至った。中宮地区では、連合会の結成によって公害問題解決への第一歩を踏み出したのである。

磯島地区の場合

中宮での調査からおよそ二カ月が経過した昭和四十五年(一九七〇)十二月八日、府と市は磯島の日本可鍛鋳鉄所と中原工業所への立ち入り調査を実施した。一〇年にもわたるという大気汚染や騒音の被害は、日常生活のほかに農作物にも及んでいた。住民はこの二社へ個別に交渉することから始めたが、改善が見られないために署名活動がおこなわれた。四〇〇を超える署名とともに十月、枚方市へ陳情書を提出した。『広報ひらかた』第二七六号(一九七〇年十二月）は「磯島で公害集会　公害への怒り爆発」のタイトルで、集会の様子やそれまでの経緯を記している。ここで噴出した住民の不満を見ると、ある男性は「この大根やキャベツを見てみなさい。ちぢかんでしまって葉と葉の間は真黒な砂がたまっているだろう」と野菜の被害を訴えた。さらに、畑に出ると目やのどが痛くなり、てぬぐいも黒くなると語った。このほか、夜の騒音に悩む男性は「疲れて帰って来て、俺には体を休め、心の安らぐところはみんなあんたら（企業の人を指さしながら）に奪われているんだ。俺の家に一度来て寝てみろ」といった。十二月八日の調査の後、午後四時から開始したこの集会で「住民は激しく企業につめより、延々翌朝三時まで、怒濤のごとく」話し合いはつづいたという。この様子や参加者の言葉からは、住民の怒りや切実な思いが感じられる。

国道一号線蹉跎交差点での調査

中宮と磯島のように住民自身が被害を受けて公害問題に取り組む以外にも、学習会や調査活動を通して公害への関心を高めていく若者たちがいた。次にその一例を紹介しよう。「公害レポート」と名付けられた報告は『広報ひらかた』第三一九号（一九七二年一〇月）に載っている。昭和四十七年（一九七二）九月十五日、青年大学講座のメンバー四名と枚方市教委の職員二名は、国道一号線の蹉跎交差点を中心に「交通公害」について調べた。青年大学講座とは、昭和四十年度（一九六五）から市教委の主催で始まったもので、若い働く青年男女の学習と交流の場になっていた。参加者は、交差点での交通量、騒音調査や付近住民への聞き取りをおこなう過程で、公害への問題意識を深めていった。レポート執筆者にとって、公害は調査するまで「無縁な存在」でしかなかった。しかし、調査活動中、自身がのどの調子を悪くし、騒音や排気ガスに悩む人々について考えるようになったという。そして、報告の最後には「『公害は自分の問題』と考え」「何がこのような問題をうみだしたのか、それを考えてはじめて公害解決への道があるように思うのだが」と感想を述べている。このように、日常生活ではそれほど公害を意識しなかった住民も、講座の受講がきっかけで関心を深めるということがあった。

コラム 「ふるさと創生」事業～『鋳物師はんべえ奮戦記』～

「ふるさと創生」事業は、竹下登内閣のもとで推進されたものである。具体的な内容はいくつかに分類できるが、最も有名なものはいわゆる「ふるさと創生一億円」事業であろう。市町村に対して一億円を交付したこの財政措置は昭和六十三年（一九八八）度から翌年度にかけて実施され、地方交付税として各地方公共団体へ渡された。この事業の正式名称は「自ら考え自ら行う地域づくり事業」といい、地域の自主性が尊重されて使い道は特定されなかった。そのため、自治体によっては、温泉を掘ったり金塊を買ったりするなどして話題を呼んだ。

　使い道をめぐって枚方市は、住民から広くアイディアを募集し五八件の提案を受けた。提案で一番多かったのは教育・文化振興関係で三五件であった。二番目に多かった平和・国際交流関係の五件と比べるとその数は圧倒的であった。さらに、そのなかでも枚方の歴史と史跡に関する案が

図 11-2　鋳物師はんべえ奮戦記

最多であった〔『広報ひらかた』第七二八号、一九八九年十月〕。そして、平成二年（一九九〇）二月、各提案を検討していた選定委員会は、歴史アニメーションビデオの制作を決定した。その理由は「枚方の歴史を子どもから大人までわかりやすく紹介でき郷土に対する愛着がより深まると判断した」からであった〔『広報ひらかた』第七三七号、一九九〇年三月〕。その後、三年には歴史アニメーション検討委員協議会を設置し検討を重ねた。ここで作品コンペの実施が決まり、テーマは「京・大坂の中間に位置し情報と旅人が交錯する枚方宿で、幕末の動乱期に人々がどう考えどう生きたか」であった。その結果、四年に『鋳物師はんべえ奮戦記』（竜の子プロダクション制作）が選ばれた。平成五年（一九九三）三月には完成記念試写会が開かれ、この作品は同年のおおさか映画祭で話題賞を受賞したという。大まかなストーリーは次のようになっている。

枚方にゆかりの深い鋳物業を営む飯兵衛を主人公に、坂本竜馬や西郷隆盛など歴史上の人物も登場。宿場町・枚方を舞台に「いくさより人助け」を選んだ人々の心意気と人間愛をフィクションで描きます〔『広報ひらかた』第八〇八号、一九九三年三月〕

このように、伝統産業や幕末の動乱を題材に歴史上の著名人が登場するなど親しみやすいストーリーでつくられた。この事業は、「それぞれの地域における多様な歴史、伝統、文化、産業等を活かし、独創的・個性的な地域づくり」を各市町村が主体的におこなうものであった。

枚方市では、住民から意見を集めた結果、歴史関係がその多くを占めた。そして、地域の歴史を特徴付ける鋳物業や宿場町をモチーフにアニメーションを制作した。枚方での「ふるさと創生一億円」事業は、身近な地域史を見つめ直し、枚方への関心を高めるために実施されたのであった。

第12章　都市整備と再開発

1　京阪枚方市駅とその周辺整備

枚方市駅前の再開発

枚方市の人口は戦後急激に増加した。市制施行時にはおよそ四万人であったが、昭和三十五年（一九六〇）に約八万人、四十五年には約二二万人までになった。当然のことながら、駅の利用者も増え、駅とその周辺の混雑はひどくなっていった。このような状況を解決するため、昭和四十年代から再開発事業が本格化した。駅前広場が整備されて、昭和五十年（一九七五）には百貨店などが入居する「ひらかたサンプラザ」がオープンした。このサンプラザの後方地域には、四十年代より官公庁の出先機関が集まり始め官公庁団地を形成していった。

枚方市駅連続立体交差事業

枚方の中心市街地としての開発が進むと同時に、駅周辺の道路と鉄道を立体交差させる計画が検討されていた。踏切の遮断は交通渋滞を引き起こし、バスやタクシー、乗用車の増加がそれに拍車をかけた。他方、鉄道の乗降客数は昭和四十三年（一九六八）には一日約七万人、昭和四十九年（一九七四）には約九万人と推移していた。ホームに人が密集する状態になっても、その幅（四・五メートル）を拡げるゆとりはなく、通勤・通学ラッシュの時は「限界に近い混雑ぶり」となっていた。このように、道路も鉄道も利用者増加の諸影響に対応しきれない状況であった。

大阪府と枚方市、京阪電鉄は調整を進め、昭和五十一年（一九七六）、建設省の認可を受けて高架工事が正式に開始されることに

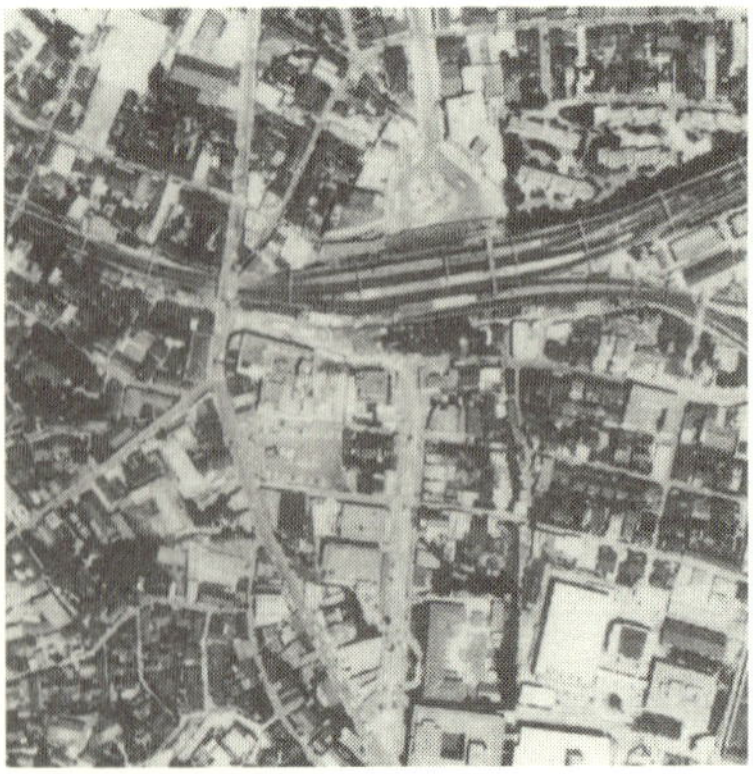

写真 12-1　再開発前の枚方市駅周辺

写真 12-2　混雑する枚方市駅ホーム

なった。まず、仮線の工事が実施され、五十六年（一九八一）に交野線、六十年に京阪本線が仮線に移った。本線の京都行きが六十三年、大阪行きが平成二年（一九九〇）に開通した。翌三年には交野線の高架運行が始まり、施工区域の踏切はすべてなくなった。四年までに京阪本線と交野線がともに高架線で運行されるようになった。そして、平成五年（一九九三）三月、鉄道関係の工事が完成した。この事業のメリットとしては「踏切がなくなって人や車の流れがスムーズになる」「南北の駅前広場を一体化して再開発できる」「高架下に貴重な都市空間ができ、街づくりに生かせる」［平成五年三月十八日付『朝日新聞』］などがあげられた。平成六年（一九九四）十月には、高架下に百貨店などの商業施設、翌年四月に専門店街がオープンした。鉄道施設完成後の関連工事を経て平成七年（一九九五）三月、立体交差事業が終了した。認可から完了まで一九年に及ぶ大事業であった。また、平成二年に別の事業として、岡本町に再開発施設のビオルネがオープンした。その後、平成九年（一九九七）には枚方市駅に特急が停車するようになり、特急は平成十五年（二〇〇三）より樟葉駅にも止まるようになった［かんこう、一九九六年：京阪電気鉄道株式会社、二〇〇〇年］。

2　学研都市と枚方

関西文化学術研究都市

関西文化学術研究都市は、「けいはんな学研都市」ともいわれ、京都府・大阪府・奈良県にまたがる京阪奈丘陵地で整備が進められている。また、学研都市という略称は、ＪＲ片町線を学研都市線と呼ぶこともあり、住民の間に広く浸透していることであろう。昭和五十三年（一九七八）に関西学術研究都市調査懇談会が発足するといった過程を経て、昭和六十一年（一九八六）、関西文化学術研究都市推進機構が組織された。翌六十二年には、関西文化学術研究都市建設促進法が制定された。そして、平成六年（一九九四）にまちびらきがおこなわれた。大阪府内では、枚方の氷室《ひむろ》・津田地区のほか、交野と四条畷の各市の一部が都市域となった。

氷室地区では、昭和五十九年（一九八四）に関西外国語短期大学穂谷キャンパスが完成し、平成八年に関西外国語大学国際言語学部が誕生した。津田地区では、研究施設や企業が立地している。津田地区では平成十九年の四月で、計画人口三〇〇〇人・戸数一〇〇〇戸であるのに対し入居人口一七八八人・世帯数六〇七戸となっていた。達成率がおよそ六割という状況であったが、前年度に比べると、人口が三二一人、世帯数が九六世帯、それぞれ増加した。同時期の枚方市の人口は、四〇万九一一八人で、その内、学研都市域は三万九七〇人である。都市域の人口が市全体の一割弱を占めていた〔『関西文化学術研究都市月報』第二二五号〕。氷室・津田地区の立地施設数は、平成十八年（二〇〇六）四月の調査で一六となっていた。都市全体で見ると、その数は平成十年（一九九八）におよそ七〇となり、それからは横ばい状態がつづいた。その後、経済好転の兆しが見られたことから、平成十七年、十八年の両年度で約二〇の施設が増えた。そして、まちびらきから一〇年以上が経過した十九年四月、開設済みの施設数が一〇〇に達したのであった〔『関西文化学術研究都市月報』第二二四号〕。

津田サイエンスヒルズ

学研都市のなかにある津田サイエンスヒルズは、国道三〇七号線に近く、ＪＲ津田駅、藤阪駅から約一キロメートル、京阪枚方市駅からは約六キロメートルの位置にある。津田サイエンスヒルズ推進協議会が発行した『津田サイエンスヒルズ』には「科学技術の発達と産業の振興」が目的とある。そして「物質の性質を調べる、新しい材料を創りだす」物質・材料系分野の研究機関が集まる「人類の未来を開く研究開発拠点を目指します」と紹介されている。この推進協議会には、大阪府住宅供給公社が含まれていて、研究施設に隣接する住宅地の開発も計画された。基盤的研究施設であるイオン工学センターは、平成二年（一九九〇）にオープンし、それから、自由電子レーザ研究所（平成六年開所）、共同利用施設の津田サイエンスコア（平成七年開所）とつづいた。ところが、民間施設の進出は順調とはいえなかった。平成十六年（二〇〇四）二月十七日付の『日本経済新聞』は次のように書いている。

進出した民間企業は大阪市の食品材料商社の一社にとどまり、分譲地八ヘクタールが売れ残る。研究所集積という学研都市のブランドにこだわりすぎた結果、「進出希望企業を逃したつらい経験があった」（大阪府）。

このような状況から、平成十五年、大阪府と枚方市は協議をおこない研究所用地に、工場の立地を認めることにしたという。これをきっかけに施設の進出が加速し、十七年、地域からの強い要望を受け、JR津田駅から津田サイエンスヒルズへと向かうバス路線が開設されることが決まった〔『関西文化学術研究都市月報』第二〇八号・第二一六号・第二二五号〕。

また、平成十二年（二〇〇〇）からは、学研都市の大学が連携して市民講座を開催している。参加大学は、奈良先端科学技術大学院大学・同志社大学・同志社女子大学・大阪電気通信大学・関西外国語大学・大阪国際大学の六校である。この六大学が「けいはんなから「知の発信」」という言葉をキーワードに掲げ、住民の関心が高い分野から講座を企画している〔『関西文化学術研究都市月報』第二一八号〕。この市民講座は、大学が地域貢献をする場になると同時に、地域に住む人々が学研都市の取り組みを知る場にもなっている。

3　生涯学習と学校教育

枚方テーゼ

昭和二十四年（一九四九）、社会教育法が制定された。公民館はこれにもとづいて設置される施設である。枚方では学校整備や財政難などが理由となり、当初から数館程度にとどまり、昭和四十年（一九六五）の市民会館開館以降、公民館の建設は昭和五十年代になるまで本格化しなかった。その一方で、昭和三十八年（一九六三）、のちに「枚方テーゼ」といわれるようになる社会教育の考え方、活動方針が示された。枚方テーゼは、『枚方の社会教育第二集』（枚方市教育委員会）に記されていて大きく分類すると次のようになっている。それは「社会教育の主体は市民である」「社会教育は国民の権利である」「社会教育の本質は憲法学習である」「社会教育は住民自治の力となるものである」「社会教育は大衆運動の教育的側面である」「社会教育は民主主義を育て、培い、守るものである」の六つで構成される。これは、住民の目線に立った教育行政を目指すもので、下伊那テーゼ（長野）、三多摩テーゼ（東京）とともに関係者から全国的な注目を集めた。

図書館の整備

生涯学習の代表的な施設には公民館や学習センターのほかに図書館がある。枚方市立図書館が開館したのは昭和四十八年（一九七三）四月のことであった。しかし、枚方市における図書館の歴史は昭和二十年代にまでさかのぼることができる。昭和二十六年（一九五一）、大阪府立図書館は、公立図書館のない地域に自動車文庫の巡回を始めた。そして、昭和二十七年（一九五二）、大阪府立図書館枚方ブックステーションがオープンした。これは、府立図書館分館のような役割を果たし、巡回の拠点となる施設であった。その後、昭和四十年（一九六五）、枚方市民会館のなかに市立の枚方市図書センターが開設された。府立のブックステーションは、昭和四十四年（一九六九）まで存続し、廃止された後、その蔵書は図書センターが引き継いだ［枚方市史編纂委員会、一九八四年］。この後の様子を見ると、『ひらかたの図書館行政』では「市民一人当りの図書費は、昭和四五年九円弱、四六年一六・四円、四七年二〇・八円と増えてはいますが、欧米では一人当り一〇〇円は普通です。国内の先進的な自治体からみても引離されています」と述べられている。このように、枚方市は先進自治体と比較しその貧弱さを認識していた。市は全国トップクラスの図書館行政を目指し、その改善策を進めていったのである。

枚方市立図書館の開館

市立図書館開館直前の昭和四十八年（一九七三）二月、枚方市図書館計画報告書が出された。この計画では、図書館の分室や分館の設置を積極的におこなうと述べられた。中央図書館の充実よりも地域のすみずみまでサービスを提供することが優先されたのである。そのために、設置の順序は、まず自動車文庫・分室、次に分館、最後に中央図書館というように計画された。また、「枚方市の長期総合計画についての調査」（二〇歳以上の市民一五〇〇人が対象、一九七三年四月実施）では、市民が日常不足していると感じる文化施設の項目で地域図書館が二四・八％、中央図書館が八・三％となっていた。市民も中央図書館より地域図書館の設置に期待していたことがわかる〔枚方市企画室・市立図書館、一九七三年〕。昭和四十八年（一九七三）四月、枚方市立図書館が誕生した。これにより枚方市は単独で図書館の運営をおこなうことになったのである。七月からは市の自動車文庫（ひなぎく号）の巡回が始まり、八月には香里ヶ丘・津田・中宮・禁野・野田の五分室が設置された。文庫と分室は、図書館活動の二本柱となり「地域に根ざした図書館活動と全域サービス実現」を目標とした。その後、分館、分室の整備は進み平成二年（一九九〇）一月の時点で枚方市立図書館は、本館一館、分館七館、分室一二室、自動車文庫のステーション三六カ所からなる施設へと発展した〔枚方市立図書館、一九九〇年〕。それ以降は分館と分室の整備、自動車文庫の市民病院内サービス、パソコンの導入や業務の電算化など、生涯学習社会の構築が唱えられるなかで、ソフト事業にも積極的に取り組んでいった。

中央図書館の設置については昭和五十五年（一九八〇）に建設構想の報告が出されていた。しかし、報告から二〇年が経過しても建設には至らなかった。建設に向けて進展し始めたのは、平成十三年（二〇〇一）のことであった。関西外国語大学片鉾学舎の図書館棟が寄贈されることになり、これを中央図書館として活用することになったのである。そして、翌年の市政運営方針では、中央図書館の整備が明記された。平成十五年（二〇〇三）七月には枚方市立中央図書館整備構想がまとまり、翌年三月には枚方市立図書館グランドビジョンが示された。同年十一月、岡東町の枚方図書館が中央図書館の開館準備のため休館となった。平成十七年（二〇〇五）四月十七日、枚方市立中央図書館が開館した。四つの閲覧フロアを持ち、開架冊数一一万五〇〇〇冊、収蔵可能冊数五〇万冊という充実したものであった。また、地域防災センターや生涯学習情報プラザ、地域活性化支援センターなどから構成される複合施設「輝きプラザきらら」が同日、図書館の隣に開設された。その後の十八年一月、枚方市では新しいタイプの図書館が市中心部にオープンした。市駅前サテライトである。これは、関西医科大学附属枚方病院に隣接する情報交流センターに置かれた。セルフ貸出機の導入や定期的な休館日を設定しないなど、これまでにない特徴があった。平成二十四年度（二〇一二）において、図書館の構成は、分館八館、分室一一室、自動車文庫二六カ所となっている。

保育所と幼稚園の建設

枚方は高度成長期に爆発的な人口増加を経験したが、そのなかで若い世代の割合が高かったことは教育や福祉の分野にも大きな影響を与えた。枚方でそれが問題化するのは昭和三十年代からであった。まず、若年層の子どもたちの保育所や幼稚園の入所、入園希望が増え既存の施設では対応できなくなってしまった。そして、昭和四十三年度（一九六八）の施政方針には「一年、一保育所、一幼稚園の建設」が盛り込まれ、以後、私立施設や財政状況などを考え合わせた上で実施されていった。『広報ひらかた』には「全員入園をめぐって　幼稚園問題を考える」（一九六八年十月）、「待機児童は一一〇〇人　急迫する保育所建設」（一九七一年八月）、「幼稚園浪人出さない」（一九七二年八月）、「高まる保育行政の推進」（一九七三年四月）などの題で取り上げられ、行政の対策のほか保護者らの要望も紹介された。

小中学校の整備と再編統合

つづいて、小学校についても見てみよう。児童（小学生）数は昭和三十年代後半では八〇〇〇人台から約一万人で推移したが、四十年代前半以降の伸び率は著しく昭和四十六年（一九七一）にはおよそ二万人に達した。五十年には三万人、五十四年には四万人を超え、五十七年には最大約四万五〇〇〇人にまで増加した。中学校の生徒数は、ベビーブーム世代の一時的な急増はあったが、昭和四十年代前半は四〇〇〇人台を推移し、昭和四十四年（一九六九）に五〇〇〇人、五十年に一万人、五十九年に二万人を超えた。そして、昭和六十一年（一九八六）には約二万二〇〇〇人で最大となった。これに対処すべく学校の建設が進められたが、既設木造校舎の老朽化による鉄筋化や補修といった改築の必要や、財政悪化などにより、子どもたちの増加には追いつかなかった。そこで設置されたものがプレハブの仮設教室であった。枚方では昭和三十七年（一九六二）に初めて置かれ、五十年の財政難による学校新設中止後は一挙に増加し、昭和五十三年（一九七八）には一二〇教室を超えた。これは校舎建設が再開されるにつれて解消に向かっていった［枚方市史編纂委員会、一九八四年］。

一九八〇年代（昭和五十五～六十四）に学校数は小学校四七校（八四年）、中学校二〇校（八六年）となり、児童・生徒数も絶頂を迎えた。ところが、それ以降、子どもたちの数は急激に減少していった。平成二年（一九九〇）には児童（小学生）が約三万二〇〇〇人で生徒（中学・高校生など）が約一万九〇〇〇人、平成十二年（二〇〇〇）には、それぞれのピーク時のおよそ半数、約

写真 12-3　プレハブ教室

二万三〇〇〇人、約一万二〇〇〇人になってしまった。同年と翌十三年には、ついに学校規模の適正化のために学校の統合がおこなわれた。平成十二年四月に北牧野小学校が牧野小学校と、村野小学校が桜丘小学校、川越小学校とそれぞれ統合した。その翌年十三年四月には、村野中学校が第四中学校、東香里中学校、桜丘中学校と統合した。北牧野小は昭和四十七年（一九七二）に牧野小から、村野小は四十九年に桜丘小から、村野中は昭和四十九年に第四中から分離して設立されたので、二十数年の時を経てもとの母体校への再編を軸に統合が実施されたことになる。

大阪府立枚方高校の開校

ベビーブームの世代が高校へ入学し始めた昭和三十八年（一九六三）、市内で最初の府立高校が開校した。それまで市内の高校は、大阪市立高校と啓光学園高校の二校のみであった。府立高校の誘致は、戦前期の旧制中学校誘致運動にまでさかのぼることができ、開校は枚方市にとって長年の願いであった。学校名は前年十月に枚方高校と決まり、三十八年四月の入学式では普通科五〇〇名、家政科五〇名の合計五五〇名が入学した。当時の『学校要覧』（一九六三年五月）には、普通科の志願者が五八三名（男子三二一名・女子二六二名）、家政科が女子のみ八九名、合計六七二名であったと記されている。

この頃入学した生徒はどのような生活をしていたのであろうか。その一端を知ることができるアンケート結果がある。生徒会が編集した会誌『ひらかた』第一号（一九六四年四月）には「アンケートからみた枚高生の生活白書」というものが掲載されている。調査内容は、時間の使い方や友人関係、趣味のことなど多岐にわたっているが、そのなかからいくつかの項目を紹介していこう。学校生活の悩みに関しては、約半数の五一％が成績のことであると答えた。そして、学校の施設が不十分（一一％）（ちなみに、施設については開校以後も食堂開設など引きつづき整備されていった）、交友関係（八％）、自分の評判（一％）となっていた（無回答二〇％・その他九％）。購読雑誌は『高一コース』や『リーダースダイジェスト』が多かった。また、好きな作曲家には吉田正や中村八大、好きな歌手には舟木一夫や坂本九、橋幸夫、弘田三枝子や吉永小百合、江利チエミなどの名前が挙げられていた。通学時間については、四五分から一時間（三八％）というのが最多であり、回答者の八五％は一時間以内となっていた。ちなみに、前掲の『学校要覧』では、国鉄・私鉄・バスの利用者が五〇九名と大半を占め、自転車は八名、徒歩は三三名と書かれている。

地元高校集中受験運動

枚方高校の後、府立高校は昭和四十八年（一九七三）十一月に長尾高校が設立され、それからも人口増加に応じて順次設立されていき、私立高校も開校した。長尾高校の誘致活動を契機に四十七年六月、枚方市高校問題五者連絡会議が発足し、以後の増設実現に向けてさまざまな取り組みがおこなわれた。また、同じ頃に結成された進路代表者会議を中心に、地元高校の育成と学校間格差の是正を目標とする地元高校集中受験運動が展開された。この背景には、高校と地域とのつながりを大切にし、受験者の増加による熾烈な競争、特に名門校や有名校といわれる学校への人気集中を緩和するという考えがあった。これには賛成もあれば反対もまた多かった。

府立高校の再編

市内の高校数は一貫して増加していたが、少子化の影響は当然のことながら高校にも及び、一九九〇年代後半から本格的な対策が始まった。平成十一年（一九九九）に大阪府教育委員会が示した教育改革のプログラムには、府立高校の特色づくりと再編整備の実施が記された。そして、この再編整備計画の平成十四年度実施対象校に枚方市域の枚方西高校（昭和五十四年開校）と磯島高校（五十八年開校）の二校が選ばれたのである。翌十五年にはプロジェクトチームの報告書が完成した。これによると、両校を統合し新高校は磯島高校の場所に設置され、開校は十六年とされた。また、「基礎学力を重視しながら、エリアや科目を選択することによって、自分の興味・関心にあった学習を通して、希望の進路を実現できる力」〔大阪府教育委員会、二〇〇三年〕を育成するという普通科総合選択制を導入することになった。エリアとは科目を包括する大まかな学習分野のことを指している。校名は枚方なぎさ高校と決まり、十六年四月に新高校が設置された。これに合わせて枚方西と磯島の両校は募集停止となり、十八年三月に閉校した。

4　戦後の菊人形文化

ひらかた大菊人形の終了

枚方市の花が菊であるように、枚方と菊との関係には深いものがある。それは「ひらかた大菊人形」が長年にわたり枚方で開催され、市内外から親しまれていたことからもうかがえる。しかし、高度成長期以降は娯楽の多様化などの要因で、全国的に菊人形展は縮小傾向にあった。枚方も同様で『広報ひらかた』第一〇八一号〔二〇〇四年一一月〕ではその現状が紹介された。見出しには「後世に伝えたい枚方の大菊人形」「まちを代表する伝統文化」とある。そして「存続が大きな課題に」「継承へ支援策」とつづいた。具体的な支援策としては、菊人形の制作過程を収録したビデオの制作や、市の職員が人形づくりを現場で学ぶ研修派遣、小学生による菊人形づくり体験講座の開催などがおこなわれていた。このような厳しい状況のもと、主催者の京阪電鉄は平成十七年（二〇〇五）五月、この年を最後にひらかた大菊人形を中止すると発表した。その理由については「入場者の減少、菊人形をつくる職人の後継者不足のため」と説明した。昭和四十九年のピーク時にはおよそ八五万人であった入場客が「ここ三年は三五万人台に低迷」していたという〔平成十七年六月一日付『朝日新聞』〕。

菊文化の継承

この中止発表の影響は大きく、枚方市議会は、同年九月にひらかた大菊人形の存続を求める決議を可決した。決議のなかで、ひらかた菊人形は、枚方市を「「菊のまち」として全国に発信してきたかけ替えのない文化」、この廃止で「本市菊文化の今後の礎を失うのは明らか」などと記された。そして、京阪電鉄に対し次の年以降も従来通り開催するよう再検討を求めた〔枚方市議会『平成十七年第三回定例会枚方市議会会議録』：平成十七年九月二十八日付『朝日新聞』〕。九月三十日から始まったひらかた大菊人形には多くの人々が訪れ、十二月四日の閉幕まではおよそ七〇万人もの来場者があった。入場者数は例年の約二倍で、京阪電鉄が予測した数字を大きく上回っていた。会期中の十一月には、文化継承に向けて枚方市が「市民公募という形で来年以降も菊人形展を続ける」と発表し、翌年以降もイベントがおこなわれることになった〔平成十八年十一月二十二日：十月二十八日付『朝日新聞』〕。また、京阪電鉄開業一〇〇周年を記念して二〇一〇年秋に復活開催されるなど、菊文化の継承をめざす取り組みが現在でもつづいている。

コラム
登録有形文化財と近代化遺産～大阪歯科大学牧野学舎～

大阪歯科大学牧野学舎は平成十七年（二〇〇五）、枚方市で最初の国の登録文化財となった。学舎は昭和四年（一九二九）、大学の前身である大阪歯科医学専門学校が大阪市内から移転してきたことに伴い建設された。この登録文化財制度の歴史は比較的新しく、平成八年（一九九六）に始まった。この制度の特徴は文化財の保存と同時に活用も重視する点にある。登録された後、急に立ち入り禁止となるわけではなく、学校施設、商業施設などとしてそのまま使用できる。ただし、外観を大きく変化させる場合には文化庁への届出が必要となる。いいかえると、外観を維持できれば内部の改装は比較的自由にできるということである。また、優遇措置として、修理費用などの一部補助や改装費用などの低利融資、各種の減税などがある〔文化庁『建物を活かし、文化を生かす。登録有形文化財建造物のご案内』〕。さて、登録第一号となった牧野学舎は、どのような評価を得て登録にまで至ったのであろうか。平成十七年（二〇〇五）七月の『広報ひらかた』では次のように書かれている。

建物は鉄筋コンクリート造の三階建てで、外観は概ね左右対称の立面構成をとり、中央部の塔屋に校章が飾られてあります。また、白壁に水切りを回し、曲面に仕上げられた壁面や西側に付けられた出窓等の意匠は、昭和初期のモダニズム建築の流れを汲む質の高い貴重な建物として評価されています

つづいて、登録基準について見てみると、文部科学省の告示「登録有形文化財登録基準」には、次のように記されている。対象となるものは、建造物、土木構造物、その他の工作物である。そして「原則として建設後五〇年を経過し、かつ、次の各号の一に該当するもの」となっている。各号とは「(一)国土の歴史的景観に寄与しているもの」「(二)造形の規範となっているもの」「(三)再現することが容易でないもの」の三つである。つまり、地域になじんでいる風景や、各時代の文化や技術が反映した建物などが、登録価値のある建物といえる。

また、牧野学舎は近代化遺産としても調査された。この調査は各都道府県で進められていて、大阪府では平成十九年(二〇〇七)三月に教育委員会から『大阪府の近代化遺産』が刊行された。これによると、調査対象は「日本の科学技術の基礎を築いた明治、大正、昭和戦前期という時代に焦点を当て、土木構造物を含めた産業関連の建造物等の遺構」とある。そして、調査後は「産業遺産としての建造物に加えて、橋やトンネル等の土木遺産の保存や指定・登録が期待される」と述べている。枚方市域では、橋や上下水道施設、変電所、大学、個人住宅、

旧軍事施設が調査された。そして、府内の主要な遺産（二次調査物件）として牧野学舎、さらに、注目すべき遺産（三次詳細調査物件）として「関西電力牧野変電所」「東京第二陸軍兵器廠香里製造所関連施設」「旧大阪陸軍禁野火薬庫土塁」「コマツ大阪工場」が掲載された。

平成二十四年五月一日現在、大阪府内の登録文化財制度による建造物の登録は五二一件となっている〔文化庁「国宝・重要文化財等都道府県別指定件数一覧」〕。府全体の数や他の自治体と比べると枚方市内の登録数は少ないといえる。しかし、登録数が多ければ良いというものではない。大切なことは、日常生活のなかで見過ごしている風景や建物に新しい価値を見つけ出すことである。純粋な文化財保護、まちづくりや観光資源、市民参加の拠点としての活用などさまざまな方法がある。登録文化財や近代化遺産というように、これまでにない意味付けをして地域住民に紹介することは、地域に暮らす人々が歴史のある風景や建物に関心を抱く一つのきっかけになるのではないだろうか。

略年表

年号	西暦	本書で言及した枚方に関する事項	日本史上の出来事
旧石器時代		ナイフ形石器や尖頭器などの石器が使われる（楠葉東遺跡・藤阪宮山遺跡・船橋遺跡）	
縄文時代		山間や海辺で縄文土器を用いた生活が営まれる（穂谷遺跡・神宮寺遺跡・磯島先遺跡）	
弥生時代		竪穴式住居や高床式の稲倉のある集落が営まれる（交北城の山遺跡）	
		丘陵上に、多くの武器を有した高地性集落が営まれる（田口山遺跡・高宮八丁遺跡（寝屋川）・鷹塚山遺跡・山之上天堂遺跡）	
		集団墓である方形周溝墓がつくられる（楠葉野田西遺跡・招提中町遺跡・交北城の山遺跡・星丘西遺跡など）	
		首長の墓と思われる大型の墳丘墓がつくられる（中宮ドンバ遺跡）	
	四世紀中頃	三角縁神獣鏡が副葬された万年山古墳がつくられる	
	四世紀後半	前方後円墳である牧野車塚古墳がつくられる	
	五世紀	韓式系土器が使われる（茄子作遺跡・交北城の山遺跡など）	
	五〇七	樟葉宮で継体天皇が即位する（『日本書紀』）	
	七世紀初頭		飛鳥寺が建立される
	七世紀前半	四天王寺瓦窯（楠葉平野山瓦窯群）がつくられる	四天王寺が建立される
大化二年	六四六		改新の詔が発せられる
天智二年	六六三		白村江の戦いにより百済が滅亡して、多くの百済人が倭国へ逃れる

	七世紀末～八世紀初頭	九頭神廃寺が建立される	
大宝元年	七〇一		大宝律令が制定される
和銅三年	七一〇		平城京に遷都する
和銅四年	七一一	山陽道に楠葉駅が設置される	
神亀二年	七二五	行基が久修園院を建立する	
天平五年	七三三	行基が茨田郡伊香（伊加賀）に救（枚）方院と薦田院を建立する	
天平勝宝二年	七五〇	百済王敬福が河内守に任ぜられ、その後百済寺が創建される	
延暦三年	七八四		長岡京に遷都する
延暦四年	七八五	桓武天皇が交野で郊祀をおこなう	
延暦六年	七八七	桓武天皇が交野で郊祀をおこなう	
延暦十三年	七九四		平安京に遷都する
延暦二十一年	八〇二	阿弖流為・母礼が河内国で処刑される（『日本紀略』）	
大同三年	八〇八	供御器を造る土を採るので、河内国交野雄徳山（男山）に埋葬することが禁じられる	
天長十年	八三三	仁明天皇が外祖母田口姫（河内国交野郡小山墓）に追善供養をおこなう	
斉衡三年	八五六	文徳天皇が交野郡柏原野で昊天祭を執りおこなう	
貞観二年	八六〇	宇佐八幡宮から石清水八幡宮が勧請される	
承平五年	九三五	紀貫之が『土佐日記』で渚院を偲ぶ	
長徳元年	九九五	この頃、清少納言が『枕草子』で「野は交野」と記す	

治承三年	一一七九	平清盛が大交野荘を石清水八幡宮に寄進する	
建久三年	一一九二		源頼朝が鎌倉幕府を開く
元弘三年	一三三三		鎌倉幕府が滅亡する
建武元年	一三三四		建武の新政が始まる
北朝暦応元年	一三三八		足利尊氏が室町幕府を開く
南朝元中九年 北朝明徳三年	一三九二		南北朝が合一する
応永十八年	一四一一	私部郷の光通寺が足利将軍家の祈願寺となる	
応永三十一年	一四二四	楠葉郷の伝宗寺が足利将軍家の祈願寺となる	
応仁元年	一四六七		応仁の乱が始まる
文明七年	一四七五	蓮如が吉崎御坊を退去して中振郷出口に坊舎（後の光善寺）を建立する	
文明十二年	一四八〇	紀氏神人の北向光氏が楠葉神人に殺害される	
文明十三年	一四八一	楠葉神人が楠葉から追放される	
文明十六年	一四八四	楠葉神人が畠山義就の支援を受けて楠葉に戻る	
文明十七年	一四八五		山城国一揆がはじまる
文明十八年	一四八六	石清水八幡宮社中で紀氏神人と楠葉神人が合戦となる	
天文八年	一五三九	紀氏神人が善法寺に奪われた土地を奪還するも、証拠文書を偽造したことが露見して土地が善法寺に返却される	
天文十一年	一五四二	木沢長政が畠山稙長・遊佐長教に討たれ、楠葉の支配者が長教家臣の萱振賢継となる	
天文十二年	一五四三		ポルトガル人が種子島に漂着して鉄砲が伝わる
天文十八年	一五四九		フランシスコ・ザビエルによりキリスト教が伝わる

天文二十一年	一五五二	安見宗房が萱振賢継を暗殺し、楠葉の支配者となる	
永禄十一年	一五六八		織田信長が上洛する
元亀二年	一五七一	安見氏の私部城が松永久秀勢に攻撃されるが持ちこたえる	
元亀三年	一五七二	私部城が再攻撃を受けるも再度持ちこたえる	
天正十年	一五八二	本能寺の変により、徳川家康は堺から穂谷、尊延寺を通って伊賀・甲賀へと抜けて領地の岡崎へもどる	山崎の合戦が起こる
天正十一年	一五八三		太閤検地により河内でも検地がおこなわれる
文禄五年	一五九六	文禄堤（京街道）が完成する	
慶長八年	一六〇三		徳川家康が江戸幕府を開く
慶長十九年	一六一四		大阪冬の陣が起こる
元和五年	一六一九	久貝正俊が大坂町奉行に任命される	
寛永十二年	一六三五	枚方茶船の営業が認められる	参勤交代制が確立する
寛永二十年	一六四三	久貝正俊が八田広の開墾を命じる	
万治三年	一六六〇	枚方・伊加賀・走谷・中振・出口の五カ村が助郷村に設定される	
元禄元年	一六八八	津田村と穂谷村との間で津田山をめぐる山論が起こる	
元禄七年	一六九四	枚方宿の助郷村が二八カ村に増加する	
		津田山山論が京都町奉行所の裁判に持ち込まれる	
享保四年	一七一九	行田義斎によって中宮村に私塾南明堂が開かれる	
享保十四年	一七二九	交趾国より渡来した象が枚方を通る	
享保二十年	一七三五	並河誠所が『五畿内志』を刊行する	
享和元年	一八〇一	『河内名所図会』が刊行される	

文化三年	一八〇六	三浦蘭阪が『河内摭古小識』を刊行する	
文政九年	一八二六	シーボルトが『江戸参府紀行』に枚方を記す	
天保八年	一八三七	尊延寺村の深尾才次郎が村人らを伴って大塩平八郎の乱に参加する	
文久元年	一八六一	『淀川両岸一覧』が刊行される	
慶応元年	一八六五	長州征伐のために中河内・南河内の八二カ村が当分助郷に定められる	
慶応四年	一八六八	楠葉台場が完成する	鳥羽・伏見の戦いが起こる 大阪府と堺県が設置される
明治五年	一八七二	南明堂が閉校になる	学制が公布される
明治六年	一八七三		地租改正法・地租改正条例が制定される
明治十八年	一八八五	淀川大洪水が発生する	
明治二十二年	一八八九	町村制施行により枚方市域が枚方町と九カ村にまとめられる	大日本帝国憲法が公布される
明治二十七年	一八九四		日清戦争が始まる
明治二十九年	一八九六	禁野火薬庫が完成する	
明治三十一年	一八九八	関西鉄道により相生町（片町）と木津が鉄道で結ばれる（現在のＪＲ学研都市線）	
明治三十七年	一九〇四		日露戦争が始まる
明治四十二年	一九〇九	禁野火薬庫で爆発事故が起きる	
明治四十三年	一九一〇	京阪電車が天満橋―五条間で開業する	日本が韓国を併合する
大正元年	一九一二	香里遊園地で最初の菊人形展が開かれる	
大正三年	一九一四		第一次世界大戦が始まる

大正七年	一九一八	潮谷商会（現在のＣＨＯＹＡ）が枚方で工場を操業する	
大正十一年	一九二二	日本農民組合北河内連合会が結成される	
大正十四年	一九二五	北河内郡地主会が結成される	普通選挙法が公布される
昭和四年	一九二九	信貴生駒電鉄が枚方東口―私市間を開業する（現在の京阪交野線）	
		大阪歯科医学専門学校が牧野に移転する	
昭和五年	一九三〇	枚方大橋が完成する	
昭和八年	一九三三	京阪国道が開通する（現在の府道京都守口線）	
昭和十年	一九三五	牧野村と招提村が合併して殿山町が発足する	
昭和十二年	一九三七		日中戦争が始まる
昭和十三年	一九三八	枚方町と殿山町、蹉跎村、川越村、山田村、樟葉村が合併して枚方町となる	
		陸軍枚方製造所が開設される	
		伝王仁墓が大阪府史蹟に指定される	
昭和十四年	一九三九	磐船村と交野村が合併して交野町となる	
		禁野火薬庫で爆発事故が起きる	
昭和十五年	一九四〇	津田村、氷室村、菅原村が合併して津田町となる	大政翼賛会が発足する
昭和十七年	一九四二	陸軍香里製造所が開設される	
昭和十八年	一九四三	大阪市立中学校が中振に移転する	
		戦況の悪化により、この年を最後に菊人形展の開催が途絶える	
昭和十九年	一九四四	北河内郡が大宮国民学校の集団疎開先となる	
昭和二十年	一九四五	六月以降、枚方でも空襲被害を受け始める	終戦の詔書が出され、降伏文書が調印される

昭和二十二年	一九四七	枚方町立中学校、津田町立中学校が設立される 枚方町が枚方市となる	日本国憲法が施行される
昭和二十三年	一九四八	枚方市警察、津田町警察が発足する 大阪市立高校が設立される	
昭和二十四年	一九四九	最初の市立保育所として中宮保育所が設立される	
昭和二十五年	一九五〇		朝鮮戦争が始まる
昭和二十七年	一九五二	吹田事件、枚方事件が発生する	サンフランシスコ平和条約の発効により日本の主権が回復する
昭和二十九年	一九五四	京阪電鉄がテレビカーの営業を始める	
昭和三十年	一九五五	枚方市と津田町が合併して枚方市となる	
昭和三十一年	一九五六	枚方市が財政再建団体となる 中宮第一・第二団地が完成する	
昭和三十二年	一九五七	枚方市工場等誘致条例が制定される	
昭和三十七年	一九六二	香里団地が完成する	
昭和三十八年	一九六三	「枚方テーゼ」が示される 枚方市内初の府立高校として大阪府立枚方高校が開校する	
昭和四十三年	一九六八	くずはローズタウンの分譲が始まる	
昭和四十五年	一九七〇		大阪万博が開催される
昭和四十七年	一九七二	くずはモール街が開業する	
昭和四十八年	一九七三	枚方市立図書館が開館する	
昭和五十七年	一九八二	市内の小学校の児童数が約四万五〇〇〇人とピークを迎える	

昭和六十一年	一九八六	市内の中学校の生徒数が約二万二〇〇〇人とピークを迎える	
平成二年	一九九〇		大阪で国際花と緑の博覧会が開催される
平成五年	一九九三	ふるさと創生事業による枚方の歴史アニメーション作品が完成する 京阪電鉄枚方市駅高架化が完成する	
平成六年	一九九四	けいはんな学研都市のまちびらきが行なわれる	
平成七年	一九九五		阪神大震災が発生する
平成十七年	二〇〇五	枚方市立中央図書館が開館する この年を最後に京阪電鉄による「ひらかた大菊人形」が中止となる	
平成二十二年	二〇一〇	大阪歯科大学牧野学舎が登録文化財になる	第二京阪道路が全線開通する

図・写真一覧

参考文献一覧

第1章　枚方のあけぼの

小野忠凞『高地性集落論』学生社、一九八四年
梶山彦太郎・市原実『大阪平野のおいたち』青木書店、一九八六年
金元龍『韓国考古学概説』東出版、一九七二年
久貝健「和歌山県御坊市堅田遺跡の弥生時代前期環濠集落跡」『考古学雑誌』第八五巻第一号、一九九九年
久保田鉄工「淀川と大阪・河内平野」『アーバンクボタ』16、一九七八年
桑原武志「藤阪宮山遺跡出土のナイフ形石器について」『財団法人枚方市文化財研究調査会　研究紀要第1集』、財団法人枚方市文化財研究調査会、一九八四年
厳文明「世界最古の土器と稲作の起源」『季刊考古学』第五六号、雄山閣出版、一九九六年
近藤義郎・河本清編『えとのす第二十四号　吉備の考古学』新日本教育図書、一九八四年
山陽町教育委員会『用木山遺跡』一九七七年
四條畷市教育委員会『青い鳥が飛ぶ～雁屋の男がめざした日本海』四條畷市歴史民俗資料館第二十回記念特別展、二〇〇五年
白石太一郎「古市古墳群の成立とヤマト王権の変革」『古市古墳群の成立』藤井寺市教育委員会、一九九八年
杉原荘介・芹沢長介『神奈川県夏島における縄文文化初頭の貝塚』明治大学、一九五七年
瀬川芳則「弥生文化と農耕」『大阪府史　第一巻』大阪府、一九七八年、第二章第三節
瀬川芳則「弥生時代の遺跡」『枚方市史　第十二巻』枚方市、一九八六年、考古編第三節

瀬川芳則・中尾芳治『日本の古代遺跡11　大阪中部』保育社、一九八三年
鷹塚山遺跡発掘調査団『鷹塚山弥生遺跡調査概要報告』一九六八年
鳥越憲三郎他『勝部遺跡』豊中市教育委員会、一九七二年
藤井直正『東大阪の歴史』松籟社、一九八三年
町田洋・新井房夫『新編　火山灰アトラス』東京大学出版会、二〇〇三年
村川行弘編『兵庫県の考古学』地域考古学叢書、吉川弘文館、一九九六年
矢作健二・辻康男「E地区遺構検出面構成土壌のテフラの分析」『小倉東遺跡II』、財団法人枚方市文化財研究調査会、二〇〇六年

考古学の先覚者三浦蘭阪

森浩一編『考古学の先覚者たち』中公文庫、一九八八年

第2章　いにしえの風景

網伸也「大山崎瓦窯の操業と交野」『明日をつなぐ道――高橋美久二先生追悼文集――』京都考古刊行会、二〇〇七年
石部正志『大阪の古墳』松籟社、一九八〇年
一瀬和夫・菱田哲郎・米田文孝・西田敏秀「牧野車塚古墳の再検討――墳丘測量調査の成果から――」『日本考古学協会第74回総会　研究発表要旨』有限責任中間法人日本考古学協会、二〇〇八年

稲垣晋也「古代の瓦」『日本の美術』第六六号、至文堂、一九七一年
大竹弘之他『特別史跡百済寺跡　平成十九年度確認調査概報』枚方市教育委員会、二〇〇八年
奥田尚「百済王氏の百済寺」『枚方市史　第二巻』枚方市役所、一九七二年
橿原考古学研究所『黒塚古墳』学生社、一九九九年
北野耕平「古墳時代の大阪」『枚方市史　第一巻』第二編第四章、枚方市、一九六二年
黒須亜希子・南孝雄・松岡淳平他『茄子作遺跡』財団法人大阪府文化財センター、二〇〇八年
小林行雄『古墳時代の研究』青木書店、一九六一年
小林行雄『古鏡』学生社、一九六五年
定森秀夫「北河内出土の朝鮮半島系土器」『失われた古代の港――北河内の古墳時代と渡来人を考える――』
寝屋川市教育委員会、一九九七年
瀬川芳則「楠葉の飛鳥瓦窯（上）」『地域文化誌まんだ』第八号、一九八〇年
瀬川芳則『楠葉の飛鳥瓦窯（下）』『地域文化誌まんだ』第十号、一九八一年
瀬川芳則「枚方台地と寝屋川市東部の丘陵」『日本の古代遺跡11　大阪中部』保育社、一九八三年
瀬川芳則他『楽しい古代寺院めぐり』松籟社、一九九八年
竹原伸仁編『九頭神遺跡――九頭神廃寺――』枚方市教育委員会、一九九七年
出口常順『四天王寺図録古瓦編』四天王寺、一九三六年
寺嶋宗一郎編『枚方市史』枚方市役所、一九五一年
利光三津夫「百済亡命政権考」『律令制とその周辺』慶応義塾大学出版会、一九六七年
奈良国立文化財研究所『平城京木簡一　長屋王家木簡一』奈良国立文化財研究所、一九九五年

西田敏秀編『史跡牧野車塚古墳——第二次調査——』財団法人枚方市文化財研究調査会、二〇〇五年
西田敏秀編『小倉東遺跡Ⅱ』財団法人枚方市文化財研究調査会、二〇〇六年
西田敏秀編『九頭神廃寺——寺院地北西域の調査成果——』財団法人枚方市文化財研究調査会、二〇〇七年
平尾兵吾『北河内史蹟史話』大阪府北河内郡教育会、一九三一年
枚方市教育委員会編『文化財ハンドブック　枚方の遺跡と文化財』枚方市教育委員会、一九八六年
枚方市史編纂委員会編『枚方市史　第一巻』枚方市役所、一九六七年
藤澤一夫「古瓦類」『四天王寺』文化財保護委員会、吉川弘文館、一九六七年
文化庁文化財保護部『埋蔵文化財発掘調査の手びき』財団法人国土地理協会、一九六六年
三宅俊隆「牧野車塚古墳」『枚方市文化財年報Ⅰ』財団法人枚方市文化財研究調査会、一九八〇年
森浩一「古墳文化と古代国家の誕生」『大阪府史　第一巻』第三章、大阪府、一九七八年
保井芳太郎『大和上代寺院志』大和史学会、一九三二年
八幡市教育委員会『平野山瓦窯跡発掘調査概報』一九八五年
その他、各遺跡については、調査報告書（概報含）および、『枚方市文化財年報』などを参考にした。

幻の寺跡

八幡市誌編纂委員協議会『八幡市誌　第一巻』第二章「律令時代の八幡」、一九八六年

第3章　記紀などに見る枚方

今井啓一『帰化人の研究　第六集』綜芸社、一九七二年
片山長三『長尾史』長尾文化会、一九五三年
林陸朗『長岡京の謎』新人物往来社、一九七二年
平尾兵吾『北河内郡史蹟史話』大阪府北河内郡教育会、一九三一年

枚方の漢人

啓明大学校博物館『高霊池山洞古墳群』遺蹟調査報告第一輯、一九八一年
釜山大学校博物館『東莱福泉洞古墳群一』遺蹟調査報告第五輯、一九八三年
尹容鎮・金鐘徹他『大伽耶古墳発掘調査報告書』高霊郡、一九七九年

第4章　戦乱の枚方

「大舘記（七）」『ビブリア』八六号、一九八六年
片山長三「中山観音寺址」『石鏃』第一四号、交野考古学会、一九五九年
鍛代敏雄『戦国期の石清水と本願寺――都市と交通の視座――』法蔵館、二〇〇八年
柴辻俊六・黒田基樹・丸島和洋編『戦国遺文　武田氏編　第六巻』東京堂出版、二〇〇六年
寺嶋宗一郎編『枚方市史』枚方市役所、一九五一年

馬部隆弘「城郭由緒の形成と山論――「津田城主津田氏」の虚像と北河内戦国史の実態――」『城館史料学』第二号、二〇〇四年
馬部隆弘「三浦家の言順堂と文化人グループ」『大阪春秋』第一一七号、二〇〇五年a
馬部隆弘「大阪府枚方市所在三之宮神社文書の分析――由緒と山論の関係から――」『ヒストリア』第一九四号、二〇〇五年b
馬部隆弘「偽文書からみる畿内国境地域史――「椿井文書」の分析を通して――」『史敏』通巻二号、二〇〇五年c
馬部隆弘「蝦夷の首長アテルイと枚方市――官民一体となった史蹟の捏造――」『史敏』通巻三号、二〇〇六年a
馬部隆弘「河内国楠葉の石清水八幡宮神人と室町将軍家祈願寺伝宗寺――寺内町成立前史――」『枚方市史年報』第九号、二〇〇六年b
馬部隆弘「戦国期における石清水八幡宮勢力の展開と寺内町――肥後藩士小篠家と河内国招提寺内の関係を手がかりに――」『熊本史学』第八八・八九・九〇号、二〇〇八年a
馬部隆弘「椿井政隆による偽文書創作活動の展開」『忘れられた霊場をさぐる3――山寺の分布――』(財)栗東市文化体育振興事業団、二〇〇八年b
馬部隆弘『招提村片岡家文書の研究』枚方市立中央図書館市史資料室、二〇〇九年a
馬部隆弘「交野天神社末社貴船神社の祭祀構造と樟葉宮伝承地」『枚方市建造物調査報告書Ⅵ　枚方市指定文化財交野天神社末社貴船神社本殿保存修理工事概報』枚方市教育委員会、二〇〇九年b
馬部隆弘「牧・交野一揆の解体と織田政権」『史敏』通巻六号、二〇〇九年c

馬部隆弘「享保期の新田開発と出口寺内町」『枚方市史年報』第一三号、二〇一〇年
馬部隆弘「茄子作の村落秩序と偽文書（上）――近世宮座の勢力抗争――」『枚方市史年報』第一四号、二〇一一年
馬部隆弘「枚方寺内町の沿革と対外関係――「私心記」の相対化をめざして――」『史敏』通巻一〇号、二〇一二年
馬部隆弘「茄子作の村落秩序と偽文書（下）――近現代の修史事業と伝承――」『枚方市史年報』第一五号、二〇一三年
枚方市史編纂委員会編『枚方市史　第六巻』枚方市役所、一九六八年
枚方市史編纂委員会編『枚方市史　第二巻』枚方市、一九七二年
村田路人編『三浦家文書の調査と研究――近世後期北河内の医師三浦蘭阪蒐集史料――』大阪大学大学院文学研究科日本史研究室・枚方市教育委員会、二〇〇七年

神風連の乱で散った寺内町創始者の末裔

荒木精之『神風連実記』新人物往来社、一九七一年
馬部隆弘「戦国期における石清水八幡宮勢力の展開と寺内町――肥後藩士小篠家と河内国招提寺内の関係を手がかりに――」『熊本史学』第八八・八九・九〇号、二〇〇八年
枚方市史編纂委員会編『枚方市史　第二巻』枚方市、一九七二年

第5章　町のくらし

赤松和佳「近世土器・陶磁器からみた都市住民の階層性――関西を中心に」『ヒストリア』一九八号、二〇〇六年

下村節子「枚方宿成立期の陶磁器」『枚方市文化財研究調査会研究紀要』三、一九九四年

下村節子「枚方宿遺跡の実年代資料――三矢町地区二三次調査を中心として」『関西近世考古学研究』IX、二〇〇一年

十返舎一九・麻生磯次校注『東海道中膝栗毛』岩波文庫、一九七三年

寺嶋宗一郎編『枚方市史』枚方市、一九五一年

富田林市史編集委員会編『富田林市史　第二巻』富田林市、一九九八年

中島三佳「東海道枚方宿と大坂の諸街道」『江戸時代人づくり風土記　大阪の歴史力』農山漁村文化協会、二〇〇〇年

中島三佳『東海道枚方宿と淀川』私家版、二〇〇三年

菱屋平七「筑紫紀行」『日本庶民生活史料集成　第二十巻』三一書房、一九七二年

日野照正『近世淀川過書船の研究』高槻市教育委員会、一九六四年

日野照正「近世淀川の舟運」『枚方市史研究紀要』第九号、一九七五年

枚方市教育委員会『旧枚方宿の町家と町並』枚方市教育委員会、一九八九年

枚方市史編纂委員会編『枚方市史　第三巻』枚方市、一九七七年

枚方風土記編集委員会『枚方風土記』枚方市、一九八七年

福山昭・山口尚子「近世枚方宿と飯盛女」『枚方市史研究紀要』第八号、一九七五年

藪田貫編『大坂代官竹垣直道日記（一）～（三）』関西大学なにわ大阪文化遺産学研究センター、二〇〇七～〇九年
渡辺忠司「畿内の流通をになった淀川・大和川などの水運」『江戸時代人づくり風土記　大阪の歴史力』農山漁村文化協会、二〇〇〇年

京街道・枚方宿と徳川家

馬部隆弘「近世後期における淀川水系の環境変化と天の川橋」『枚方市史年報』第一〇号、二〇〇七年

第6章　村のくらし

大藤修『近世村人のライフサイクル』山川出版社、二〇〇三年
門真市史編さん委員会編『門真市史　第四巻』門真市、二〇〇〇年
京都橘女子大学女性歴史文化研究所編著『枚方の女性史　伝えたい想い』枚方市、一九九七年
児玉幸多『近世農民生活史　新版』吉川弘文館、二〇〇六年
菅野則子『江戸時代の孝行者――「孝義録」の世界』吉川弘文館、一九九九年
瀬川芳則・櫻井敬夫監修『図説　北河内の歴史』郷土出版社、一九九六年
中島三佳「私塾・南明堂と大塩事件」『大塩研究』一八号、一九八四年
中島三佳『東海道枚方宿と淀川』私家版、二〇〇三年
難波洋三「津田の土器作り」『第三回四国徳島城下町研究会　発表要旨・資料集』二〇〇一年

枚方市史編纂委員会編『枚方市史　第三巻』枚方市、一九七七年
枚方市史編纂委員会編『枚方市史　第四巻』枚方市、一九八〇年
枚方市史編纂委員会編『郷土枚方の歴史』枚方市、一九九七年
福山昭「近世河内酒造業の展開――石川郡富田林村を中心として」『富田林市史研究紀要』第五号、一九七六年
藤井定義「河内素麺業の展開」『枚方市史研究紀要』第三号、一九六七年
藪田貫「河内往来――河内人の郷土認識の伝統」『大阪狭山市史紀要』第一号、一九九五年
藪田貫『男と女の近世史』青木書店、一九九八年
渡辺尚志『百姓の力』柏書房、二〇〇八年

象がやってきた!!

大庭脩『徳川吉宗と康熙帝――鎖国下での日中交流』大修館書店、一九九九年
京都市渡辺辰江氏所蔵文書
枚方市史編纂委員会編『郷土枚方の歴史』枚方市、一九九七年

第7章　幕末の世情

門真市史編さん委員会編『門真市史　第四巻』門真市、二〇〇〇年
桑田優編『諸事風聞日記――北摂三田鍵屋重兵衛（朝野庸太郎）家文書』敏馬書房、二〇〇六年
国立史料館編『大塩平八郎一件書留』東京大学出版会、一九八七年

宿場町枚方を考える会『枚方宿の今昔』私家版、一九九七年
寺嶋宗一郎編『枚方市史』枚方市、一九五一年
寺島正計『藤阪の今昔物語』私家版、一九九九年
馬部隆弘『楠葉台場跡（史料編）』枚方市教育委員会・（財）枚方市文化財研究調査会、二〇一〇年
枚方市史編纂委員会編『枚方市史　第三巻』枚方市、一九七七年
福島雅藏『近世畿内政治支配の諸相』和泉書院、二〇〇三年
福山昭『近世農民金融の構造』雄山閣、一九七五年
藪重孝「大坂に於ける御蔭騒動」『上方』創刊号、一九三一年

久修園院に残る「遺骨の受取書」

寺嶋宗一郎編『枚方市史』枚方市、一九五一年
平川経済研究所編「史蹟散歩　明治維新史探訪」『財経教室』七二号附録、一九七六年

第8章　近代化の時代

籠谷次郎『近代枚方の教育と文化』枚方市、一九七八年
北崎豊二「明治前期大阪府下に於ける菜種作・綿作地帯に関する一試論」『近代史研究』三号、一九五八年
京阪電気鉄道株式会社編『京阪七十年のあゆみ』京阪電気鉄道株式会社、一九八〇年
寺嶋宗一郎編『枚方市史』枚方市、一九五一年

寺島正計『藤阪の今昔物語』私家版、一九九九年
宿場町枚方を考える会編『枚方宿の今昔』私家版、一九九七年
瀬川芳則・櫻井敬夫監修『図説　北河内の歴史』郷土出版社、一九九六年
枚方市史編纂委員会編『郷土枚方の歴史』枚方市、一九六九年
枚方市史編纂委員会編『朝日新聞記事集成』第一集~第四集、枚方市、一九七四~一九七七年
枚方市史編纂委員会編『枚方市史　第十巻』枚方市、一九七六年
枚方市史編纂委員会編『枚方市史　第十一巻』枚方市、一九七七年
枚方市史編纂委員会編『枚方市史　第四巻』枚方市、一九八〇年
三木理史「「都市鉄道」の成立」『技術と文明』一四―一、日本産業技術学会、二〇〇三年
淀川百年史編集委員会編『淀川百年史』建設省近畿地方建設局、一九七四年
和田重辰「大阪府の道路改良事業」『土木工学』二―七、一九三三年

枚方と菊人形の歴史

京阪電気鉄道株式会社編『京阪七十年のあゆみ』京阪電気鉄道株式会社、一九八〇年
瀬川芳則・櫻井敬夫監修『図説　北河内の歴史』郷土出版社、一九九六年
枚方市史編纂委員会編『枚方市史　第四巻』、枚方市、一九八〇年

第9章　戦争の時代と枚方

大阪市立高等学校記念誌編集委員会『五十年の歩み　創立五十周年記念誌』大阪市立高等学校、一九九一年

大阪府立泉尾高等女学校戦争体験を語る会『女学生の戦争体験――大阪香里爆弾製造所に学徒動員された乙女たち』私家版、二〇〇七年

京都橘女子大学女性歴史文化研究所『枚方の女性史　伝えたい想い』枚方市、一九九七年

財団法人大阪府文化財センター『(財)大阪府文化財センター調査報告書第一四〇集　禁野本町遺跡』大阪府文化財センター、二〇〇六年

枚方市企画調査室『禁野火薬庫資料集』枚方市、一九八九年

枚方市企画調査室『戦争と枚方』枚方市、一九八九年

枚方市史編纂委員会『枚方市史　第十巻』枚方市、一九七六年

枚方市史編纂委員会『朝日新聞記事集成』第四集～第九集、枚方市、一九七七～一九八二年

枚方市史編纂委員会『枚方市史　第十一巻』枚方市、一九七七年

枚方市史編纂委員会『枚方市史　第四巻』枚方市、一九八〇年

枚方市史編纂委員会『枚方市史　別巻』枚方市、一九九五年

枚方市史編纂委員会『郷土枚方の歴史』枚方市、一九九七年

枚方市市民情報課『戦時下の枚方町　枚方町事務報告』枚方市、一九九五年

松原市史編さん室『松原市史資料集　第七号――大阪空襲に関する警察局資料II　小松警部補の書類綴より』松原市、一九七七年

戦時下の「ひらかた遊園」

川井ゆう監修・文『ひらかた大菊人形　想い出の九十六年』京阪電気鉄道、二〇〇五年

第10章　枚方市の誕生と戦後復興

大阪市立高校新聞班『ひらかた学報』国立国会図書館憲政資料室プランゲ文庫所蔵（VH3-H40）

大阪市立高等学校記念誌編集委員会『五十年の歩み　創立五十周年記念誌』大阪市立高等学校、一九九一年

中宮保育所四〇周年記念誌委員会『中宮保育所四〇周年の歩み』中宮保育所四〇周年記念誌委員会、一九九〇年

西村秀樹『大阪で闘った朝鮮戦争　吹田枚方事件の青春群像』岩波書店、二〇〇四年

枚方市史編纂委員会『枚方市史　第十巻』枚方市、一九七六年

枚方市史編纂委員会『枚方市史　第四巻』枚方市、一九八〇年

枚方市史編纂委員会『枚方市史　第五巻』枚方市、一九八四年

枚方市史編纂委員会『郷土枚方の歴史』枚方市、一九九七年

枚方市役所市長公室市史編さん室『市制二十年のあゆみ』枚方市、一九六八年

枚方市立中学校新聞部『枚中新聞』国立国会図書館憲政資料室プランゲ文庫所蔵（VH3-H40）

京阪電車のテレビカーと枚方のテレビ普及率
京阪電気鉄道株式会社『京阪七十年のあゆみ』京阪電気鉄道、一九八〇年
枚方市役所市長公室市史編さん室『市制二十年のあゆみ』枚方市、一九六八年

第11章　高度成長と都市化

京阪電気鉄道株式会社『京阪七十年のあゆみ』京阪電気鉄道、一九八〇年
京阪電気鉄道株式会社『街をつなぐ、心をむすぶ』京阪電気鉄道、二〇〇〇年
京都橘女子大学女性歴史文化研究所『枚方の女性史　伝えたい想い』枚方市、一九九七年
草野茂「香里の宅地造成」『新都市』一三巻一〇号、都市計画協会、一九五九年
日本住宅公団大阪支所『香里ニュータウンの紹介』一九六二年
枚方市『枚方市民時報』第四五号、一九五五年
枚方市史編纂委員会『枚方市史　第五巻』枚方市、一九八四年
枚方市史編纂委員会『枚方市史　別巻』枚方市、一九九五年
枚方市史編纂委員会『郷土枚方の歴史』枚方市、一九九七年
枚方市職員労働組合二十五年小史編集委員会『枚方市職労のあゆんだ道　二十五年小史』枚方市職員労働組合、一九七七年
枚方市役所市長公室広報係『広報縮刷版　第一巻』枚方市役所、一九七一年
枚方市役所自治推進部広報課『広報縮刷版　第二巻』枚方市役所、一九八七年

まんだ編集部『まんだ』四号、一九七八年七月

「ふるさと創生」事業〜『鋳物師はんべえ奮戦記』〜

財団法人自治研修協会地方自治研究資料センター『地方自治年鑑　平成元年』第一法規、一九八九年
財団法人自治研修協会地方自治研究資料センター『地方自治年鑑　平成二年』第一法規、一九九〇年
枚方市役所市長公室広報課『広報縮刷版』第四巻・第五巻、枚方市役所、一九九七年

第12章　都市整備と再開発

大阪府教育委員会『あすの教育』第七九号、二〇〇三年六月
大阪府立枚方高等学校『学校要覧』一九六三年五月
大阪府立枚方高等学校生徒会『ひらかた』第一号、一九六四年四月
かんこう編『事業誌　京阪本線・交野線（枚方市）連続立体交差事業——心ときめくまちづくり——』大阪府・枚方市・京阪電気鉄道株式会社、一九九六年
京阪電気鉄道株式会社『街をつなぐ、心をむすぶ』京阪電気鉄道、二〇〇〇年
財団法人関西文化学術研究都市推進機構・関西文化学術研究都市建設推進協議会『関西文化学術研究都市月報』二〇八号・二一六号・二一八号・二二四号・二二五号
津田サイエンスヒルズ推進協議会『津田サイエンスヒルズ』一九九二年
枚方市企画室・市立図書館『四八年度版市政解説シリーズ　ひらかたの図書館行政』枚方市企画室・市立図

書館、一九七三年
枚方市議会『平成一七年第三回定例会枚方市議会会議録』枚方市議会、二〇〇五年
枚方市史編纂委員会『枚方市史　第五巻』枚方市、一九八四年
枚方市史編纂委員会『郷土枚方の歴史』枚方市、一九九七年
枚方市役所市長公室広報課『広報ひらかた』枚方市
枚方市役所市長公室広報係『広報縮刷版』第一巻〜第五巻、枚方市役所、一九七一〜一九九七年
枚方市立図書館『枚方市立図書館十五年誌』枚方市立図書館、一九九〇年

登録有形文化財と近代化遺産〜大阪歯科大学牧野学舎〜

大阪府近代化遺産（建造物等）総合調査委員会・社団法人日本建築家協会近畿支部・編集工房レイヴン『大阪府の近代化遺産　大阪府近代化遺産（建造物等）総合調査報告書』大阪府教育委員会、二〇〇七年
枚方市役所市長公室広報課『広報ひらかた』枚方市
文化庁「国宝・重要文化財等都道府県別指定件数一覧」（http://www.bunka.go.jp/bunkazai/shoukai/shitei.html）
文化庁『建物を活かし、文化を生かす。登録有形文化財建造物のご案内』（http://www.bunka.go.jp/1hogo/pdf/bunkazai_pamphlet_6.pdf）
まんだ編集部「登録有形文化財に「大阪歯科大学牧野学舎本館」」『まんだ』八五号、二〇〇五年一一月

常松隆嗣（つねまつ・たかし）　関西大学講師

主な業績に、渡辺尚志編『近代移行期の名望家と地域・国家』（共著）、名著出版、2006年。渡辺尚志編『畿内の豪農経営と地域社会』（共著）、思文閣出版、2008年。大塩事件研究会編『大塩平八郎の総合研究』（共著）、和泉書院、2011年。

執筆分担：第5章（「コラム　京街道・枚方宿と徳川家」を除く）、第6章、第7章（「楠葉台場の設置過程」「楠葉台場の構造と鳥羽・伏見の合戦」を除く）、第8章

東秀幸（あずま・ひでゆき）　富山近代史研究会会員

執筆分担：第9章、第10章、第11章、第12章

著者一覧（執筆順）

瀬川芳則（せがわ・よしのり）　元関西外国語大学教授

　主な業績に、斎藤忠編『日本考古学論集 6　墳墓と経塚』（共著）、吉川弘文館、1987 年。森浩一編『日本民俗文化大系 3　稲と鉄——さまざまな王権の基盤』（共著）、小学館、1983 年。寝屋川市史編纂委員会編『寝屋川市史』（第 1 巻編集、第 2 ～ 10 巻監修）、寝屋川市、1998 ～ 2008 年。

　執筆分担：第 1 章「山間の遺跡と海辺の遺跡」「弥生のムラの景観と稲作民の暮らし」「高地性集落」「コラム　考古学の先覚者三浦蘭阪」、第 2 章「九州・山陽・東海にも同笵鏡もつ万年寺山古墳」「古墳づくりから寺づくりへ」「瓦博士と四天王寺の瓦窯」「コラム　幻の寺跡」、第 3 章「王仁博士」「継体天皇樟葉宮跡伝承地」「蝦夷王阿弖流為」「コラム　枚方の漢人」

西田敏秀（にしだ・としひで）
公益財団法人枚方市文化財研究調査会事務局次長兼調査係長

　主な業績に、森浩一・上田正昭編『継体大王と渡来人』（共著）、大巧社、1998 年。瀬川芳則編『楽しい古代寺院めぐり』（共著）、松籟社、1998 年。財団法人交野市文化財事業団編『北河内の古墳——前・中期古墳を中心に——』（共著）、財団法人交野市文化財事業団、2009 年。

　執筆分担：第 1 章「土器以前の枚方～炉跡があった藤阪宮山遺跡」「群をなす方形周溝墓と王の墓の出現」、第 2 章「牧野車塚古墳とその周辺」「渡来人の足跡を求めて」「ベールをぬぐ九頭神廃寺」「特別史跡百済寺跡と百済王氏の繁栄」「船橋遺跡と片野津」、第 3 章「楠葉の渡と楠葉の駅」「行基と枚方」「交野郊祀壇」「渚院と惟喬親王」「仁明天皇外祖母田口氏の墓」「楠葉御牧の土器つくり」

馬部隆弘（ばべ・たかひろ）　長岡京市教育委員会生涯学習課文化財係主査

　主な業績に、「戦国期毛利氏の領国支配における「検使」の役割」『ヒストリア』第 192 号、2004 年。「信長上洛前夜の畿内情勢——九条稙通と三好一族の関係を中心に——」『日本歴史』第 736 号、2009 年。『茄子作村中西家文書の研究——小身旗本長井氏の幕末維新——』枚方市立中央図書館市史資料室、2010 年。

　執筆分担：第 4 章、第 5 章「コラム　京街道・枚方宿と徳川家」、第 7 章「楠葉台場の設置過程」「楠葉台場の構造と鳥羽・伏見の合戦」

枚方《ひらかた》の歴史《れきし》

2013年5月15日初版発行
2014年4月1日第3刷発行

定価はカバーに
表示しています

著者　瀬川芳則
西田敏秀
馬部隆弘
常松隆嗣
東　秀幸

発行者　相坂　一

〒612-0801　京都市伏見区深草正覚町1－34

発行所　㈱松　籟　社
SHORAISHA（しょうらいしゃ）

電話　075-531-2878
FAX　075-532-2309
振替　01040-3-13030

印刷・製本　モリモト印刷（株）

Printed in Japan

ISBN 978-4-87984-313-5　C0021